Pro-Liner HD 2022

2021　　# 2022

人類圖
覺察日誌

回到內在權威與策略的日日練習

△ ▽ □ ◇ ◮ ▷ ◁ ☐ ☐

☉ ⊕ ☽ ☊ ☋ ☿ ♀ ♂ ♃ ♄ ♅ ♆ ♇

【《人類圖易經》作者簡介】

拉‧烏盧‧胡（Ra Uru Hu）

人類圖創始人，人類圖系統的傳訊者與教師。

【日誌概念發想設計者簡介】

安娜‧查里科娃（Anna Charykova）

俄羅斯人類圖第一階課程引導師、輪迴交叉分析師、個人解讀分析師、生命循環解讀分析師、關係解讀分析師、兒童發展分析師。

尼奇塔‧潘克維奇（Nikita Pankevich）

俄羅斯人類圖個人解讀分析師、BG5 解讀分析師。

【譯者簡介】

喬宜思（Joyce Huang）

人類圖分析師。亞洲人類圖學院負責人。人類圖一到七階課程認證講師、人類圖專題工作坊老師。研究人類圖十五年，解讀個案與教學經驗近十二年，翻譯人類圖相關教材與相關著作十餘本。

除了人類圖，最喜歡並擅長即席口譯，對於文字相關工作，一生著迷，接下來的目標是培養更多專業的人類圖分析師與講師，讓更多人能運用人類圖了解自己，善待自己，愛自己。

著有《活出你的天賦才華》、《回到你的內在權威》、《人類圖氣象報告 1：愛自己，別無選擇》、《人類圖氣象報告 2：愛的祕密》、《圖解人類圖：認識 70 張圖，看懂你的人生使用說明書》。

審譯《人類圖：區分的科學》（人類圖國際總部 Jovian Archive 唯一授權定本）。

審定《人類圖，愛、關係與性》。

專屬我的人類圖

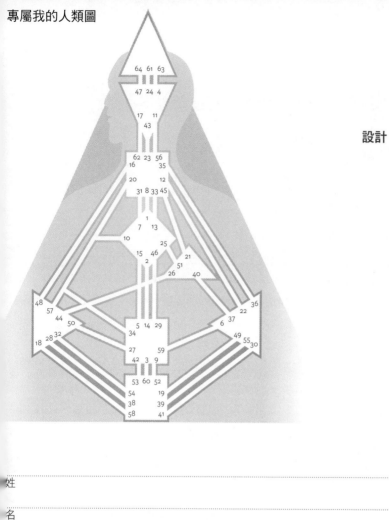

設計　　個性

姓

名

類型

內在權威

策略

黑太陽／黑地球

紅太陽／紅地球

我的輪迴交叉

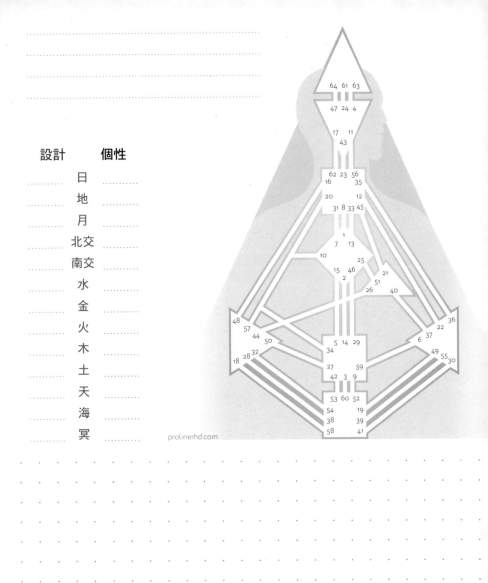

設計　　個性

日
　地
　　月
北交
南交
　水
　　金
　　火
　　木
　　土
　　天
　　海
　　冥

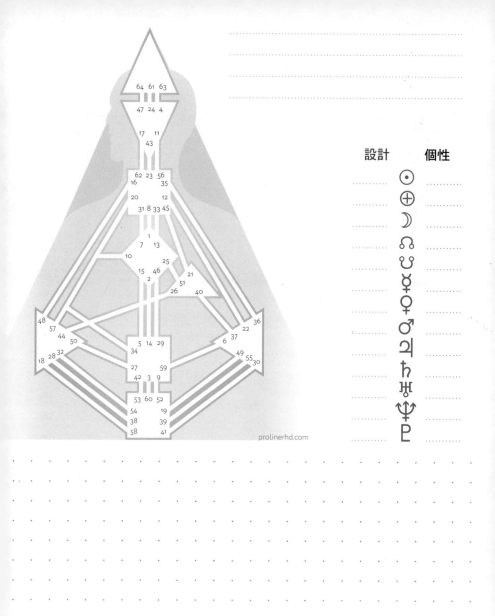

設計　　　個性

⊙
⊕
☽
☊
☋
☿
♀
♂
♃
♄
♅
♆
♇

prolinerhd.com

2022

1月

日	週	卦
1	六	38
2	日	
3	一	
4	二	
5	三	
6	四	54
7	五	
8	六	
9	日	
10	一	
11	二	61
12	三	
13	四	
14	五	
15	六	
16	日	
17	一	60
18	二	
19	三	
20	四	
21	五	
22	六	41
23	日	
24	一	
25	二	
26	三	
27	四	
28	五	19
29	六	
30	日	
31	一	

2月

日	週	卦
1	二	
2	三	
3	四	13
4	五	
5	六	
6	日	
7	一	
8	二	49
9	三	
10	四	
11	五	
12	六	
13	日	30
14	一	
15	二	
16	三	
17	四	
18	五	
19	六	55
20	日	
21	一	
22	二	
23	三	
24	四	
25	五	37
26	六	
27	日	
28	一	

3月

日	週	卦
1	二	
2	三	63
3	四	
4	五	
5	六	
6	日	
7	一	
8	二	22
9	三	
10	四	
11	五	
12	六	
13	日	36
14	一	
15	二	
16	三	
17	四	
18	五	
19	六	25
20	日	
21	一	
22	二	
23	三	
24	四	
25	五	17
26	六	
27	日	
28	一	
29	二	
30	三	21
31	四	

4月

日	週	卦
1	五	21
2	六	
3	日	
4	一	
5	二	
6	三	51
7	四	
8	五	
9	六	
10	日	
11	一	42
12	二	
13	三	
14	四	
15	五	
16	六	
17	日	3
18	一	
19	二	
20	三	
21	四	
22	五	27
23	六	
24	日	
25	一	
26	二	
27	三	
28	四	24
29	五	
30	六	

5月

日	週	卦
1	日	24
2	一	
3	二	
4	三	2
5	四	
6	五	
7	六	
8	日	
9	一	
10	二	23
11	三	
12	四	
13	五	
14	六	
15	日	
16	一	8
17	二	
18	三	
19	四	
20	五	
21	六	20
22	日	
23	一	
24	二	
25	三	
26	四	
27	五	16
28	六	
29	日	
30	一	
31	二	

6月

日	週	卦
1	三	35
2	四	
3	五	
4	六	
5	日	
6	一	
7	二	45
8	三	
9	四	
10	五	
11	六	
12	日	
13	一	12
14	二	
15	三	
16	四	
17	五	
18	六	
19	日	
20	一	
21	二	
22	三	
23	四	
24	五	
25	六	
26	日	
27	一	
28	二	
29	三	
30	四	

月

日	星期	卦
1	五	39
2	六	
3	日	
4	一	
5	二	
6	三	
7	四	53
8	五	
9	六	
	日	
	一	62
	二	
	三	
	四	
	五	
	六	
	日	
	一	
	二	56
	四	
	五	
	六	
	日	
	一	
	二	31
	三	
	四	
	五	
	六	
	日	

8月

日	星期	卦
1	一	33
2	二	
3	三	
4	四	
5	五	
6	六	7
7	日	
8	一	
9	二	
10	三	
11	四	
12	五	4
13	六	
14	日	
15	一	
16	二	
17	三	
18	四	29
19	五	
20	六	
21	日	
22	一	
23	二	
24	三	59
25	四	
26	五	
27	六	
28	日	
29	一	40
30	二	
31	三	

9月

日	星期	卦
1	四	40
2	五	
3	六	
4	日	64
5	一	
6	二	
7	三	
8	四	
9	五	
10	六	47
11	日	
12	一	
13	二	
14	三	
15	四	
16	五	6
17	六	
18	日	
19	一	
20	二	
21	三	
22	四	46
23	五	
24	六	
25	日	
26	一	
27	二	
28	三	18
29	四	
30	五	

10月

日	星期	卦
1	六	18
2	日	
3	一	48
4	二	
5	三	
6	四	
7	五	
8	六	
9	日	57
10	一	
11	二	
12	三	
13	四	
14	五	32
15	六	
16	日	
17	一	
18	二	
19	三	
20	四	50
21	五	
22	六	
23	日	
24	一	
25	二	
26	三	28
27	四	
28	五	
29	六	
30	日	
31	一	

11月

日	星期	卦
1	二	44
2	三	
3	四	
4	五	
5	六	
6	日	1
7	一	
8	二	
9	三	
10	四	
11	五	
12	六	43
13	日	
14	一	
15	二	
16	三	
17	四	14
18	五	
19	六	
20	日	
21	一	
22	二	
23	三	34
24	四	
25	五	
26	六	
27	日	
28	一	9
29	二	
30	三	

12月

日	星期	卦
1	四	9
2	五	
3	六	
4	日	5
5	一	
6	二	
7	三	
8	四	
9	五	26
10	六	
11	日	
12	一	
13	二	
14	三	
15	四	11
16	五	
17	六	
18	日	
19	一	
20	二	
21	三	10
22	四	
23	五	
24	六	
25	日	
26	一	58
27	二	
28	三	
29	四	
30	五	
31	六	38

38.1

對抗
素質

2021/12/31 07:47 TWN

農曆 11/28（五）

20–34	魅力
24–61	覺察
39–55	情緒

12月

日	**38.1**	素質
地	**39.1**	脫離
月	**34.1**	霸凌
北交	▼**20.2**	獨斷者
南交	**34.2**	氣勢
水	▼**60.1**	接受
金	**61.4**	探究
火	**5.2**	內在的和平
木	▲**55.1**	合作
土	**19.5**	犧牲
天	**24.4**	隱士
海	▲**22.4**	敏感度
冥	▲**61.6**	感染力

38.1　素質

基於情勢，決定對抗的強度。

♆ ▲ 與超自然力量合頻，確保行動合宜。
　　有如通靈般的天賦，知曉何時該奮戰，以及如何奮戰。

♂ ▼ 傾向對抗，視反對為通則。
　　奮戰是理所當然的準則。

31.12
2021

☽9 16:26

Saturday, January 1st
midnight

☽5 01:27

12　　14　　16　　18　　20　　　　2

對抗 38.2

彬彬有禮

2022/01/01 05:51 TWN

農曆 11/29（六）

魅力	20-34
覺察	24-61
情緒	39-55

彬彬有禮	**38.2**	☉
對抗	**39.2**▼	⊕
強迫症	**5.3**▼	☽
獨斷者	**20.2**	☊
氣勢	**34.2**	☋
果斷	**60.2**	☿
相互依存	**61.3**	♀
內在的和平	**5.2**	♂
合作	**55.1**▲	♃
犧牲	**19.5**	♄
隱士	**24.4**	♅
敏感度	**22.4**▲	♆
感染力	**61.6**▲	♇

38.2　彬彬有禮

對抗，卻不逾矩。

♇ ▲ 審慎斟酌。
　　來自直覺的本能，謹慎以對。

☽ ▼ 過度禮貌，卑躬屈膝且明顯流於表面，違背了本意。
　　以嚴守禮數的形式，與之對抗。

☽26　10:26

☽11　19:22

Sunday, January 2nd
midnight

38.3 對抗
結盟

2022/01/02 03:55 TWN

農曆 11/30（日）

20–34	魅力
24–61	覺察
39–55	情緒

日	▲38.3	結盟
地	✱39.3	責任
月	11.6	適應力
北交	20.2	獨斷者
南交	34.2	氣勢
水	▲60.4	足智多謀
金	61.3	相互依存
火	5.3	強迫症
木	▲55.1	合作
土	19.5	犧牲
天	24.4	隱士
海	▲22.4	靈敏度
冥	▲61.6	感染力

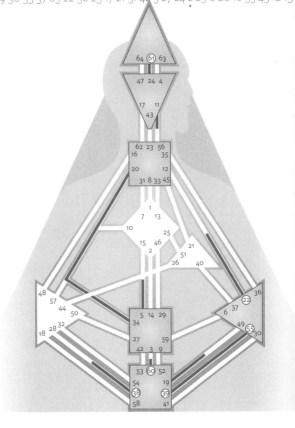

38.3 結盟

⊙ ▲ 能整合志同道合的力量，延續不屈不撓的生命力。
整合他人，共同奮戰。

⊕ ▼ 基於自私而結盟，為保有自身的實力，不惜耗損夥伴的力量。
奮鬥的非常時期，自私的能量，為了利用他人。

☽10 04:16

☽58 13:10

☽38 22:04

Monday, January 3
midnight

02.01 2022
1月

8 10 12 14 16 18 20

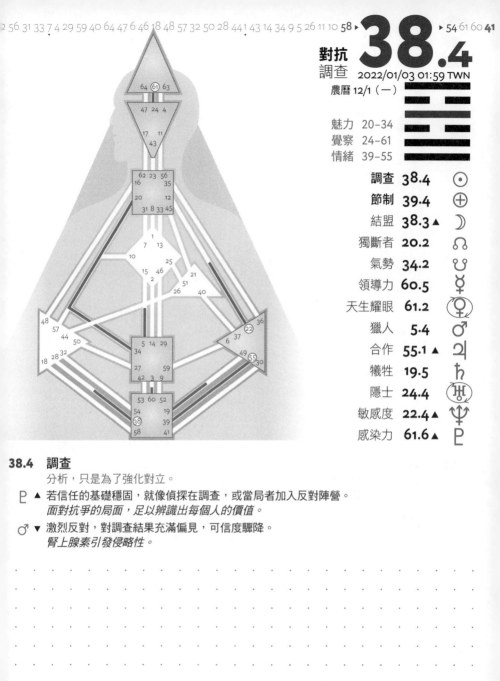

對抗
調查

38.4

2022/01/03 01:59 TWN

農曆 12/1（一）

魅力 20-34
覺察 24-61
情緒 39-55

調查	**38.4**	☉
節制	**39.4**	⊕
結盟	**38.3** ▲	☽
獨斷者	**20.2**	☊
氣勢	**34.2**	☋
領導力	**60.5**	☿
天生耀眼	**61.2**	♀
獵人	**5.4**	♂
合作	**55.1** ▲	♃
犧牲	**19.5**	♄
隱士	**24.4**	♅
敏感度	**22.4** ▲	♆
感染力	**61.6** ▲	♇

38.4 調查

分析，只是為了強化對立。

♇ ▲ 若信任的基礎穩固，就像偵探在調查，或當局者加入反對陣營。
面對抗爭的局面，足以辨識出每個人的價值。

♂ ▼ 激烈反對，對調查結果充滿偏見，可信度驟降。
腎上腺素引發侵略性。

☽54 ䷁
06:59

☽61 ䷀
15:56

Tuesday, January 4
midnight
月

38.5

對抗
疏離

2022/01/04 00:03 TWN

農曆 12/2（二）

20-34	魅力
24-61	覺察
39-55	情緒

日	**38.5**	疏離
地	**39.5**	專心致志
月	▲ **61.6**	感染力
北交	**20.1**	表面化
南交	**34.1**	霸凌
水	▼**60.6**	剛硬
金	▲ **61.2**	天生耀眼
火	**5.4**	獵人
木	▼**55.2**	不信任
土	**19.5**	犧牲
天	**24.4**	隱士
海	▲**22.4**	敏感性
冥	▲**61.6**	感染力

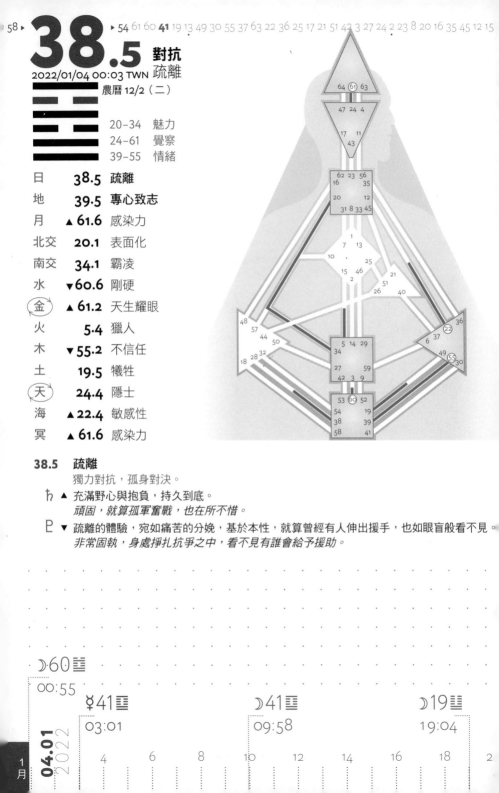

38.5　疏離

獨力對抗，孤身對決。

ℏ ▲ 充滿野心與抱負，持久到底。
頑固，就算孤軍奮戰，也在所不惜。

♇ ▼ 疏離的體驗，宛如痛苦的分娩，基於本性，就算曾經有人伸出援手，也如眼盲般看不見。
非常固執，身處掙扎抗爭之中，看不見有誰會給予援助。

☽·60▤
00:55

☿41▤
03:01

☽41▤
09:58

☽19▤
19:04

1月
04.01
2022

4　　6　　8　　10　　12　　14　　16　　18　　2

對抗
誤解

38.6

2022/01/04 22:07 TWN

農曆 12/2（二）

魅力	20-34
覺察	24-61
情緒	39-55

誤解	**38.6**	☉
解決麻煩者	**39.6**	⊕
服務	**19.2**	☽
表面化	**20.1**	☊
霸凌	**34.1**	☋
謹慎	**41.2**	☿
奧祕知識	**61.1** ▾	♂
喜悅	**5.5**	♃
不信任	**55.2** ▾	♄
犧牲	**19.5**	♅
隱士	**24.4**	♆
敏感性	**22.4** ▴	
感染力	**61.6** ▴	♇

38.6　誤解

毫無根據的反對。

♄ ▴ 當水落石出，誤解就會澄清。
　　引來誤解，面對反對的聲浪，頑固以對。

⊕ ▾ 明白反對是來自誤解，卻堅持是對方誤解。
　　因為誤解而掙扎反抗，卻頑固地苦守立場，繼續堅持下去。

☽13 ䷂
04:16

☽49 ䷰
13:34

Wednesday, January 5th
midnight　　　4　　　6　　　8　　　10　　　12　　　14　　　16

05.01
2022

1月

54.1

少女出嫁
影響

2022/01/05 20:11 TWN

農曆 12/3（三）小寒

19-49	整合綜效
20-34	魅力
24-61	覺察

日	54.1	影響
地	53.1	累積
月	▲49.5	組織
北交	20.1	表面化
南交	34.1	霸凌
水	41.3	效率
金	▼ 61.1	奧祕知識
火	5.6	屈服
木	55.2	不信任
土	19.6	遁世者
天	24.4	隱士
海	22.5	直接
冥	▲ 61.6	感染力

54.1 影響

♇ ▲ 透過各種祕密管道，從私家偵探到撒旦，都能散發影響力。
　　野心勃勃，經由祕密的人際網絡擴張影響力。

♀ ▼ 誤判，堅持將關係公開，削弱影響力。
　　野心暴露，要求正式承認關係，影響力因而受限。

☽30
22:58

♀54
00:17

☽55
08:30

☽37
18:09

Thursday, January 6th
midnight　　　4　　　6　　　8　　　10　　　12　　　14　　　16

05.01
2022

1
月

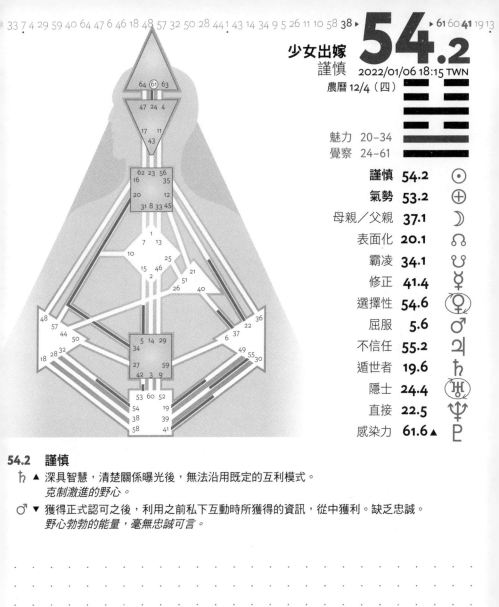

54.2

少女出嫁
謹慎　2022/01/06 18:15 TWN

農曆 12/4（四）

魅力	20-34
覺察	24-61

謹慎	**54.2**	☉
氣勢	**53.2**	⊕
母親／父親	**37.1**	☽
表面化	**20.1**	☊
霸凌	**34.1**	☋
修正	**41.4**	☿
選擇性	**54.6**	♀
屈服	**5.6**	♂
不信任	**55.2**	♃
遁世者	**19.6**	♄
隱士	**24.4**	♅
直接	**22.5**	♆
感染力	**61.6▲**	♇

54.2　謹慎

♄ ▲ 深具智慧，清楚關係曝光後，無法沿用既定的互利模式。
克制激進的野心。

♂ ▼ 獲得正式認可之後，利用之前私下互動時所獲得的資訊，從中獲利。缺乏忠誠。
野心勃勃的能量，毫無忠誠可言。

☾26 9:23

☾63 03:57

Friday, January 7th

midnight

☾22 13:53

07.01
2022

1月

54.3

少女出嫁
動用關係

2022/01/07 16:19 TWN

農曆 12/5（五）

20–34	魅力
24–61	覺察

日	▼	**54.3**	**動用關係**
地		**53.3**	實際
月		**22.2**	禮儀學校
北交		**20.1**	表面化
南交		**34.1**	霸凌
水		**41.5**	授權
金	▲	**54.5**	寬大
火	▼	**26.1**	一鳥在手
木		**55.2**	不信任
土		**19.6**	遁世者
天		**24.4**	隱士
海		**22.5**	直接
冥	▲	**61.6**	感染力

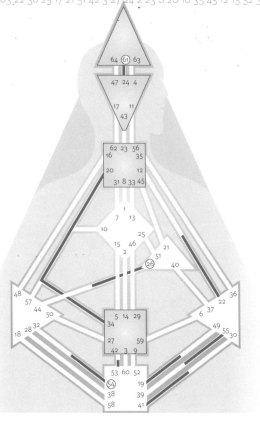

54.3　動用關係

♇ ▲ 若無法經由正式管道晉升，將孤注一擲，運用祕密或非正式管道，得償宿願。
即便受阻，依然充滿野心，轉由祕密手段來推動，動力十足。

♀ ▼ 堅持經由正式管道來解決，不管遭遇多少挫折，皆以吸引力來克服。
若野心受阻，就會散發吸引力，克服途中障礙。

☽36▤
23:59

☽25▤
10:13

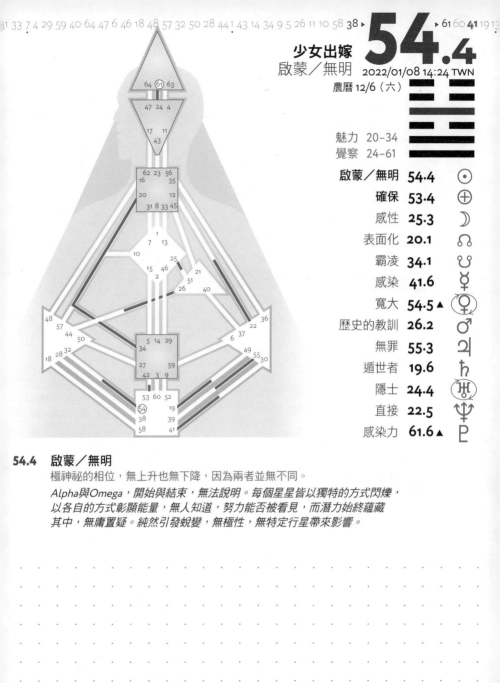

少女出嫁 **54.4**
啟蒙／無明   2022/01/08 14:24 TWN
農曆 12/6（六）

| 魅力 | 20-34 |
| 覺察 | 24-61 |

啟蒙／無明	**54·4**	⊙
確保	**53·4**	⊕
感性	25·3	☾
表面化	20·1	☊
霸凌	34·1	☋
感染	41·6	☿
寬大	54·5 ▲	♀
歷史的教訓	26·2	♂
無罪	55·3	♃
遁世者	19·6	♄
隱士	24·4	♅
直接	22·5	♆
感染力	61·6 ▲	♇

54.4　**啟蒙／無明**

極神祕的相位，無上升也無下降，因為兩者並無不同。

*Alpha*與*Omega*，開始與結束，無法說明。每個星星皆以獨特的方式閃爍，以各自的方式彰顯能量，無人知道，努力能否被看見，而潛力始終蘊藏其中，無庸置疑。純然引發蛻變，無極性，無特定行星帶來影響。

☾17䷏
20:37

☿19䷏
03:47

☾21䷏
07:10

Sunday, January 9th
midnight

18　　20　　22　　4　　6　　8

09.01
2022

1月

54.5

少女出嫁
寬大

2022/01/09 12:28 TWN

農曆 12/7（日）

20-34	魅力
24-61	覺察

日	▲54.5	寬大
地	▼53.5	主張
月	21.3	無力
北交	20.1	表面化
南交	34.1	霸凌
水	19.1	相互依存
金	54.4	啟蒙／無明
火	26.3	影響
木	55.3	無罪
土	19.6	遁世者
天	24.4	隱士
海	22.5	直接
冥	▲61.6	感染力

54.5 寬大

⊙ ▲ 天生的權威，落實的靈魂，手握權力，卻能真誠地與弱勢建立豐盛的關係（若他們只為了貢獻服務，除此之外別無所求）。
能量用於實踐，同時擁有豐盛的人際關係。

▼ *無極性。無下降相位。*

☽51 ䷗
17:52

☽42 ䷓
04:42

54.6

少女出嫁
選擇性

2022/01/10 10:33 TWN
農曆 12/8（一）

魅力	20-34
覺察	24-61
成熟	42-53

選擇性	**54.6**	⊙
逐步進行	**53.6▲**	⊕
中間人	**42.4▲**	☽
表面化	**20.1**	☊
霸凌	**34.1**	☋
服務	**19.2▼**	☿
啟蒙／無明	**54.4**	♀
影響	**26.3**	♂
無罪	**55.3**	♃
遁世者	**19.6**	♄
隱士	**24.4**	♅
直接	**22.5**	♆
感染力	**61.6▲**	♇

54.6　選擇性

♄ ▲ 根深柢固的責任，為維護安全與個人定位，自然而然對關係設限，僅與互利的對象往來。
若關係網絡對其野心造成阻礙，在能量上會形成限制。

♃ ▼ 大致來說，善良與開朗的本性，認為自己能補足合作夥伴的缺失。浪費精神。
保有心懷不軌的人際網絡，是浪費能量的行為。

☽3☰
15:40

☽27☷
02:45

Tuesday, January 11ᵗʰ
midnight

14　　16　　18　　20　　　　　2　　4　　6

11.01
2022

1月

61.1

2022/01/11 08:38 TWN

農曆 12/9（二）

內在真理
奧祕知識

20–34	魅力
24–61	覺察

日		61.1	奧祕知識
地		62.1	例行程序
月		27.4	慷慨
北交		20.1	表面化
南交		34.1	霸凌
水	▼	19.2	服務
金	▼	54.3	動用關係
火		26.4	審查
木		55.3	無罪
土		19.6	遁世者
天		24.4	隱士
海		22.5	直接
冥	▲	61.6	感染力

61.1 奧祕知識

♆ ▲ 天生的通靈能力，強化普世原則。
內在渴望經由祕傳之道，知曉奧祕。

♀ ▼ 仰賴神祕知識，要求抽離與苦行，最後終究隱晦難明。
渴望知曉奧祕帶來極大壓力，最後無法應付現實的世界。

☽24 ䷗
13:56

☽2 ䷀
01:12

Wednesday, January 12th
midnight

11.01
2022

1月

12 14 16 18 20 2 4

內在真理 ▸ # 61.2
天生耀眼　2022/01/12 06:43 TWN

農曆 12/10（三）

魅力	20-34
覺察	24-61

天生耀眼	**61.2**	⊙
抑制	**62.2**	⊕
耐性	**2.3**	☽
表面化	**20.1**	☊
霸凌	**34.1**	☋
奉獻	**19.3**	☿
謹慎	**54.2**	♀
適應力	**26.5**▲	♂
無罪	**55.3**	♃
遁世者	**19.6**	♄
隱士	**24.4**	♅
直接	**22.5**	♆
感染力	**61.6**▲	♇

61.2　天生耀眼

☽ ▲ 月亮上升，才華洋溢，影響力無遠弗屆，帶來滋養，無須任何花招，就能散發強大吸引力。
　　啟迪眾人的天賦，散發吸引力的同時，也利益眾生。

♂ ▼ 太早發現自己的影響力，流於浮誇而自戀。
　　充滿幻覺，認為任何啟發都值得肯定。

☽23☷
12:33

Thursday, January 13th
midnight

☽8☷
23:57

10　12　14　16　18　20　2

13.01
2022

61.3

內在真理
相互依存

2022/01/13 04:48 TWN

農曆 12/11（四）

20-34	魅力
24-61	覺察

日		61.3	相互依存
地		62.3	探索
月	▲	8.3	虛假
北交		20.1	表面化
南交		34.1	霸凌
水		19.3	奉獻
金		54.2	謹慎
火	▲	26.5	適應力
木	▲	55.4	同化
土		19.6	遁世者
天		24.4	隱士
海		22.5	直接
冥	▲	61.6	感染力

61.3 相互依存

真理若無人能懂，極為困難。

☽ ▲ 為求真理得以實現，具備建立關係的能力，以滋養與保護的力量，建構出穩定的環境，從中持續成長。
經由合作，求知的壓力更為迫切。

♂ ▼ 豐沛的能量，確實掌握真理，傾向將他人拋諸腦後，或者被抗拒、被排擠。
對他人缺乏耐心，放棄繼續經營這段關係。

ℏ13 ☽20 ☽16

09:16 11:24 22:52

13.01
2022

1月

8　　10　　12　　14　　16　　18　　20

Friday, January 14th
midnight

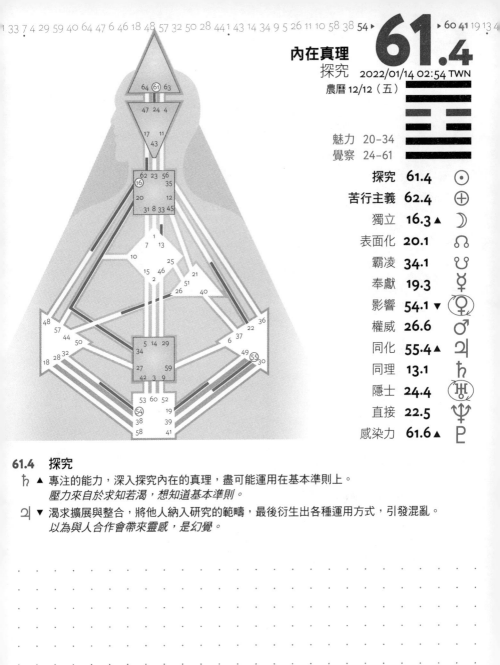

內在真理 61.4

探究　　2022/01/14 02:54 TWN
農曆 12/12（五）

| 魅力 | 20-34 |
| 覺察 | 24-61 |

探究	61.4	⊙
苦行主義	62.4	⊕
獨立	16.3 ▲	☽
表面化	20.1	☊
霸凌	34.1	☋
奉獻	19.3	☿
影響	54.1 ▼	♀
權威	26.6	♂
同化	55.4 ▲	♃
同理	13.1	♄
隱士	24.4	♅
直接	22.5	♆
感染力	61.6 ▲	♇

61.4　探究

♄ ▲ 專注的能力，深入探究內在的真理，盡可能運用在基本準則上。
　　壓力來自於求知若渴，想知道基本準則。

♃ ▼ 渴求擴展與整合，將他人納入研究的範疇，最後衍生出各種運用方式，引發混亂。
　　以為與人合作會帶來靈感，是幻覺。

☽35 ☵　　　♂11 ☳　　　♇60 ☶　　☽45 ☶
10:20　　　　15:47　　　19:25　　21:48

Saturday, January 15th
midnight

6　　8　　10　　12　　14　　16　　18　　20

1月

61.5

內在真理
影響

2022/01/15 00:59 TWN

農曆 12/13（六）

20–34　魅力
24–61　覺察

日	**61.5**	**影響**
地	**62.5**	**質變**
月	**45.2**	共識
北交	**20.1**	表面化
南交	**34.1**	霸凌
水	**19.3**	奉獻
金	▼**54.1**	影響
火	▼ **11.1**	和調
木	▲**55.4**	同化
土	**13.1**	同理
天	**24.4**	隱士
海	**22.5**	直接
冥	**60.1**	接受

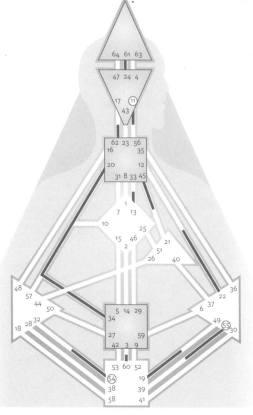

61.5　影響

♄ ▲ 開明的父親，具有公認的智慧，運用影響力，足以形塑整個世代。
　　求知的渴望帶來壓力，也因而造就智慧與影響力。

♂ ▼ 掌權的傾向，強制眾人遵從，確保獲得長久的影響力。
　　伴隨覺知而來的壓力，對挑戰心懷憤恨，要求全盤接受。

內在真理 # 61.6

感染力

2022/01/15 23:05 TWN

農曆 12/13（六）

魅力 20-34

覺察 24-61

感染力	**61.6**	⊙
自律	**62.6**	⊕
影響	**15.2**	☽
表面化	**20.1**	☊
霸凌	**34.1**	☋
奉獻	**19.3**	⚷
誤解	**38.6**	⚷
嚴格	**11.2** ▼	♂
同化	**55.4** ▲	♃
同理	**13.1**	♄
隱士	**24.4**	♅
直接	**22.5**	♆
接受	**60.1**	♇

61.6　感染力

♇ ▲ 點化群眾，意義深遠，引領眾人走向真理。
　　啟迪眾人，為群體帶來清明。

♂ ▼ 憑藉陳腔濫調與口號，對他們的同溫層來說，或許很新鮮，但是群眾卻充耳不聞。
　　妄想能啟迪眾人，帶來清明。

☽52 08:01　　　☽39 19:20

60.1

限制
接受

2022/01/16 21:11 TWN

農曆 12/14（日）

11–56	好奇
20–34	魅力
39–55	情緒

日	60.1	接受
地	▼56.1	**質量**
月	39.1	脫離
北交	20.1	表面化
南交	34.1	霸凌
水	19.3	奉獻
金	38.6	誤解
火	▼ 11.2	嚴格
木	▲55.4	同化
土	13.1	同理
天	24.4	隱士
海	22.5	直接
冥	60.1	接受

60.1 接受

♀ ▲ 面對外界限制的衝擊，保有內在和諧的能力。
以和諧的能量，來處理外來的種種限制。

☿ ▼ 處處受限，渴望追求多樣化的驅動力，令人焦躁不安又激動。
面對外在限制，產生焦躁的能量。

☽ 53   ☽ 62
06:35   17:47

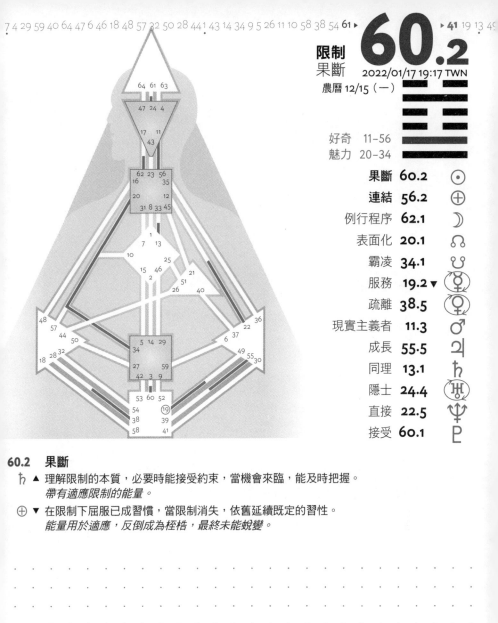

60.2

限制
果斷　2022/01/17 19:17 TWN

農曆 12/15（一）

好奇　11–56
魅力　20–34

果斷	**60.2**	⊙
連結	**56.2**	⊕
例行程序	**62.1**	☾
表面化	**20.1**	☊
霸凌	**34.1**	☋
服務	**19.2** ▼	☿
疏離	**38.5**	♀
現實主義者	**11.3**	♂
成長	**55.5**	♃
同理	**13.1**	♄
隱士	**24.4**	♅
直接	**22.5**	♆
接受	**60.1**	♇

60.2　果斷

♄ ▲ 理解限制的本質，必要時能接受約束，當機會來臨，能及時把握。
　　帶有適應限制的能量。

⊕ ▼ 在限制下屈服已成習慣，當限制消失，依舊延續既定的習性。
　　能量用於適應，反倒成為桎梏，最終未能蛻變。

☊ ·8
☋ 14
☾56　04:55
☾31　15:59
☋14　10:52

Tuesday, January 18th
midnight

60.3 限制
保守主義

2022/01/18 17:23 TWN

農曆 12/16（二）

11–56　好奇

日	**60.3**	保守主義
地	**56.3**	疏離
月	**31.1**	顯化
北交	**8.6**	交誼
南交	**14.6**	謙遜
水 ▼	**19.2**	服務
金	**38.5**	疏離
火	**11.4**	老師
木	**55.5**	成長
土	**13.1**	同理
天	**24.4**	隱士
海	**22.5**	直接
冥	**60.1**	接受

60.3　保守主義

ℏ ▲ 開悟之後明白唯有利己，才能處理諸多束縛與限制，確保自我定位與安全。
　　儘管面對限制，還是能保有自我定位與安全。

♂ ▼ 為了滿足我執，面對限制視而不見，可預見將為此受苦。
　　面對限制，選擇忽略，將為此付出代價。

☽33 02:59　　　　　☽7 13:55

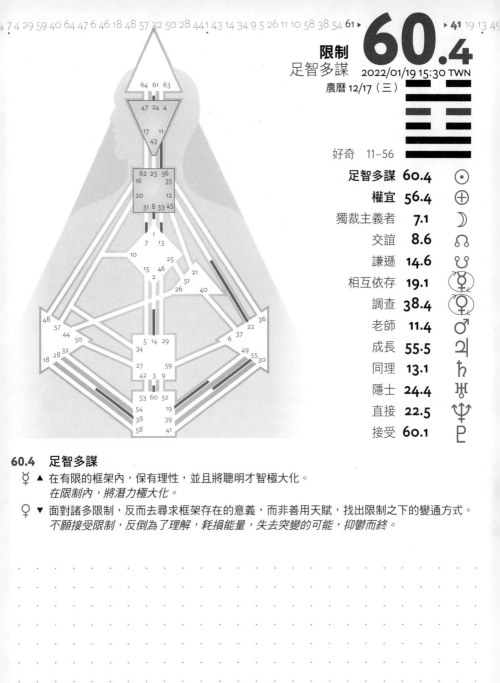

限制 **60.4**

足智多謀

2022/01/19 15:30 TWN

農曆 12/17（三）

好奇	11–56

足智多謀	**60.4**	☉
權宜	**56.4**	⊕
獨裁主義者	**7.1**	☽
交誼	**8.6**	☊
謙遜	**14.6**	☋
相互依存	**19.1**	⚷
調查	**38.4**	♀
老師	**11.4**	♂
成長	**55.5**	♃
同理	**13.1**	♄
隱士	**24.4**	♅
直接	**22.5**	♆
接受	**60.1**	♇

60.4 足智多謀

☿ ▲ 在有限的框架內，保有理性，並且將聰明才智極大化。
在限制內，將潛力極大化。

♀ ▼ 面對諸多限制，反而去尋求框架存在的意義，而非善用天賦，找出限制之下的變通方式。
不願接受限制，反倒為了理解，耗損能量，失去突變的可能，抑鬱而終。

☽4 ☿41 ☽29

00:46   03:30   11:34

Thursday, January 20th

midnight   4   6   8   10

18   20   22   20.01   1月

60.5 限制

領導力

2022/01/20 13:36 TWN

農曆 12/18（四）大寒

11-56 好奇

日	**60.5**	領導力
地	▼**56.5**	吸引注意力
月	**29.2**	評定
北交	**8.6**	交誼
南交	**14.6**	謙遜
水	**41.6**	感染
金	**38.4**	調查
火	**11.5**	慈善家
木	**55.5**	成長
土	**13.1**	同理
天	**24.4**	隱士
海	**22.5**	直接
冥	**60.1**	接受

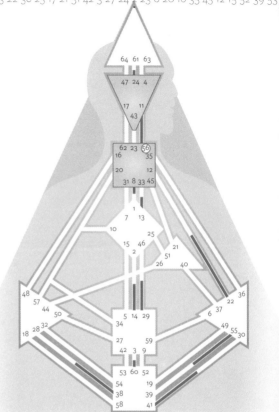

60.5 領導力

♆ ▲ 察覺到拆解既定限制的同時，也創造出全新的限制。
有能力在人生中掌握，並處理限制，完整經歷這一切。

♃ ▼ 天生渴望向外擴展，然而限制有其必要性，否則一開始就會衍生困惑。
向外擴張的能量，無法處理各種限制。

☽59 22:17

☽40 08:56

Friday, January 21ᵗʰ

midnight

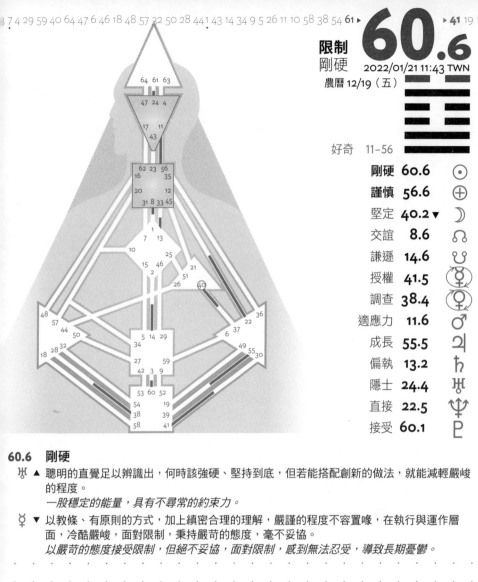

限制 **60.6**
剛硬
2022/01/21 11:43 TWN
農曆 12/19（五）

好奇　11–56

剛硬	**60.6**	☉
謹慎	**56.6**	⊕
堅定	40.2▼	☾
交誼	8.6	☊
謙遜	14.6	☋
授權	41.5	☿̃
調查	38.4	♀̃
適應力	11.6	♂
成長	55.5	♃
偏執	13.2	♄
隱士	24.4	♅
直接	22.5	♆
接受	60.1	♇

60.6　剛硬

♅ ▲ 聰明的直覺足以辨識出，何時該強硬、堅持到底，但若能搭配創新的做法，就能減輕嚴峻的程度。
　　一股穩定的能量，具有不尋常的約束力。

☿ ▼ 以教條、有原則的方式，加上縝密合理的理解，嚴謹的程度不容置喙，在執行與運作層面，冷酷嚴峻，面對限制，秉持嚴苛的態度，毫不妥協。
　　以嚴苛的態度接受限制，但絕不妥協，面對限制，感到無法忍受，導致長期憂鬱。

☽64　19:31

☽47　06:02

Saturday, January 22th
midnight

14　16　18　20　2　4　6
22.01
2022
1月

41.1

減少
合理

2022/01/22 09:50 TWN

農曆 12/20（六）

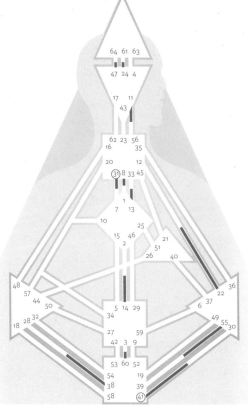

日	▼	**41.1**	合理
地	▼	**31.1**	顯化
月		**47.3**	自我壓抑
北交		**8.6**	交誼
南交		**14.6**	謙遜
水		**41.4**	修正
金		**38.3**	結盟
火		**11.6**	適應力
木		**55.6**	自私
土		**13.2**	偏執
天		**24.4**	隱士
海		**22.5**	直接
冥		**60.1**	接受

41.1 合理

分層當責，合理授權。

ψ ▲ 將最少化為最好的想像力。
冷靜，選擇性地釋放情感的能量。

☿ ▼ 基於理解而接手承擔，導致勞損。
一頭熱，衝動之下投注情感。

♂10 ▤   16:55

☽6 ▤   16:28

☽46 ▤   02:50

Sunday, January 23ᵗʰ

22.01 2022

1 月

14   16   18   20   midnight   2   4   6

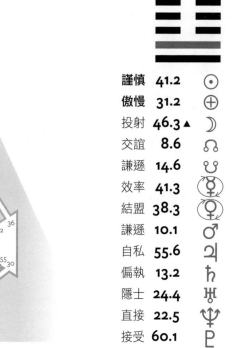

減少
謹慎

41.2

2022/01/23 07:58 TWN
農曆 12/21（日）

謹慎	**41.2**	☉
傲慢	**31.2**	⊕
投射	**46.3** ▲	☽
交誼	**8.6**	☊
謙遜	**14.6**	☋
效率	**41.3**	☿
結盟	**38.3**	♀
謙遜	**10.1**	♂
自私	**55.6**	♃
偏執	**13.2**	♄
隱士	**24.4**	♅
直接	**22.5**	♆
接受	**60.1**	♇

41.2 謹慎

偏向實用主義路線的人道主義。

♄ ▲ 天性保守，明哲保身，不會為了幫助他人而涉險。
僅專注於自身的情感，與他人無關。

♂ ▼ 渴望被認可而不再謹慎，導致資源耗損，因小失大。
盡情展現自己的感受，只為取得認同。

☽18☷
13:08

☽48☵
23:22

Monday, January 24th
midnight

41.3

減少
效率

2022/01/24 06:05 TWN

農曆 12/22（一）

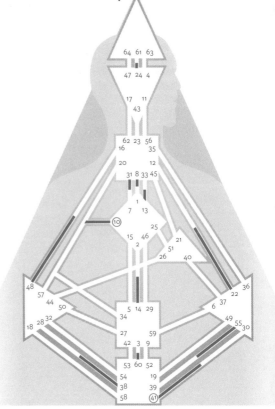

日	**41.3**	效率
地	**31.3**	選擇性
月	**48.4**	重建
北交	**8.6**	交誼
南交	**14.6**	謙遜
水	▼**41.1**	合理
金	**38.3**	結盟
火	▼**10.2**	隱士
木	**55.6**	自私
土	**13.2**	偏執
天	**24.4**	隱士
海	**22.5**	直接
冥	**60.1**	接受

41.3 效率

減損之際，自私很合理。

ħ ▲ 物質層面的野心，就算獨自行動也無妨。
為了個人野心，感覺強烈像火在燒。

☽ ▼ 出於本能而伸出援手，令人欽佩，但位於誤導的相位，以致兩人快速加倍耗損資源。
渴望分享的動力。

☽57 ☰ 09:30   ☽32 ☰ 19:34   ☿60 ☰ 20:21

Tuesday, January 25th
midnight

24.01
2022

1
月

10   12   14   16   18   20

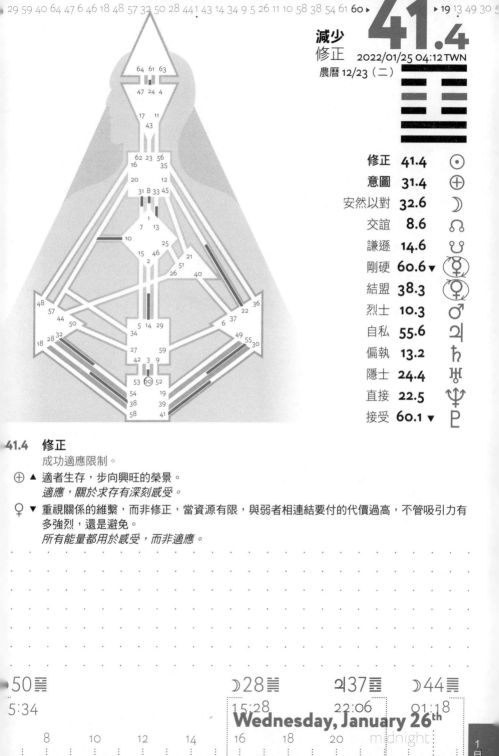

減少
修正

41.4

2022/01/25 04:12 TWN

農曆 12/23（二）

修正	41.4	☉
意圖	31.4	⊕
安然以對	32.6	☾
交誼	8.6	☊
謙遜	14.6	☋
剛硬	60.6 ▾	☿
結盟	38.3	♀
烈士	10.3	♂
自私	55.6	♃
偏執	13.2	♄
隱士	24.4	♅
直接	22.5	♆
接受	60.1 ▾	♇

41.4　修正

成功適應限制。

⊕ ▲ 適者生存，步向興旺的榮景。
適應，關於求存有深刻感受。

♀ ▾ 重視關係的維繫，而非修正，當資源有限，與弱者相連結要付的代價過高，不管吸引力有
多強烈，還是避免。
所有能量都用於感受，而非適應。

50 〓
5:34

☽28 〓
15:28

2↺37 〓
22:06

☽44 〓
01:18

Wednesday, January 26ᵗʰ
midnight

8　　10　　12　　14　　16　　18　　20

1
月

41.5

減少
授權

2022/01/26 02:20 TWN
農曆 12/24（三）

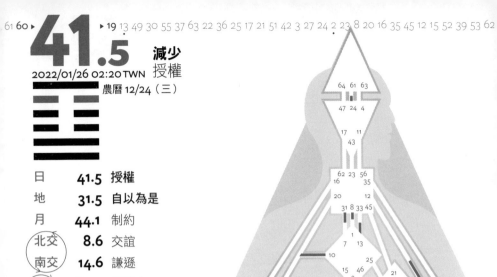

日	**41.5**	**授權**
地	**31.5**	**自以為是**
月	**44.1**	**制約**
北交	**8.6**	**交誼**
南交	**14.6**	**謙遜**
水	**60.5**	**領導力**
金	**38.2**	**彬彬有禮**
火	**10.3**	**烈士**
木	**37.1**	**母親／父親**
土	**13.2**	**偏執**
天	**24.4**	**隱士**
海	**22.5**	**直接**
冥	**▼60.1**	**接受**

41.5 授權

就算有諸多限制，外界依然認可其潛能。

♂ ▲ 若成為適當的管道，能量有其價值。
為接收的感覺添加燃料，不顧限制。

♀ ▼ 已獲得支持，若還是對限制感到不滿，將對發展造成阻礙。
諸多限制點燃負面情緒。

☽1▤
11:03

☽43▤
20:42

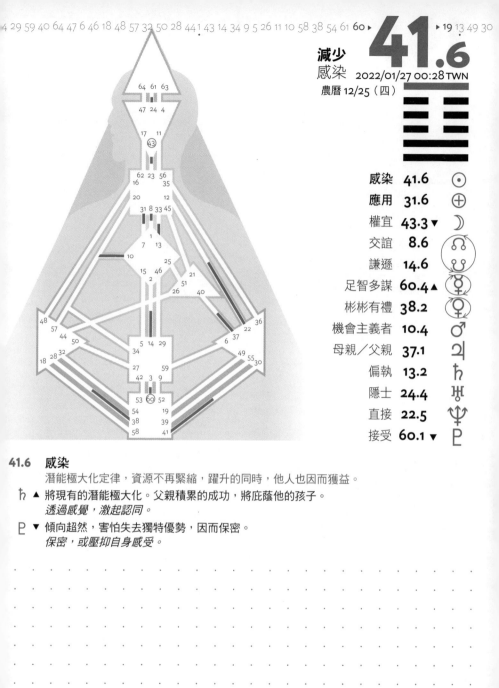

減少
41.6

感染

2022/01/27 00:28 TWN

農曆 12/25（四）

感染	**41.6**	☉
應用	**31.6**	⊕
權宜	**43.3** ▼	☽
交誼	**8.6**	☊
謙遜	**14.6**	☋
足智多謀	**60.4** ▲	☿
彬彬有禮	**38.2**	♀
機會主義者	**10.4**	♂
母親／父親	**37.1**	♃
偏執	**13.2**	♄
隱士	**24.4**	♅
直接	**22.5**	♆
接受	**60.1** ▼	♇

41.6　感染

潛能極大化定律，資源不再緊縮，躍升的同時，他人也因而獲益。

♄ ▲ 將現有的潛能極大化。父親積累的成功，將庇蔭他的孩子。
　　透過感覺，激起認同。

♇ ▼ 傾向超然，害怕失去獨特優勢，因而保密。
　　保密，或壓抑自身感受。

☽14☷
06:17

☽34☷
15:48

27.01
2022

4　6　8　10　12　14　16　18　20

1月

19.1

靠攏
相互依存

2022/01/27 22:36 TWN

農曆 12/25（四）

| 10-34 | 探索 |
| 13-33 | 足智多謀 |

日	▲ **19.1**	相互依存
地	**33.1**	逃避
月	★**34.5**	殲滅
北交	**8.6**	交誼
南交	**14.6**	謙遜
水	**60.3**	保守主義
金	**38.2**	彬彬有禮
火	▼**10.5**	異端者
木	**37.1**	母親／父親
土	**13.2**	偏執
天	**24.4**	隱士
海	**22.5**	直接
冥	▼**60.1**	接受

19.1 相互依存

⊙ ▲ 成功的拉攏，無須為了融入而放棄個體性。
為了滿足需求，難免備感壓力，但是不必為了取得認同，而失去自我。

☽ ▼ 加入之後，為求持續發展，反覆思量，深陷其中無法自拔。
獲得認同，為了滿足各方需求而備感壓力，但不會失去自我。

☽9 01:13　　☽5 10:35　　☽26 19:53

Friday, January 28th

midnight　　4　　6　　8　　10　　12　　14　　16　　18

1
月

靠攏
服務

19.2

2022/01/28 20:44 TWN
農曆 12/26（五）

足智多謀 13-33

服務	**19.2**	☉
臣服	**33.2**	⊕
一鳥在手	**26.1**	☽
交誼	**8.6**	☊
謙遜	**14.6**	☋
果斷	**60.2**	☿
彬彬有禮	**38.2**	♀
異端者	**10.5** ▾	♂
母親／父親	**37.1**	♃
偏執	**13.2**	♄
隱士	**24.4**	♅
直接	**22.5**	♆
接受	**60.1** ▾	♇

19.2 服務

貢獻個人資源，建立對外關係。

♃ ▴ 為最高價值而服務，專心致力。
想提供服務的能量。

☿ ▾ 優柔寡斷，無法決定。在此位置，最後變成服從。
想要被需要，將能量轉化為服務。

Saturday, January 29th
midnight   4   6   8   10   12   14   16

☽11   05:07
☽10   14:18

29.01
2022

1
月

19.3

靠攏
奉獻

2022/01/29 18:52 TWN

農曆 12/27（六）

13-33　足智多謀

日	**19.3**	**奉獻**
地	**33.3**	**精神**
月	▼**10.3**	烈士
北交	**8.5**	達摩
南交	**14.5**	傲慢
水	▼**60.1**	接受
金	**38.2**	彬彬有禮
火	**10.6**	人生典範
木	**37.1**	母親／父親
土	▲**13.3**	悲觀主義
天	**24.4**	隱士
海	**22.5**	直接
冥	▼**60.1**	接受

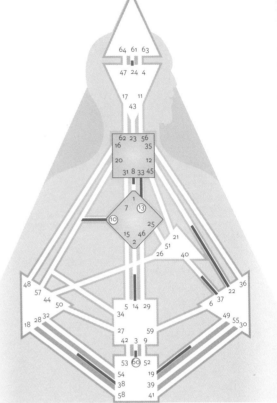

19.3　奉獻

接受靠攏之後，須時時保持警覺，才會長久。

♀ ▲ 持續往來，自然自在。
　　被他人接受，引發內在的感性與自在。

☽ ▼ 情緒化的傾向，可能會導致粗心大意。
　　由於過度敏感，封閉自己被需要的需求。

☽58 ䷜　　☿61 ䷂ ♂58 ䷜　　☽38 ䷦
23:27　　02:46 04:48　　08:34

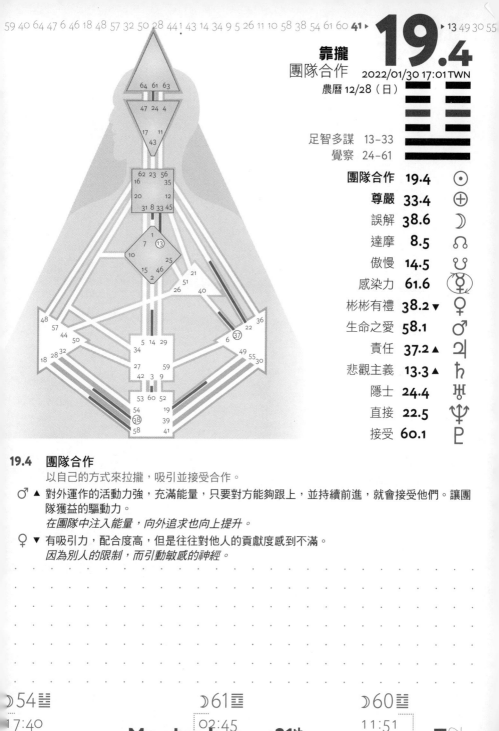

19.4

靠攏
團隊合作
2022/01/30 17:01 TWN
農曆 12/28（日）

足智多謀　13–33
覺察　24–61

團隊合作	**19.4**	☉
尊嚴	**33.4**	⊕
誤解	**38.6**	☽
達摩	**8.5**	☊
傲慢	**14.5**	☋
感染力	**61.6**	⚷
彬彬有禮	**38.2**▾	♀
生命之愛	**58.1**	♂
責任	**37.2**▲	♃
悲觀主義	**13.3**▲	♄
隱士	**24.4**	♅
直接	**22.5**	♆
接受	**60.1**	♇

19.4　團隊合作

以自己的方式來拉攏，吸引並接受合作。

♂ ▲ 對外運作的活動力強，充滿能量，只要對方能夠跟上，並持續前進，就會接受他們。讓團隊獲益的驅動力。
在團隊中注入能量，向外追求也向上提升。

♀ ▾ 有吸引力，配合度高，但是往往對他人的貢獻度感到不滿。
因為別人的限制，而引動敏感的神經。

☽54 ䷂
17:40

☽61 ䷂
02:45

☽60 ䷂
11:51

Monday, January 31ᵗʰ
midnight

20　　22　　　　4　　6　　8　　10　　12

31.01
2022

1月

19.5

靠攏
犧牲

2022/01/31 15:10 TWN

農曆 12/29（一）

| 13–33 | 足智多謀 |
| 24–61 | 覺察 |

日	**19.5**	犧牲
地	**33.5**	時機
月	**60.3**	保守主義
北交	**8.5**	達摩
南交	**14.5**	傲慢
水	**61.5**	影響
金	**38.2**	彬彬有禮
火	**58.2**	變態
木	▲ **37.2**	責任
土	▲ **13.3**	悲觀主義
天	**24.4**	隱士
海	**22.5**	直接
冥	**60.1**	接受

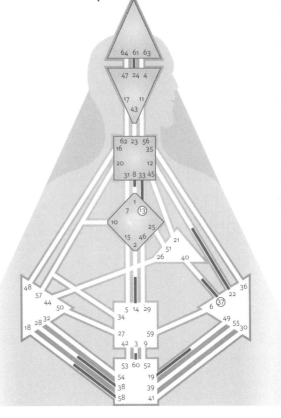

19.5　犧牲

需要犧牲小我，才能完成大我。

⊕ ▲ 自我約束的天性。
限制個人的感性面。

☾ ▼ 傾向犧牲，卻感到不值。
犧牲久了，可能會導致麻木。

☾41☷
20:57

☾19☷
06:06

Tuesday, February 1st
midnight

31.01
2022
1月

18　　20　　22　　　　　　4　　　6　　8　　10

靠攏
19.6
遁世者 2022/02/01 13:19 TWN

農曆 1/1（二）

| 足智多謀 | 13-33 |
| 覺察 | 24-61 |

遁世者	**19.6**	☉
離異	**33.6**	⊕
犧牲	19.5	☽
達摩	8.5	☊
傲慢	14.5	☋
影響	61.5	♇
彬彬有禮	38.2	♀
變態	58.2	♂
責任	37.2 ▲	♃
悲觀主義	13.3 ▲	♄
隱士	24.4	♅
直接	22.5	♆
接受	60.1	♇

19.6　遁世者

大致上會避免與人接觸，但並非絕對。

♃ ▲ 山丘上的愚者。聖人，若你可以找到他，他就會與你對話。
事不關己的能量。

♂ ▼ 生悶氣的孩子，自我放逐，唯有得到撫慰，才會結束這樣的行為。
面對拒絕，過於敏感，引發躲避的行為。

☽13 15:17

☽49 00:31

☽30 09:49

Wednesday, February 2ⁿᵈ

16　　18　　20　　midnight　　2　　4　　6　　8

02.02

2月

2022

13.1

2022/02/02 11:28 TWN

夥伴關係
同理

農曆 1/2（三）

24-61　覺察

日	**13.1**	同理
地	**7.1**	**獨裁主義者**
月	**30.2**	實用主義
北交	**8.5**	達摩
南交	**14.5**	傲慢
水	**61.5**	影響
金	**38.2**	彬彬有禮
火	▼**58.3**	電流
木	▲**37.2**	責任
土	**13.3**	悲觀主義
天	**24.4**	隱士
海	**22.5**	直接
冥	**60.1**	接受

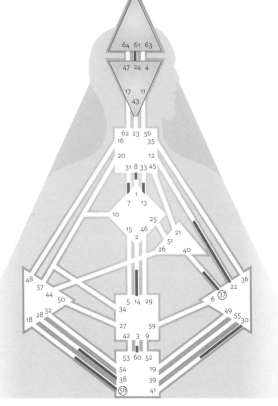

13.1　同理
　　鎮定與人聯繫並交流的能力。

♀ ▲ 真情流露，帶來和諧。
　　帶有情感聆聽他人，開放的角色。

☽ ▼ 親吻嬰兒的政治家。
　　貌似開放，另有所圖。

☽55☰
19:12

☽37☰
04:42

Thursday, February 3th
midnight

14　　16　　18　　20　　22　　　　　　4　　6

13.2

夥伴關係
偏執　2022/02/03 09:38 TWN
農曆 1/3（四）

覺察　24-61

偏執	**13.2** ▼	⊙
民主主義者	**7.2**	⊕
以身作則	**37.4** ▲	☽
達摩	**8.5**	☊
傲慢	**14.5**	☋
探究	**61.4**	⚥
結盟	**38.3**	♀
調焦	**58.4**	♂
平等對待	**37.3** ▲	♃
悲觀主義	**13.3**	♄
隱士	**24.4**	♅
直接	**22.5**	♆
接受	**60.1**	♇

13.2　偏執

風險總是存在，夥伴關係能否建立，考量雙方能否在特定層面達成共識，例如：種族、宗教、國籍或智識層面。

☽ ▲ 偏執，明白唯有容忍，才不會冒犯別人。
　　以容忍的方式，來扮演開放的角色。

⊙ ▼ 堅信最高的理念，無法與低下的形式結合，極為困難的處境，有時立意甚高，只是讓憎恨變得合理。

　　曲高和寡，開放度狹隘，認為無人值得聆聽。

☽63 14:17

☽22 00:00

Friday, February 4th midnight

12　　14　　16　　18　　20　　　　2　　4

04.02
2022

2月

13.3

49 30 55 37 63 22 36 25 17 21 51 42 3 27 24 2 23 8 20 16 35 45 12 15 52 39 53 62 56 31 3

夥伴關係
悲觀主義

2022/02/04 07:49 TWN

農曆 1/4（五）立春

24-61　覺察

日	**13.3**	悲觀主義
地	**7.3**	無政府主義者
月	**22.5**	直接
北交	**8.4**	尊重
南交	**14.4**	安全
⟳水	**61.4**	探究
金	**38.3**	結盟
火	**58.4**	調焦
木	▲ **37.3**	平等對待
土	**13.3**	悲觀主義
天	**24.4**	隱士
海	**22.5**	直接
冥	**60.1**	接受

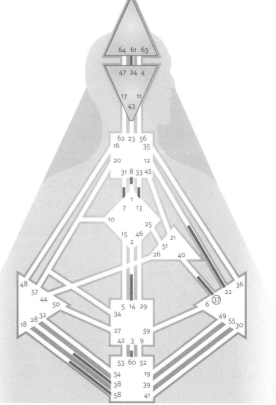

13.3　悲觀主義
深信最好的永遠無法達成。

⊕ ▲ 不信任，除非提出鏗鏘有力的證據，否則不會轉換。
　　多疑導致無法開放，不斷尋求證據。

♀ ▼ 將悲觀昇華為藝術的某種形式，而藝術有可能產生相反的效果。諷刺。
　　將疑神疑鬼視為理所當然，擅長嘲諷。

☽36　09:50　　　☽25　19:49　　　☽17　05:56

Saturday, February 5th

midnight

12　　14　　16　　18　　20　　　2　　4

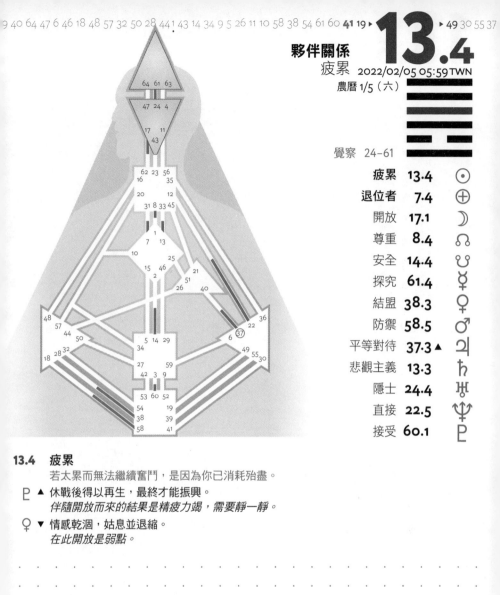

夥伴關係

13.4

疲累 2022/02/05 05:59 TWN

農曆 1/5（六）

覺察 24-61

疲累	**13.4**	⊙
退位者	**7.4**	⊕
開放	**17.1**	☽
尊重	**8.4**	☊
安全	**14.4**	☿
探究	**61.4**	☿
結盟	**38.3**	♀
防禦	**58.5**	♂
平等對待	**37.3** ▲	♃
悲觀主義	**13.3**	♄
隱士	**24.4**	♅
直接	**22.5**	♆
接受	**60.1**	♇

13.4　疲累

若太累而無法繼續奮鬥，是因為你已消耗殆盡。

♇ ▲ 休戰後得以再生，最終才能振興。
　　伴隨開放而來的結果是精疲力竭，需要靜一靜。

♀ ▼ 情感乾涸，姑息並退縮。
　　在此開放是弱點。

☽21 16:12　　☽51 02:37

Sunday, February 6th
midnight

06.02
2022

2月

8　　10　　12　　14　　16　　18　　20

13.5

夥伴關係
救世主

2022/02/06 04:11 TWN

農曆 1/8（日）

24-61　覺察

日	**13.5**	救世主
地	**7.5**	將軍
月	**51.1**	參考
北交	**8.4**	尊重
南交	**14.4**	安全
水	**61.5**	影響
金	**38.3**	結盟
火	**58.6**	忘形
木	▲ **37.3**	平等對待
土	**13.4**	疲累
天	**24.4**	隱士
海	**22.5**	直接
冥	**60.1**	接受

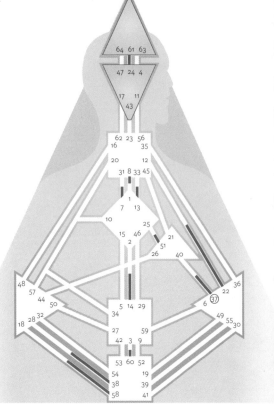

13.5　救世主

為了整體人類的福祉，有能力克服所有障礙。

♆ ▲ 充滿魅力的天才，為每個人找到角色與定位。
　　聆聽者，為人找到定位是天賦。

♃ ▼ 有為的管理者，天性極端正面，難運用於執行面。
　　天生聆聽者，能使人盡其才，適於管理。

2月

06.02
2022

☽42 ䷀
13:11

♂38 ䷀　☽3 ䷀
21:32　23:54

Monday, February 7th
midnight

8　　10　　12　　14　　16　　18　　20

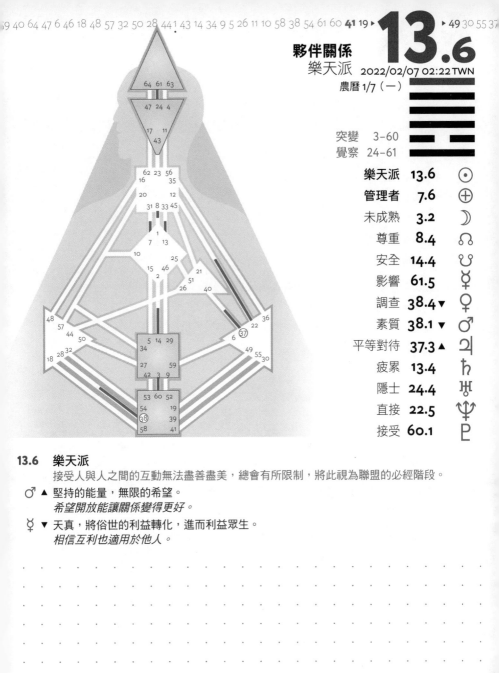

夥伴關係 **13.6**
樂天派 2022/02/07 02:22 TWN
農曆 1/7（一）

突變 3-60
覺察 24-61

樂天派	13.6	☉
管理者	7.6	⊕
未成熟	3.2	☽
尊重	8.4	☊
安全	14.4	☋
影響	61.5	☿
調查	38.4▼	♀
素質	38.1▼	♂
平等對待	37.3▲	♃
疲累	13.4	♄
隱士	24.4	♅
直接	22.5	♆
接受	60.1	♇

13.6 樂天派

接受人與人之間的互動無法盡善盡美，總會有所限制，將此視為聯盟的必經階段。

♂ ▲ 堅持的能量，無限的希望。
　　希望開放能讓關係變得更好。

☿ ▼ 天真，將俗世的利益轉化，進而利益眾生。
　　相信互利也適用於他人。

☽27 ䷜
10:45

☽24 ䷜
21:44

Tuesday, February 8th
midnight

6　8　10　12　14　16　18　20

49.1

革命
必要性法則

2022/02/08 00:35 TWN

農曆 1/8（二）

24-61　覺察

日	▼	**49.1**	必要性法則
地	▼	**4.1**	愉悅
月	▲	**24.2**	認可
北交		**8.4**	尊重
南交		**14.4**	安全
水		**61.5**	影響
金	▼	**38.4**	調查
火	▼	**38.1**	素質
木		**37.4**	以身作則
土		**13.4**	疲累
天		**24.4**	隱士
海		**22.5**	直接
冥		**60.1**	接受

49.1　必要性法則

革命必須師出有名，否則無法獲得支持。

♃ ▲ 理解並運用此法則，盡其所能擴散出去，獲得最多支持，確保可行性。
意識到革命是否必要，取決於群眾的態度。

☉ ▼ 濫用影響力，認定採取行動就會創造需求。「螺旋滑梯症候群」（Helter Skelter Syndrome，來自美國罪犯查爾斯·曼森的案例），為了證實失序，而採取失序之舉。
面對拒絕過於敏感，將原則轉化為改革聖戰。

革命 49.2

最終手段　2022/02/08 22:47 TWN
農曆 1/8（二）

覺察　24-61

最終手段	**49.2**	☉
接受	**4.2**	⊕
自我防衛	**23.2**▼	☽
尊重	**8.4**	☊
安全	**14.4**	☋
感染力	**61.6**	☿
調查	**38.4**▼	♀
彬彬有禮	**38.2**	♂
以身作則	**37.4**	♃
疲累	**13.4**	♄
隱士	**24.4**	♅
直接	**22.5**	♆
接受	**60.1**	♇

49.2　最終手段

⊕ ▲ 決心要和平解決，為求改變用盡各種方式，最終明白除了革命別無他法，於是詳加計畫，然後揭竿而起，發起革命。
　　放棄之前，早已探索所有可能性。

♇ ▼ 滿懷革命熱忱，對於調解與談判興趣缺缺，傾向政變，卻欠缺群眾支持。
　　對調解失去耐心。

☽8 ☰ 07:20

☽20 ☴ 18:42

Wednesday, February 9th
idnight　4　6　8　10　12　14　16　18

09.02 2022

2月

49.3

革命
民怨

2022/02/09 21:01 TWN

農曆 1/9（三）

24-61　覺察

日	**49.3**	民怨
地	**4.3**	不負責任
月	▼**20.2**	獨斷者
北交	**8.4**	尊重
南交	**14.4**	安全
水	**61.6**	感染力
金	**38.5**	疏離
火	**38.3**	結盟
木	**37.4**	以身作則
土	**13.4**	疲累
天	**24.4**	隱士
海	**22.6**	成熟
冥	**60.1**	接受

49.3　民怨

♆ ▲ 當限制一消失，就能摧毀舊有的形式。
　　深具潛力，對不適用的原則或關係相當敏感。

♇ ▼ 冥王星位於下降相位。雖然獲得大眾支持，蠻橫消滅了舊秩序，卻在無形之中，為新秩序帶來永久的創傷。
　　對於被拒絕與拒絕別人，缺乏敏感度。

2月

09.02
2022

Thursday, February 10th
midnight　　4　　6　　8　　10　　12　　14　　16

☽16　06:07　　☿60　13:17　　☽35　17:34

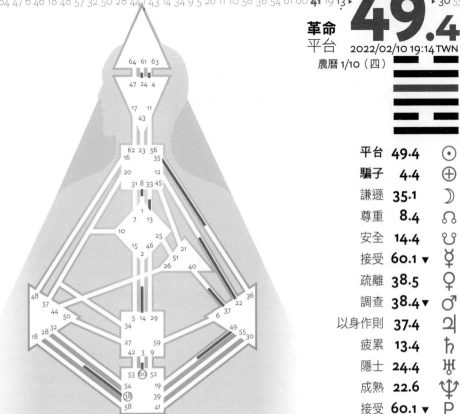

革命
平台

49.4

2022/02/10 19:14 TWN

農曆 1/10（四）

平台	**49.4**	☉
騙子	**4.4**	⊕
謙遜	**35.1**	☽
尊重	**8.4**	☊
安全	**14.4**	☋
接受	**60.1** ▼	☿
疏離	**38.5**	♀
調查	**38.4** ▼	♂
以身作則	**37.4**	♃
疲累	**13.4**	♄
隱士	**24.4**	♅
成熟	**22.6**	♆
接受	**60.1** ▼	♇

49.4　平台

♃ ▲ 投入政治與社會議題，保障人權，要以公義與有價值的方式，來取代舊秩序。
　　對社會大眾的需求，有潛在的敏感度。

♂ ▼ 承諾、承諾、再承諾，卻都是空頭支票，毫無可能執行。
　　有可能無意識地，利用社會需求。

☽45䷀

05:02

☽12䷀

16:29

Friday, February 11ᵗʰ

22　　midnight　　4　　6　　8　　10　　12　　14

11.02

2022

2月

49.5

革命
組織

2022/02/11 17:29 TWN

農曆 1/11（五）

12-22　開放

日	**49.5**	組織
地	**4.5**	誘惑
月	**12.1**	修道士、僧侶
北交	**8.4**	尊重
南交	**14.4**	安全
水	▼**60.1**	接受
金	**38.6**	誤解
火	▼**38.4**	調查
木	**37.5**	愛
土	**13.4**	疲累
天	**24.4**	隱士
海	**22.6**	成熟
冥	▼**60.1**	接受

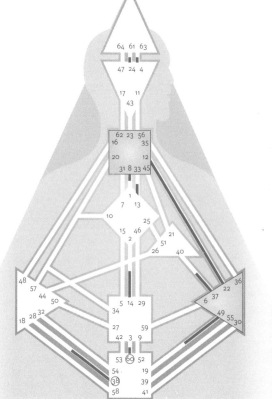

49.5　組織

☽ ▲ 革命之時，很實際地供應他人需求，不僅能贏得支持，也能延續雙方關係，加深理解。
　　相當務實，能敏銳察覺他人真正的需求。

♂ ▼ 在意組織中權力如何分配，想明確劃分主權，卻因此而捨棄了更高原則。
　　背棄更高原則，只在意如何形成組織。

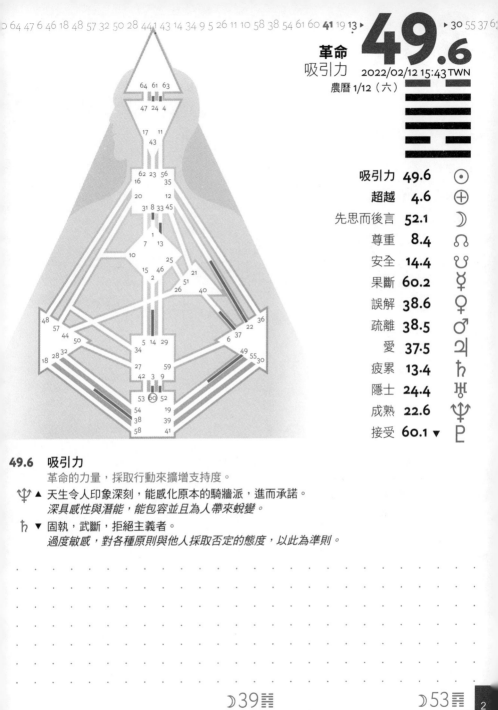

革命 **49.6**
吸引力
2022/02/12 15:43 TWN
農曆 1/12（六）

吸引力	**49.6**	☉
超越	**4.6**	⊕
先思而後言	**52.1**	☽
尊重	**8.4**	☊
安全	**14.4**	☋
果斷	**60.2**	☿
誤解	**38.6**	♀
疏離	**38.5**	♂
愛	**37.5**	♃
疲累	**13.4**	♄
隱士	**24.4**	♅
成熟	**22.6**	♆
接受	**60.1** ▼	♇

49.6　吸引力
　　革命的力量，採取行動來擴增支持度。

♆ ▲ 天生令人印象深刻，能感化原本的騎牆派，進而承諾。
　　深具感性與潛能，能包容並且為人帶來蛻變。

♄ ▼ 固執，武斷，拒絕主義者。
　　過度敏感，對各種原則與他人採取否定的態度，以此為準則。

☽39 ☷

02:37

☽53 ☷

13:53

Sunday, February 13th
midnight

18　　20　　22　　midnight　　4　　6　　8　　10

13.02
2022

2月

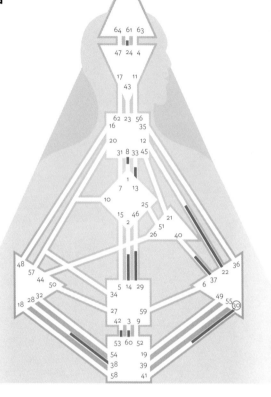

30.1

燃燒的火焰
沉著

2022/02/13 13:59 TWN

農曆 1/13（日）

日	▲**30.1**	沉著
地	**29.1**	徵召
月	**53.1**	累積
北交	**8.4**	尊重
南交	**14.4**	安全
水	**60.3**	保守主義
金	**38.6**	誤解
火	**38.6**	誤解
木	**37.5**	愛
土	**13.4**	疲累
天	**24.4**	隱士
海	**22.6**	成熟
冥	**60.2**	果斷

30.1　沉著

泰山崩於前，而面不改。

⊙ ▲ 面對所有情況，都將限制放大。
　　不管面對任何狀況，透過感覺而穩定下來。

♃ ▼ 有能力保持鎮定，卻耽誤了進展。
　　透過感覺獲得平衡，卻無法放下。

♀54 16:39

☽62 01:05

☽56 12:11

Monday, February 14ᵗʰ

midnight

18　20　22　　　　4　6　8　10

30.2

燃燒的火焰
實用主義

2022/02/14 12:15 TWN

農曆 1/14（一）

實用主義	**30.2** ▲	☉
評定	**29.2**	⊕
質量	**56.1** ▲	☽
尊重	**8.4**	☊
安全	**14.4**	☋
足智多謀	**60.4** ▲	☿
影響	**54.1** ▼	♀
誤解	**38.6**	♂
愛	**37.5**	♃
救世主	**13.5**	♄
隱士	**24.4**	♅
成熟	**22.6**	♆
果斷	**60.2**	♇

30.2　實用主義

在各種極端間取得平衡。

☉ ▲ 運用能量，達成有效產值，毫不浪費。
不會浪費力氣去感覺。

♂ ▼ 過於侵略，與限制對抗，擦槍走火。
感受，需要能量。

♂ 54 ䷡
13:15

☽ 31 ䷜
23:12

☽ 33 ䷠
10:08

Tuesday, February 15th

midnight

16　　18　　20　　　　　2　　4　　6

15.02.2022

2月

30.3

燃燒的火焰
順從

2022/02/15 10:31 TWN

農曆 1/15（二）

13–33　足智多謀

日	**30.3**	順從
地	**29.3**	評估
月	**33.1**	逃避
北交	**8.4**	尊重
南交	**14.4**	安全
水	**60.5**	領導力
金	▼**54.1**	影響
火	▼**54.1**	影響
木	**37.6**	目的
土	**13.5**	救世主
天	**24.4**	隱士
海	**22.6**	成熟
冥	**60.2**	果斷

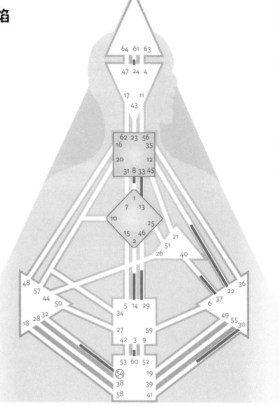

30.3　順從

接受如是。

℞ ▲ 再生定律的覺察與體現。因果論，輪迴與復活。
　　接受如是的感受。

℞ ▼ 傾向以特定的知識，來鼓勵或避免絕望的感受。
　　面對正面或負面的感覺，都接受如是。

2月

15.02
2022

☽7䷕
20:58
midnight

☽4䷿
07:43

Wednesday, February 16ᵗʰ

14　　16　　18　　20　　　　　　2　　4　　6

燃燒的火焰 **30.4**

精疲力竭 2022/02/16 08:48 TWN

農曆 1/16（三）

精疲力竭	**30.4**	☉
直接	**29.4**	⊕
愉悅	**4.1** ▲	☽
虛假	**8.3**	☊
服務	**14.3**	☋
領導力	**60.5**	☿
謹慎	**54.2** ▼	♀
謹慎	**54.2** ▼	♂
目的	**37.6**	♃
救世主	**13.5**	♄
隱士	**24.4**	♅
成熟	**22.6**	♆
果斷	**60.2**	♇

30.4 **精疲力竭**

不切實際的節奏，招致不幸。

♇ ▲ 強迫與好動的個性，相當容易走到最後精疲力竭，雖說未必都是如此，若輔以分析，往往能獲得正面的結果。

蓄積高能量的各種感覺，導致情緒崩潰。

♃ ▼ 失控地擴張，不可避免最後會幻滅。

無法控制各種感覺，情緒一發不可收拾。

☽29 18:23

☽59 04:57

Thursday, February 17th

midnight

17.02 2022

2月

12　14　16　18　20　　2　4

30.5

燃燒的火焰
諷刺

2022/02/17 07:05 TWN
農曆 1/17（四）

日	**30.5**	諷刺
地	▼**29.5**	過度擴張
月	**59.2**	害羞
北交	**8.3**	虛假
南交	**14.3**	服務
水	▼**60.6**	剛硬
金	▼**54.3**	動用關係
火	▼**54.3**	動用關係
木	**37.6**	目的
土	**13.5**	救世主
天	**24.4**	隱士
海	**22.6**	成熟
冥	**60.2**	果斷

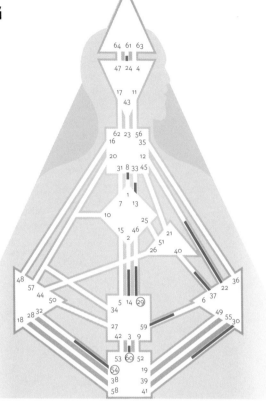

30.5　諷刺

認知並致力於短暫的目標。

♃ ▲ 從知識與經驗中獲得力量，明白就算前進兩步後退一步，仍有進一步的發展。
　　當一切有所進展，將體驗全新的感受，也會重溫舊有的感覺。

♇ ▼ 矛盾引發憤怒，面對各種限制感到挫敗，渴望毀掉一切。
　　當你開始去體驗，舊情緒裡所隱藏的挫敗與憤怒，都轉變為情緒層面的察覺力。

☿41 ☷
07:42

☽40 ☷
15:27

☽64 ☷
01:52

Friday, February 18th
midnight

2
月

17.02
2022

10　　12　　14　　16　　18　　20　　　　　　2

燃燒的火焰 # 30.6
強制 2022/02/18 05:23 TWN

農曆 1/18（五）

夢想家 30–41

強制	**30.6**	⊙
困惑	**29.6**	⊕
過度膨脹	**64.3** ▾	☾
虛假	**8.3**	☊
服務	**14.3**	☋
合理	**41.1** ▾	☿
動用關係	**54.3** ▾	♀
動用關係	**54.3** ▾	♂
目的	**37.6**	♃
救世主	**13.5**	♄
隱士	**24.4**	♅
成熟	**22.6**	♆
果斷	**60.2**	♇

30.6　強制

有紀律，延續正確的行動。

♂ ▲ 同意帶領弱者，對力挽頹勢相當有自信。
　　充滿力量，消滅負面感受。

☾ ▾ 天生內在平和，常常會容忍低劣的能量。
　　無力消除負面的感覺。

☾47 ䷿
12:12

☾6 ䷿
22:29

♃63 ䷿
00:03

Saturday, February 19th
midnight

8　　10　　12　　14　　16　　18　　20

19.02
2022

2月

55.1

2022/02/19 03:42 TWN

豐盛
合作

農曆 1/19（六）雨水

6-59　親密

日	**55.1**	合作
地	**59.1**	先發制人
月	**6.4**	勝利
北交	**8.3**	虛假
南交	**14.3**	服務
水	**41.3**	效率
金	**54.4**	啟蒙／無明
火	**54.4**	啟蒙／無明
木	**63.1**	沉著
土	**13.5**	救世主
天	**24.4**	隱士
海	**22.6**	成熟
冥	**60.2**	果斷

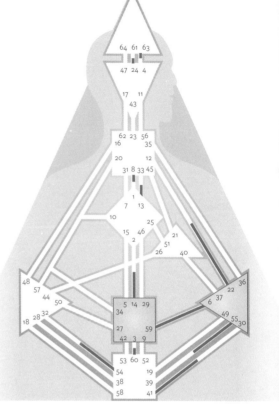

55.1　合作

♃ ▲ 透過合作，向外擴張，秉持的原則是與有力人士合作，確保取得長久的支持，互存共榮。
　　與強大的力量合作，有可能會找到對的靈魂。

♀ ▼ 聚焦於與強大的力量，建立和諧的關係，這或許能長久，卻不見得能獲得提升。
　　與強大的力量和諧共生，卻不一定能在精神層面帶來好處。

2月

19.02
2022

☽46 ䷶
08:41

☽18 ䷐
18:51
Sunday, February 20
midnight

8　　10　　12　　14　　16　　18　　20

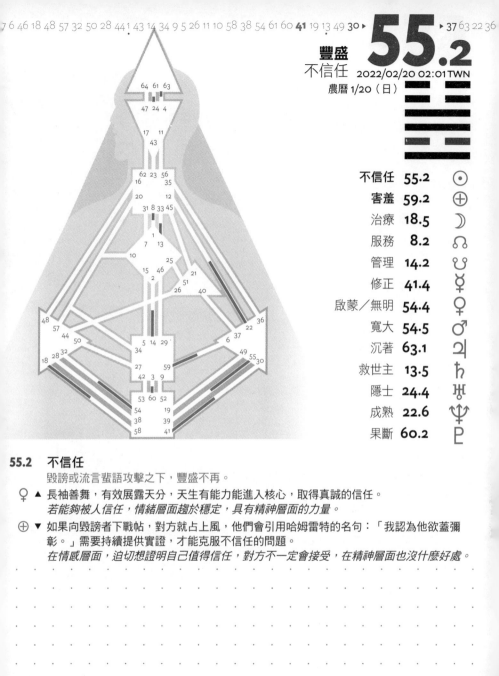

豐盛 # 55.2
不信任 2022/02/20 02:01 TWN
農曆 1/20（日）

不信任	**55.2**	☉
害羞	**59.2**	⊕
治療	**18.5**	☽
服務	**8.2**	☊
管理	**14.2**	☋
修正	**41.4**	☿
啟蒙／無明	**54.4**	♀
寬大	**54.5**	♂
沉著	**63.1**	♃
救世主	**13.5**	♄
隱士	**24.4**	♅
成熟	**22.6**	♆
果斷	**60.2**	♇

55.2　不信任

毀謗或流言蜚語攻擊之下，豐盛不再。

♀ ▲ 長袖善舞，有效展露天分，天生有能力能進入核心，取得真誠的信任。
若能夠被人信任，情緒層面趨於穩定，具有精神層面的力量。

⊕ ▼ 如果向毀謗者下戰帖，對方就占上風，他們會引用哈姆雷特的名句：「我認為他欲蓋彌
彰。」需要持續提供實證，才能克服不信任的問題。
在情感層面，迫切想證明自己值得信任，對方不一定會接受，在精神層面也沒什麼好處。

☽48 04:57

☽57 14:59

Monday, February 21
midnight

2月

4　　6　　8　　10　　12　　14　　16　　18　　20

55.3

豐盛
無罪

2022/02/21 00:20 TWN

農曆 1/21（一）

日	**55.3**	無罪
地	**59.3**	開放
月	**57.6**	使用
北交	**8.2**	服務
南交	**14.2**	管理
水	**41.5**	授權
金	**54.5**	寬大
火	**54.6**	選擇性
木	**63.1**	沉著
土	**13.5**	救世主
天	**24.4**	隱士
海	**22.6**	成熟
冥	**60.2**	果斷

55.3 無罪

「我不過是依命行事。」這說法充滿防衛。

♄ ▲ 若程序正確，也有紀律，遵照準則去落實，卻還是失敗，就無法歸咎於個人。
在情感上或許能了解，就算竭盡所能，還是有可能失敗，但精神可嘉。

♂ ▼ 火星位於下降相位，奮戰到底不再服從，回歸個體性發起宣戰，這對上位者而言，就是
崩毀，所以他們會安全地躲在防護罩裡。
在精神層面先自私地保護自己，別人卻為此付出代價。

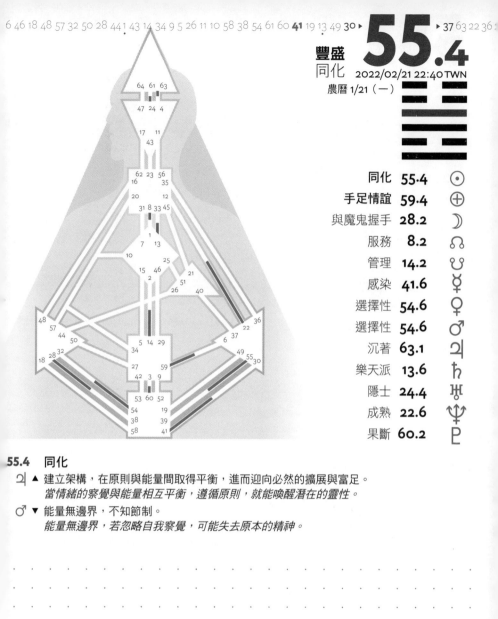

豐盛 # 55.4
同化 2022/02/21 22:40 TWN
農曆 1/21（一）

同化	**55.4**	☉
手足情誼	**59.4**	⊕
與魔鬼握手	**28.2**	☽
服務	**8.2**	☊
管理	**14.2**	☋
感染	**41.6**	☿
選擇性	**54.6**	♀
選擇性	**54.6**	♂
沉著	**63.1**	♃
樂天派	**13.6**	♄
隱士	**24.4**	♅
成熟	**22.6**	♆
果斷	**60.2**	♇

55.4 同化

♃ ▲ 建立架構，在原則與能量間取得平衡，進而迎向必然的擴展與富足。
　　當情緒的察覺與能量相互平衡，遵循原則，就能喚醒潛在的靈性。

♂ ▼ 能量無邊界，不知節制。
　　能量無邊界，若忽略自我察覺，可能失去原本的精神。

♂61 ☰ ☽44 ☰ ☿19 ☰ ☽1 ☰
03:58 06:42 09:11 16:31

esday, February 22th
dnight 4 6 8 10 12 14 16 18

2月
22.02
2022

55.5

豐盛
成長

2022/02/22 21:01 TWN

農曆 1/22（二）

1–8	啟發
24–61	覺察

日	▼55.5	成長
地	59.5	蛇蠍美人或大眾情人
月	1.3	持續創作的能量
北交	8.2	服務
南交	14.2	管理
水	19.1	相互依存
金	54.6	選擇性
火	61.1	奧祕知識
木	63.1	沉著
土	13.6	樂天派
天	24.4	隱士
海	22.6	成熟
冥	60.2	果斷

55.5 成長

⛢ ▲ 位居要位，握有權力，也具備不尋常的能力，能接受建言，創新而帶來蛻變。掌權者，天生要領導他人，而非跟隨者。
握有力量，引發情感的威力與精神。

☉ ▼ 廣納各種意見，集結並整合，雖然有可能破局，還是抱持著開放的態度。
情感層面呈現開放的狀態，而在精神上則面臨被制約的風險。

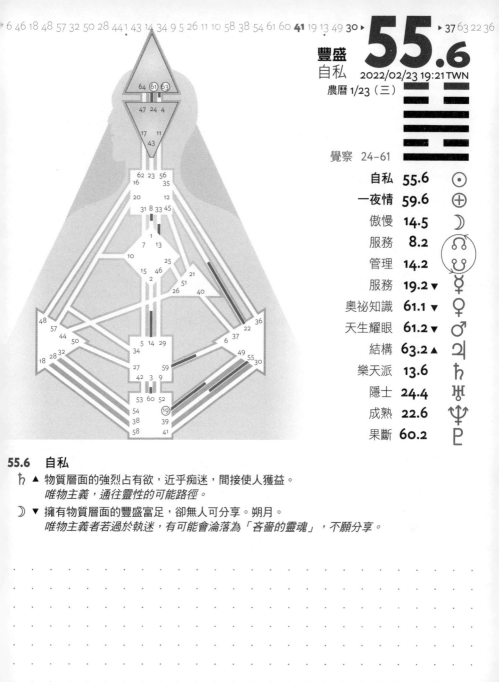

豐盛 **55.6**
自私 2022/02/23 19:21 TWN
農曆 1/23（三）

覺察 24-61

自私	**55.6**	☉
一夜情	**59.6**	⊕
傲慢	**14.5**	☽
服務	**8.2**	☊
管理	**14.2**	☋
服務	**19.2** ▾	☿
奧祕知識	**61.1** ▾	♀
天生耀眼	**61.2**	♂
結構	**63.2** ▲	♃
樂天派	**13.6**	♄
隱士	**24.4**	♅
成熟	**22.6**	♆
果斷	**60.2**	♇

55.6 自私

♄ ▲ 物質層面的強烈占有欲，近乎痴迷，間接使人獲益。
唯物主義，通往靈性的可能路徑。

☽ ▾ 擁有物質層面的豐盛富足，卻無人可分享。朔月。
唯物主義者若過於執迷，有可能會淪落為「吝嗇的靈魂」，不願分享。

☽34 21:42
☽9 07:21
☽5 16:57

Thursday, February 24th
midnight

2月
24.02.2022

37.1

家庭
母親／父親

2022/02/24 17:43 TWN

農曆 1/24（四）

| 24-61 | 覺察 |
| 37-40 | 經營社群 |

日		**37.1**	**母親／父親**
地	▲	**40.1**	**休養**
月		**5.1**	毅力
北交		**8.2**	服務
南交		**14.2**	管理
水		**19.4**	團隊合作
金	▼	**61.2**	天生耀眼
火	▼	**61.3**	相互依存
木	▲	**63.2**	結構
土		**13.6**	樂天派
天	▼	**24.5**	自白
海		**22.6**	成熟
冥		**60.2**	果斷

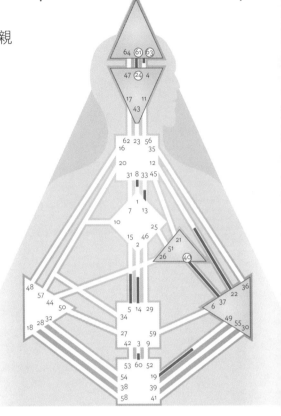

37.1　母親／父親

天生受人尊敬，確保焦點放在發展準則。

♀ ▲ 維持關係的關鍵在於和諧，家和萬事興，和諧才能讓家庭的美好與價值得以延續。
友誼也是如此，相互體諒，體貼彼此，才能確保和諧。無對立相位。

▼ 沒有行星處於下降相位。

2月

24.02
2022

22

Friday, February 25ᵗʰ
midnight

☽26 02:31

☽11 12:02

4　6　8　10　12　1

家庭
責任

37.2

2022/02/25 16:04 TWN
農曆 1/25（五）

覺察　24-61
經營社群　37-40

責任	**37.2**	☉
堅定	**40.2▲**	⊕
現實主義者	**11.3**	☽
服務	**8.2**	☊
管理	**14.2**	☋
犧牲	**19.5**	☿
相互依存	**61.3▼**	♀
相互依存	**61.3▼**	♂
結構	**63.2▲**	♃
樂天派	**13.6**	♄
自白	**24.5▼**	♅
成熟	**22.6**	♆
果斷	**60.2**	♇

37.2　責任

♃ ▲ 原則就是，當每個人都負起責任，這就是成功合作的基礎。
　　若每個人都負責，才有可能建立友誼。

☿ ▼ 傾向指出別人的責任。
　　有可能基於友誼，而指出別人的責任所在。

☽10 ☰
21:31

☽58 ☵
06:58

Saturday, February 26th
midnight

37.3

2022/02/26 14:26 TWN

農曆 1/26（六）

家庭
平等對待

24-61　覺察
37-40　經營社群

日	**37.3**	平等對待
地	**40.3**	謙遜
月	▲**58.5**	防禦
北交	**8.2**	服務
南交	**14.2**	管理
水	**19.6**	遁世者
金	▼**61.3**	相互依存
火	**61.4**	探究
木	▲**63.2**	結構
土	**13.6**	樂天派
天	▼**24.5**	自白
海	**22.6**	成熟
冥	**60.2**	果斷

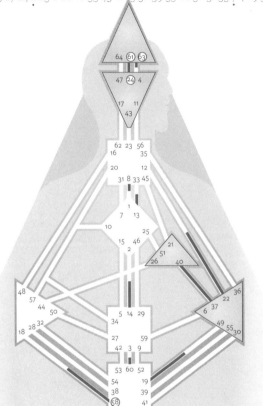

37.3　平等對待

任何團體要成功，以遵循秩序為準繩。

♃ ▲ 有能力去評斷行為是否合宜，以和諧的舉止對應逾矩。
　　極有可能相當敏感，了解在關係中該如何應對才適當。

♂ ▼ 傾向諷刺挖苦，測試對方能接受的底線，但若面對有同樣傾向的人，卻嚴厲以對。
　　對於行為是否適當，缺乏敏感度。

2
月

26.02
2022

☽38 16:24
☿13 20:03
☽54 01:48
☽61 11:11

18   20   22

Sunday, February 27th
midnight   4   6   8   10

37.4

家庭
以身作則　　2022/02/27 12:49 TWN
農曆 1/27（日）

覺察　24-61
經營社群　37-40

以身作則	**37.4**	☉
組織	**40.4**	⊕
天生耀眼	**61.2** ★	☽
服務	**8.2**	☊
管理	**14.2**	☋
同理	**13.1**	☿
探究	**61.4**	♀
影響	**61.5** ▼	♂
持續	**63.3** ▲	♃
樂天派	**13.6** ▼	♄
自白	**24.5** ★	♅
成熟	**22.6**	♆
果斷	**60.2**	♇

37.4　以身作則

　　家庭中的每一個成員，都能擔任主導的角色。

☽ ▲ 在日常生活中，每一天都落實最高原則。
　　在所有關係中，盡可能依循最高原則來運作，最後成為領導的角色。

♄ ▼ 保守主義，只能接受父親來當領導者，但是父親不見得能成為榜樣。
　　除了傳統認定的角色，對其他人的領導並不買單。

☽60䷲
20:34
midnight

☽41䷲
05:56

Monday, February 28th

37.5

2022/02/28 11:12 TWN

家庭
愛

農曆 1/28（一）

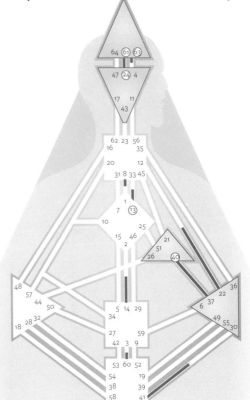

24–61	覺察
37–40	經營社群

日	37.5	愛
地	▼40.5	剛硬
月	41.4	修正
北交	8.2	服務
南交	14.2	管理
水	13.3	悲觀主義
金	▼61.5	影響
火	▼61.5	影響
木	▲63.3	持續
土	▼13.6	樂天派
天	▼24.5	自白
海	22.6	成熟
冥	60.2	果斷

37.5 愛

自然並真摯地，展現出對家庭的愛。

♀ ▲ 自然和諧，完美共享。
　　友誼就是自然和諧地相處，共同分享。

♂ ▼ 情感層面的依賴，往往由愛轉恨。
　　依賴的結果，可能由愛轉恨。

2月

28.02
2022

☾19 15:19

14　16　18　20　22

☾13 00:43
Tuesday, March 1st
midnight　4　6

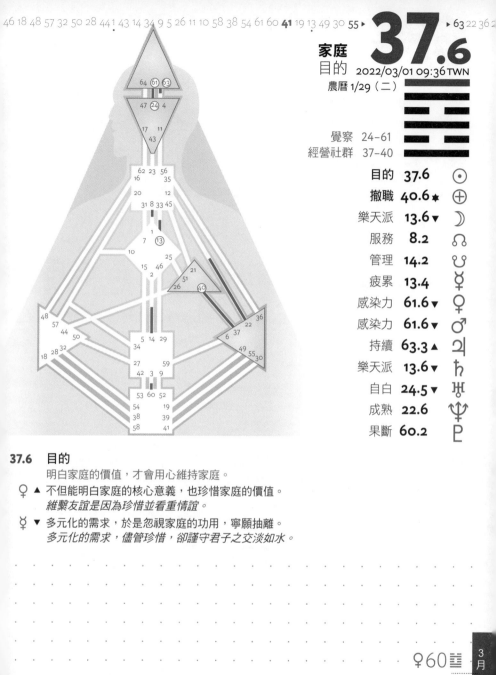

家庭
目的 **37.6**
2022/03/01 09:36 TWN
農曆 1/29（二）

覺察　24-61
經營社群　37-40

目的	**37.6**	☉
撤職	**40.6★**	⊕
樂天派	**13.6▼**	☽
服務	**8.2**	☊
管理	**14.2**	☋
疲累	**13.4**	☿
感染力	**61.6▼**	♀
感染力	**61.6▼**	♂
持續	**63.3▲**	♃
樂天派	**13.6▼**	♄
自白	**24.5▼**	♅
成熟	**22.6**	♆
果斷	**60.2**	♇

37.6　目的

明白家庭的價值，才會用心維持家庭。

♀ ▲ 不但能明白家庭的核心意義，也珍惜家庭的價值。
維繫友誼是因為珍惜並看重情誼。

☿ ▼ 多元化的需求，於是忽視家庭的功用，寧願抽離。
多元化的需求，儘管珍惜，卻謹守君子之交淡如水。

♀60☷
07:22

☽49☷　　♂60☷　　☽30☷　　♄49☷　　☽55☷
10:08　　17:42　　19:36　　23:59　　05:07

Wednesday, March 2ⁿᵈ

02.03
2022

3月

12　　14　　16　　18　　20　　midnight　　2　　4

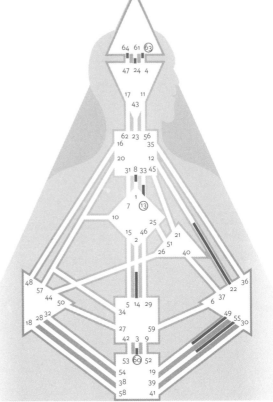

63.1

完成之後
沉著

2022/03/02 07:59 TWN

農曆 1/30（三）

日	▲**63.1**	沉著
地	**64.1**	制約
月	**55.2**	不信任
北交	**8.2**	服務
南交	**14.2**	管理
水	▼**13.6**	樂天派
金	▲**60.1**	接受
火	▲**60.1**	接受
木	▲**63.3**	持續
土	**49.1**	必要性法則
天	**24.5**	自白
海	**22.6**	成熟
冥	**60.2**	果斷

63.1　沉著

⊙ ▲ 個性使然，淡定接受既有的成就，順其自然，任其發展延續。
　　接受既定的成果，但接下來能否持續發展，心存懷疑。

♂ ▼ 有所成就之後，立即尋找新目標，如此做的風險是，有可能將能動搖既定的根基。
　　雖然已經有所成，卻仍然質疑自己的能力，內在形成壓力，才會立即尋求新目標。

3
月

02.03
2022

☽37 14:41　　☿49 22:34　　☽63 00:19

Thursday, March 3ᵗʰ
midnight

12　　14　　16　　18　　20　　2　　4

完成之後 **63.2**

結構 2022/03/03 06:25 TWN

農曆 2/1（四）

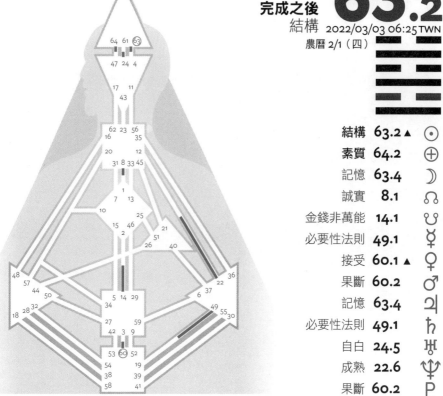

結構	**63.2** ▲	☉
素質	**64.2**	⊕
記憶	**63.4**	☽
誠實	**8.1**	☊
金錢非萬能	**14.1**	☿
必要性法則	**49.1**	♀
接受	**60.1** ▲	♂
果斷	**60.2**	♃
記憶	**63.4**	♄
必要性法則	**49.1**	♅
自白	**24.5**	♆
成熟	**22.6**	♇
果斷	**60.2**	

63.2 結構

♃ ▲ 擴展並分享既定的成就，以此建構出更龐大的架構，如此一來，就能回報他人的貢獻，同時仍能掌控方向。
感到壓力，與他人訴說自己的疑惑，但還是將方向掌控在手中。

♅ ▼ 位居權位，傲慢，想要其他人遠離權力核心，為既定的成果增添不確定性因素。
質疑既定的成就，引發別人猜疑。

☽22 ䷂
10:03

☽36 ䷲
19:51

Friday, March 4th
midnight

10   12   14   16   18   20   2

3月

04.03
2022

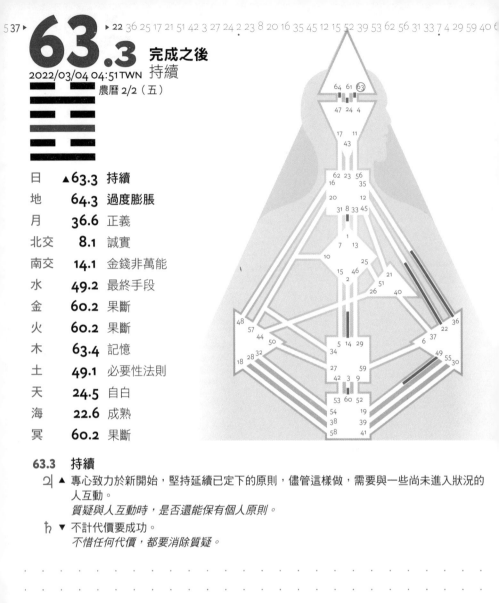

63.3

完成之後
持續

2022/03/04 04:51 TWN

農曆 2/2（五）

日	▲63.3	持續
地	64.3	過度膨脹
月	36.6	正義
北交	8.1	誠實
南交	14.1	金錢非萬能
水	49.2	最終手段
金	60.2	果斷
火	60.2	果斷
木	63.4	記憶
土	49.1	必要性法則
天	24.5	自白
海	22.6	成熟
冥	60.2	果斷

63.3 持續

 ▲ 專心致力於新開始，堅持延續已定下的原則，儘管這樣做，需要與一些尚未進入狀況的人互動。
 質疑與人互動時，是否還能保有個人原則。

 ♄ ▼ 不計代價要成功。
 不惜任何代價，都要消除質疑。

3月

☾25 ䷛
05:46
04.03
2024
8   10   12   14

☾17 ䷜
15:48

☾21 ䷚
01:57

Saturday, March 5th
midnight
16   18   20

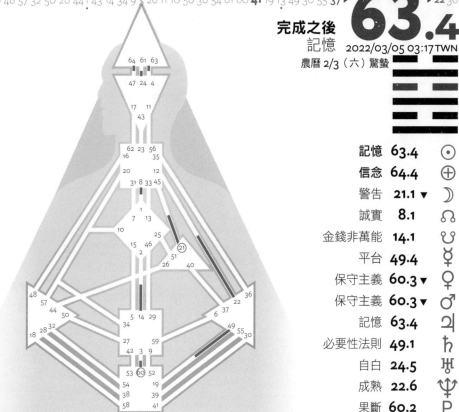

63.4

完成之後
記憶　2022/03/05 03:17 TWN
農曆 2/3（六）驚蟄

記憶	**63.4**	⊙
信念	**64.4**	⊕
警告	**21.1** ▼	☽
誠實	**8.1**	☊
金錢非萬能	**14.1**	☋
平台	**49.4**	☿
保守主義	**60.3** ▼	♀
保守主義	**60.3** ▼	♂
記憶	**63.4**	♃
必要性法則	**49.1**	♄
自白	**24.5**	♅
成熟	**22.6**	♆
果斷	**60.2**	♇

63.4　記憶

☿ ▲ 實現的過程中精打細算，所有資訊都與未來的新秩序有關。
　　解惑的過程備受壓力，卻能奠定基礎，最終找出行得通的運作公式。

♂ ▼ 願意忘記勝利的榮光，儘管接下來可能為此付出代價。
　　壓力與風險來自於，當疑惑獲得解答，細節卻被遺忘。

3月

☽51 12:13　　☽42 22:37

Sunday, March 6th
midnight

6　　8　　10　　12　　14　　16　　18　　20

63.5

完成之後
肯定

2022/03/06 01:44 TWN
農曆 2/4（日）

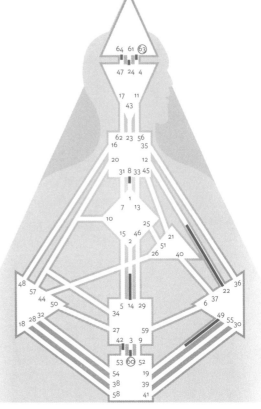

日	▲**63.5**	肯定
地	**64.5**	承諾
月	**42.2**	識別
北交	**8.1**	誠實
南交	**14.1**	金錢非萬能
水	**49.5**	組織
金	▼**60.4**	足智多謀
火	▼**60.4**	足智多謀
木	**63.4**	記憶
土	**49.1**	必要性法則
天	**24.5**	自白
海	**22.6**	成熟
冥	**60.2**	果斷

63.5 肯定

⊙ ▲ 每次新開始都在追求同樣的價值，允許新的超越舊的，這是最主要也最真實的目的。
理解懷疑是必要的，有其價值。

♂ ▼ 很愛逞口舌之快，若用來領導，價值降低，徒留形式。
尚未理解就開始質疑。

☽3 ☷
09:09

☿30 ☷
19:18

☽27 ☷
19:49

Monday, Ma

6   8   10   12   14   16   18   20   mid

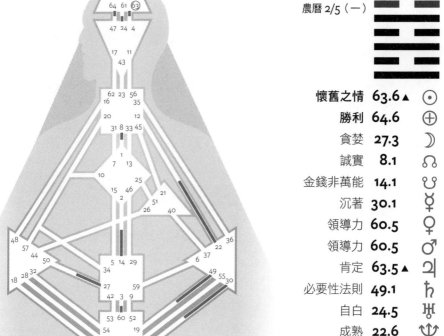

完成之後 # 63.6
懷舊之情
2022/03/07 00:11 TWN
農曆 2/5（一）

懷舊之情	**63.6**▲	☉
勝利	**64.6**	⊕
貪婪	**27.3**	☽
誠實	**8.1**	☊
金錢非萬能	**14.1**	☋
沉著	**30.1**	☿
領導力	**60.5**	♀
領導力	**60.5**	♂
肯定	**63.5**▲	♃
必要性法則	**49.1**	♄
自白	**24.5**	♅
成熟	**22.6**	♆
果斷	**60.2**	♇

63.6　懷舊之情

♃ ▲ 相當清楚要避免將之前的掙扎，轉為執著。
　　將舊有的懷疑，拋諸腦後的邏輯。

♇ ▼ 懷舊的革命情感。
　　缺乏邏輯，深陷在過往的猜忌與懷疑中，無法自拔。

☽24 ♆36
06:36 06:37

☽2
17:31

07.03
2022

4　　6　　8　　10　　12　　14　　16　　18　　20

22.1

2022/03/07 22:40 TWN
農曆 2/5（一）

優雅
次等艙

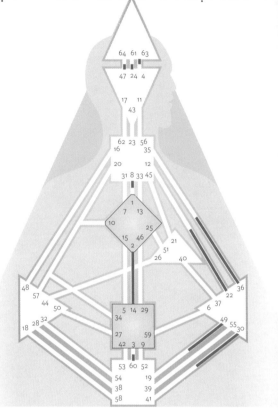

2-14　脈動

日	**22.1**	次等艙
地	**47.1**	盤點
月	**2.3**	耐性
北交	**8.1**	誠實
南交	**14.1**	金錢非萬能
水	**30.2**	實用主義
金	**60.6**	剛硬
火	**60.5**	領導力
木	**63.5**	肯定
土	**49.1**	必要性法則
天	**24.5**	自白
海	**36.1**	抗拒
冥	**60.2**	果斷

22.1　次等艙

☽ ▲ 能接受也享受部屬的位置。
　　情感層面，察覺自己喜愛當下屬。

♂ ▼ 拿著次等艙的機票，卻聲稱要坐在頭等艙，不可避免招來羞辱。
　　以情緒來挑戰現有覺知，導致在社交上帶來屈辱。

☽23 04:33　☽8 15:41　♀41 21:00

Tuesday, March 8th
midnight　4　6　8　10　12　14　16　18

優雅
禮儀學校 2022/03/08 21:09 TWN
農曆 2/6（二）

22.2

夢想家 30-41

禮儀學校	**22.2 ▲**	☉
野心	**47.2**	⊕
虛假	**8.3 ▲**	☽
誠實	**8.1**	☊
金錢非萬能	**14.1**	☋
精疲力竭	**30.4**	☿
合理	**41.1 ▼**	♀
剛硬	**60.6**	♂
肯定	**63.5**	♃
必要性法則	**49.1**	♄
自白	**24.5**	♅
抗拒	**36.1**	♆
果斷	**60.2**	♇

22.2 禮儀學校

相信風格能遮掩本質。

☉ ▲ 成功蠱惑他人與自己的能力。
以充滿感情的風格，有可能會吸引他人。

♃ ▼ 認可形式超越本質。
強化風格，缺乏察覺。

☽20♒ ♂41♒ ☽16♓
02:55 06:39 14:13

Wednesday, March 9th
midnight 4 6 8 10 12 14 16

09.03
2022

3月

22.3 優雅
魔法師

2022/03/09 19:38 TWN

農曆 2/7（三）

30-41　夢想家

日		**22.3**	魔法師
地		**47.3**	自我壓抑
月	▲	**16.3**	獨立
北交		**8.1**	誠實
南交		**14.1**	金錢非萬能
水		**30.5**	諷刺
金	▼	**41.1**	合理
火	▼	**41.1**	合理
木		**63.5**	肯定
土		**49.1**	必要性法則
天		**24.5**	自白
海		**36.1**	抗拒
冥		**60.2**	果斷

22.3　魔法師

完美的優雅。

ħ ▲ 形式能定義，並將本質具體化。
結合情緒的能量與察覺，打開完美開放的可能性。

♂ ▼ 無意識的優雅。
與生俱來的開放性。

☽35 ☷
01:35
midnight

☿55 ☷
11:28

☽45 ☷
13:00

優雅 # 22.4

敏感度 2022/03/10 18:09 TWN

農曆 2/8（四）

敏感度	**22.4**	☉
鎮壓	**47.4**	⊕
排除在外	**45.3**	☾
誠實	**8.1**	☊
金錢非萬能	**14.1**	☋
合作	**55.1**	☿
謹慎	**41.2 ▼**	♀
謹慎	**41.2 ▼**	♂
懷舊之情	**63.6 ▲**	♃
最終手段	**49.2**	♄
自白	**24.5**	♅
抗拒	**36.1**	♆
果斷	**60.2**	♇

22.4　敏感度

修正行為，是互動更精采。

♆ ▲ 直接成為靈性的媒介，拒絕繁複的儀式。
　　打破拘禮的模式，打開社會開放的可能性。

♂ ▼ 偏重風格與形式，因而失去關鍵的人脈網絡。
　　拘泥於形式，社交的開放性因而受限。

☽12　00:26

☽15　11:51

Friday, March 11th

midnight　4　6　8　10　12　14

22.5
優雅
直接

2022/03/11 16:40 TWN

農曆 2/9（五）

日	**22.5**	直接
地	**47.5**	聖人
月	**15.3**	自我膨脹
北交	**8.1**	誠實
南交	**14.1**	金錢非萬能
水	**55.3**	無罪
金	**41.3**	效率
火	▼ **41.2**	謹慎
木	▲ **63.6**	懷舊之情
土	**49.2**	最終手段
天	**24.5**	自白
海	**36.1**	抗拒
冥	**60.2**	果斷

22.5　直接

必要的時候，不再拘泥於形式。

♃ ▲ 依循更高原則帶來力量，超脫約定俗成的行為準則。
有可能透過情緒面的察覺，在社交上展現個體性的行為。

♂ ▼ 總會出現尷尬的場面，最後不可避免地被歸類為粗魯失禮。
個人行為在社交層面，有可能引來負面的投射。

3月

☽52　23:16

☽39　10:39

Saturday, March 12th
midnight

11.03 2022

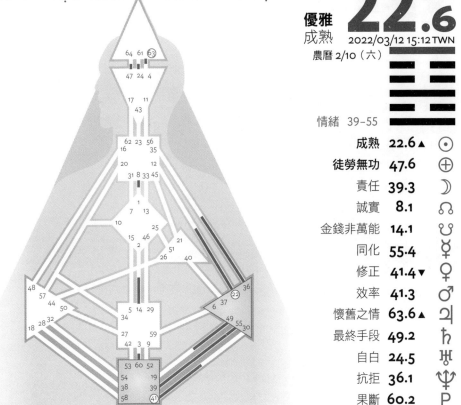

優雅
成熟

22.6

2022/03/12 15:12 TWN
農曆 2/10（六）

情緒　39-55

成熟	**22.6**▲	☉
徒勞無功	**47.6**	⊕
責任	**39.3**	☽
誠實	**8.1**	☊
金錢非萬能	**14.1**	☋
同化	**55.4**	☿
修正	**41.4**▼	♀
效率	**41.3**	♂
懷舊之情	**63.6**▲	♃
最終手段	**49.2**	♄
自白	**24.5**	♅
抗拒	**36.1**	♆
果斷	**60.2**	♇

22.6　成熟

　　形式與實質，在體驗上是一致的。

☉ ▲ 天生耀眼的領導力與權威感。
　　累積社交層面的經驗，有機會可以培養出領導人的特質。

♂ ▼ 不再墨守成規，傾向表現自我。
　　在社交層面的經驗，引發開放的可能性，表達方式跳脫約定俗成的規範。

3月

☽53 ䷜
21:58

☽62 ䷛
09:13

Sunday, March 13th
midnight

18　　20　　22　　　　　　4　　6　　8　　10

13.03
2022

36.1

幽暗之光
抗拒

2022/03/13 13:45 TWN
農曆 2/11（日）

日	**36.1**	抗拒
地	**6.1**	隱退
月	**62.3**	探索
北交	**8.1**	誠實
南交	**14.1**	金錢非萬能
水	**55.6**	自私
金	**★41.5**	授權
火	**▼41.4**	修正
木	**▲63.6**	懷舊之情
土	**49.2**	最終手段
天	**24.5**	自白
海	**36.1**	抗拒
冥	**60.2**	果斷

36.1 抗拒

♂ ▲ 面對阻力，充滿能量與決心，依然堅持。
　　處理危機，情緒的力量。

♃ ▼ 堅守原則而抗拒，並不是選擇性的抵抗，所以風險更低。將保有正常運作模式，卻引發
　　反對聲浪。
　　抗拒改變，總是會帶來危機。

☽56 20:23　　☿37 23:47　　♃22 07:16　　☽31 07:28

Monday, March 14th
midnight

18　　20　　22　　midnight　　4　　6　　8　　10

幽暗之光
支持

36.2

2022/03/14 12:19 TWN

農曆 2/12（一）

支持	**36.2** ▲	☉
游擊隊	**6.2**	⊕
選擇性	**31.3**	☽
誠實	**8.1**	☊
金錢非萬能	**14.1**	☋
母親／父親	**37.1**	☿
感染	**41.6**	♀
授權	**41.5** ✷	♂
次等艙	**22.1**	♃
最終手段	**49.2**	♄
自白	**24.5**	♅
抗拒	**36.1**	♆
果斷	**60.2**	♇

36.2　支持

衰退之時，對他人伸出援手。

♆ ▲ 運用想像力，善於規畫惠及他人。
　　在危機之時，感覺能使眾人獲益。

☽ ▼ 提供的並不是放諸四海皆準的原則，而是在不得不的情況下，提供更實際、更個人化的支持。
　　在危機時，提供選擇性的援助。

☊23

♀19　　☽7　　　☊43

☽33
18:26

♀19
23:34　　☽7
05:18　　　09:47

Tuesday, March 15th
midnight　　4　　6　　8

16　18　20　22

3月

15.03
2022

36.3

2022/03/15 10:53 TWN

幽暗之光
過渡

農曆 2/13（二）

	19-49	整合綜效	
	23-43	架構	

日		36.3	過渡
地		6.3	忠誠
月		7.4	退位者
北交		23.6	融合
南交		43.6	突破
水		37.3	平等對待
金		19.1	相互依存
火	▲	41.5	授權
木		22.1	次等艙
土		49.2	最終手段
天		24.5	自白
海		36.1	抗拒
冥		60.2	果斷

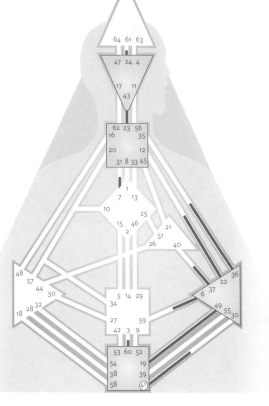

36.3　過渡

谷底，衰退已然走至盡頭。

♇ ▲ 能自陳舊的灰燼中，建立起全新的秩序。
　　具備情感面的深度，能承受危機並接受改變。

♃ ▼ 更新，傾向吸取舊秩序的精華，試圖融入新秩序。風險在於若有朝一日舊勢力再起，將與新秩序分庭抗衡。
　　接受改變，卻無法放下過去。

☽4 16:03

☽29 02:41

Wednesday, March 16th

15.03 2022

14　　16　　18　　20　　midnight　　2　　4　　6

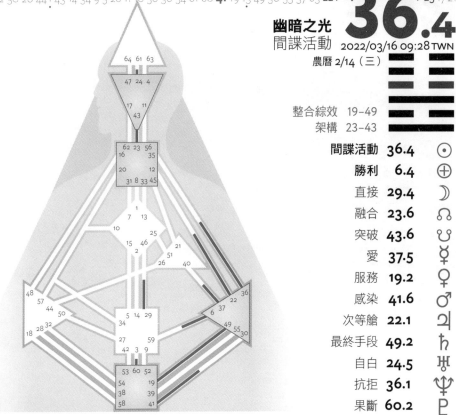

幽暗之光 **36.4**
間諜活動
2022/03/16 09:28 TWN
農曆 2/14（三）

整合綜效	19–49	
架構	23–43	

間諜活動	**36.4**	☉
勝利	**6.4**	⊕
直接	**29.4**	☽
融合	**23.6**	☊
突破	**43.6**	☋
愛	**37.5**	☿ ♀
服務	**19.2**	♀ ♂
感染	**41.6**	♂
次等艙	**22.1**	♃
最終手段	**49.2**	♄
自白	**24.5**	♅
抗拒	**36.1**	♆
果斷	**60.2**	♇

36.4　間諜活動

♇ ▲ 收集各種祕密或情報的能力，預先為衰退做準備。
　　為危機與改變做好準備，不論是隱晦或神祕的知識，都有存在的必要性。

☽ ▼ 傾向贊同反對的力量，既然衰退不可避免，與其抗拒，不如接受。既然接受了，何不提供
　　服務，確保生存無虞。
　　雙重間諜，危機處理是極具價值的資訊，能提供給他人作為參考。

☽59 13:13　　　♂19 18:55　　　☽40 23:38

Thursday, March 17ᵗʰ
midnight

36.5

幽暗之光
祕密的

2022/03/17 08:04 TWN

農曆 2/15（四）

19–49	整合綜效
23–43	架構
37–40	經營社群

日	**36.5**	**祕密的**
地	**6.5**	**仲裁**
月	**40.5**	剛硬
北交	**23.6**	融合
南交	**43.6**	突破
水	▼**37.6**	目的
金	▲**19.3**	奉獻
火	**19.1**	相互依存
木	**22.1**	次等艙
土	**49.2**	最終手段
天	**24.5**	自白
海	**36.1**	抗拒
冥	**60.2**	果斷

36.5 祕密的

♇ ▲ 無論任何情況，都能完美地找到求生之道。
既是生產者也是倖存者，對危機免疫。

☿ ▼ 過於緊張，背叛自我。
面對危機時，因為緊張而出賣了自己。

3月

☿63
08:41

☽64
09:57

☽47
20:10

☽6
06:18

17.03
2022

Friday, March 18th
midnight

12   14   16   18   20   2   4

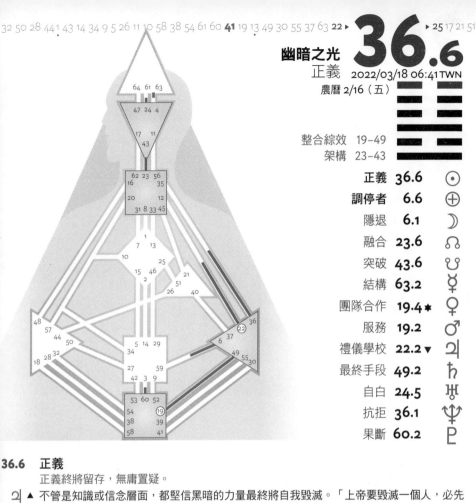

幽暗之光 # 36.6
正義　2022/03/18 06:41 TWN
農曆 2/16（五）

整合綜效　19-49
架構　23-43

正義	**36.6**	☉
調停者	**6.6**	⊕
隱退	**6.1**	☾
融合	**23.6**	☊
突破	**43.6**	☋
結構	**63.2**	☿
團隊合作	**19.4★**	♀
服務	**19.2**	♂
禮儀學校	**22.2▼**	♃
最終手段	**49.2**	♄
自白	**24.5**	♅
抗拒	**36.1**	♆
果斷	**60.2**	♇

36.6　正義

正義終將留存，無庸置疑。

♃ ▲ 不管是知識或信念層面，都堅信黑暗的力量最終將自我毀滅。「上帝要毀滅一個人，必先使其瘋狂。」
若來自於純粹的情感，危機的存在是正確的。

♄ ▼ 就算理解黑暗終將毀滅，憤世嫉俗的本性，也無法抹去底層的悲傷。
就算明白有任何感覺都是正確的，危機還是一直存在，悲傷與憤世嫉俗皆源於此。

3
月

☾46 16:20　　　☾18 02:17
Saturday, March 19th
midnight

10　　12　　14　　16　　18　　20　　2

19.03
2022

25.1

天真
無私

2022/03/19 05:18 TWN

農曆 2/17（六）

19-49　整合綜效
23-43　架構

日	25.1	無私
地	46.1	在發現的過程中
月	▼18.2	絕症
北交	23.6	融合
南交	43.6	突破
水	▲63.4	記憶
金	19.5	犧牲
火	19.2	服務
木	▼22.2	禮儀學校
土	49.3	民怨
天	24.5	自白
海	36.1	抗拒
冥	60.2	果斷

25.1　無私

無所求的行動。

♆ ▲ 活動的普及化。心靈和諧共振就是獎賞。
　　若能回歸個人的中心點，就能與挑戰和諧共存。

☿ ▼ 宣揚自己的無私。
　　面臨挑戰時，顯露出不安全感。

☽48 ☷
12:11

☽57 ☷
22:00

Sunday, March 20th
midnight

19.03
2022

8　　10　　12　　14　　16　　18　　20

天真
存在主義者 2022/03/20 03:56 TWN

25.2

農曆 2/18（日）春分

整合綜效	19-49	
架構	23-43	

存在主義者	**25.2**	☉
自命不凡	**46.2**	⊕
指導者	**57.4**	☽
融合	**23.6**	☊
突破	**43.6**	☋
懷舊之情	**63.6**	☿
遁世者	**19.6▼**	♀
奉獻	**19.3▲**	♂
禮儀學校	**22.2▼**	♃
民怨	**49.3**	♄
自白	**24.5**	♅
抗拒	**36.1**	♆
果斷	**60.2**	♇

25.2　存在主義者

全心全意致力於當下。

☿ ▲ 完美的聰明才智，是聚焦於當下，接受如是，而非執著於可能會，或曾經是如何。
延續自我的純真，以及如何保有純真，唯有活在當下。

♂ ▼ 奉獻，難免參雜個人動機，也會出現各種臆測。
當下若非純真，外來的投射會危及原本的保護層。

☽32 ䷜　　　☿22 ䷜　　　☽50 ䷝　　　♀13 ䷌
07:47　　　　14:30　　　　17:30　　　　18:47

Monday, March 21ᵗʰ
midnight

25.3

天真
感性

2022/03/21 02:35 TWN

農曆 2/19（一）

19-49　整合綜效
23-43　架構

日	25.3	感性
地	46.3	投射
月	▼50.6	領導力
北交	23.6	融合
南交	43.6	突破
水	22.1	次等艙
金	▲13.1	同理
火	▲19.4	團隊合作
木	▼22.2	禮儀學校
土	49.3	民怨
天	24.6	挑惕
海	36.1	抗拒
冥	60.2	果斷

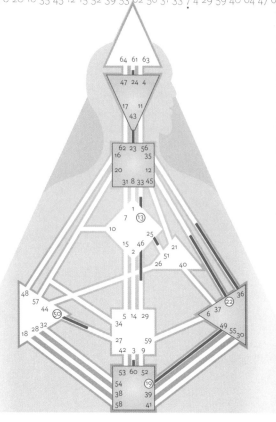

25.3　感性

認知到純真的行為，無法保證成功。

♂ ▲ 意志力的力量，能承受失敗，依然保有本性。
　　精神層面的力量，可以承受失敗與驚嚇。

♇ ▼ 有可能遭遇不幸，而失去原有的純真，若走至極端，可能引發出犯罪或自殺等行為。
　　因為失敗或過於震驚，而失去靈魂的本質。

3月

☽28 ䷀ 03:11

☽44 ䷗ 12:50

☽1 ䷀ 22:27

Tuesday, March 2
midnig

6　　8　　10　　12　　14　　16　　18　　20

天真
生存

25.4

2022/03/22 01:14 TWN

農曆 2/20（二）

整合綜效	19-49
架構	23-43

生存	**25.4**	⊙
影響	**46.4**▲	⊕
愛是光	**1.2**	☽
融合	**23.6**	☊
突破	**43.6**	☋
魔法師	**22.3**	☿
偏執	**13.2**	♀
犧牲	**19.5**	♂
禮儀學校	**22.2**▼	♃
民怨	**49.3**	♄
挑惕	**24.6**	♅
抗拒	**36.1**	♆
果斷	**60.2**	♇

25.4　生存

純真的本質是無入而不自得。

♀ ▲ 玫瑰插在垃圾場，依然美麗。

♃ ▲ 木星位於上升相位，就算處於最壞的時代，就算一切都在崩毀，仍然保有最高原則。
靈性的戰士，不管在任何狀態下，都能保有純真。

　　▼ 無極性。沒有行星位於下降相位。

25.5

天真
休養

2022/03/22 23:54 TWN

農曆 2/20（二）

19–49	整合綜效
23–43	架構

日		25.5	休養
地		46.5	步調
月	▲	14.4	安全
北交		23.6	融合
南交		43.6	突破
水	▲	22.5	直接
金	▼	13.3	悲觀主義
火		19.5	犧牲
木		22.3	魔法師
土		49.3	民怨
天		24.6	挑惕
海		36.1	抗拒
冥		60.3	保守主義

25.5 休養

當純真不再，活力盡失，療癒是最重要的事。

♀ ▲ 能深入了解痛苦的內在意涵，抽離，進行療癒，直到復原為止。
治療與復原的精神力量。

♃ ▼ 疑病症，需要別人來治療自己。
精神上的弱點在於，渴望療癒別人的需求。

3
月

☽34䷗   ☽9䷓ ☿36䷷   ☽5

03:12   12:45   17:26   22:18

Wednesday, March 23th

midnight   4   6   8   10   12   14   16   18   20

天真
無知

25.6

2022/03/23 22:35 TWN

農曆 2/21（三）

整合綜效　19-49
架構　23-43

無知	**25.6**	☉
誠信	**46.6**	⊕
毅力	**5.1**	☾
融合	**23.6**	☊☋
突破	**43.6**	
抗拒	**36.1**	☿
疲累	**13.4▼**	♀
遁世者	**19.6▼**	♂
魔法師	**22.3**	♃
民怨	**49.3**	♄
挑惕	**24.6**	♅
抗拒	**36.1**	♆
保守主義	**60.3**	♇

25.6　無知

行動洩漏了虛假的天真。

⊕ ▲ 最不溫和的負面立場，不適當的行為將遭受非難。
因不適當的行為，而失去純真。

♅ ▼ 經常採取不合時宜的行動，欠缺穩定性，不具產值。
純真的假象崩毀，面對挑戰時，經常展現出不當行為，失去純真。

17.1

2022/03/24 21:16 TWN

農曆 2/22（四）

跟隨
開放

23-43　架構

日	**17.1**	開放
地	▲**18.1**	保守主義
月	**11.3**	現實主義者
北交	**23.6**	融合
南交	**43.6**	突破
水	**36.3**	過渡
金	**13.5**	救世主
火	▲**13.1**	同理
木	**22.3**	魔法師
土	**49.3**	民怨
天	**24.6**	挑惕
海	**36.1**	抗拒
冥	**60.3**	保守主義

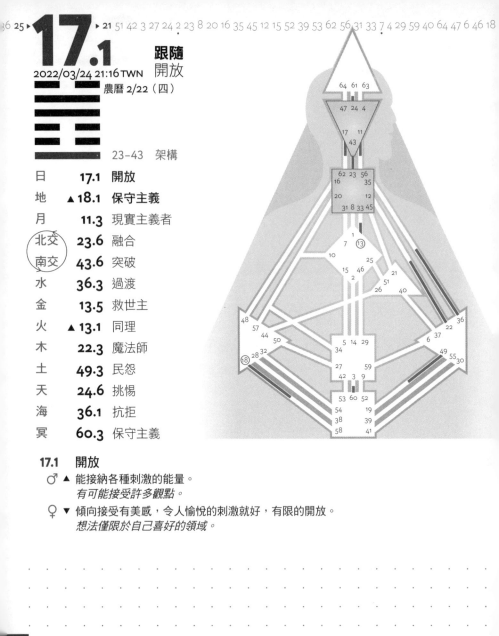

17.1　開放

♂ ▲ 能接納各種刺激的能量。
　　有可能接受許多觀點。

♀ ▼ 傾向接受有美感，令人愉悅的刺激就好，有限的開放。
　　想法僅限於自己喜好的領域。

3
月

☽10 ䷂

02:56
midnight

☽58 ䷠

12:29

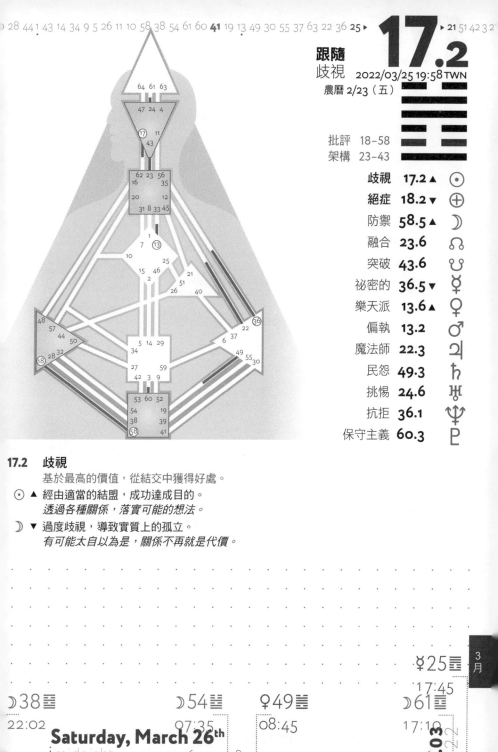

17.2

跟隨
歧視　2022/03/25 19:58 TWN
農曆 2/23（五）

批評　18–58
架構　23–43

歧視	**17.2** ▲	⊙	
絕症	**18.2** ▼	⊕	
防禦	**58.5** ▲	☽	
融合	**23.6**	☊	
突破	**43.6**	☋	
祕密的	**36.5** ▼	☿	
樂天派	**13.6** ▲	♀	
偏執	**13.2**	♂	
魔法師	**22.3**	♃	
民怨	**49.3**	♄	
挑惕	**24.6**	♅	
抗拒	**36.1**	♆	
保守主義	**60.3**	♇	

17.2　歧視

基於最高的價值，從結交中獲得好處。

⊙ ▲ 經由適當的結盟，成功達成目的。
透過各種關係，落實可能的想法。

☽ ▼ 過度歧視，導致實質上的孤立。
有可能太自以為是，關係不再就是代價。

☿25
17:45 3月

☽38　　　　　☽54　　　　♀49　　　　☽61
22:02　　　　07:35　　　　08:45　　　　17:10

Saturday, March 26th
midnight　　4　　6　　8　　10　　12　　14　　16

26.03 2022

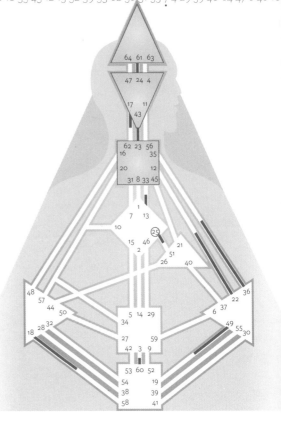

17.3

跟隨
理解

2022/03/26 18:41 TWN

農曆 2/24（六）

23–43　架構
24–61　覺察

日	**17.3**	理解
地	**18.3**	狂熱分子
月	**61.1**	奧祕知識
北交	**23.6**	融合
南交	**43.6**	突破
水	▼**25.1**	無私
金	**49.1**	必要性法則
火	**13.3**	悲觀主義
木	**22.4**	敏感性
土	**49.3**	民怨
天	**24.6**	挑惕
海	**36.1**	抗拒
冥	**60.3**	保守主義

17.3　理解

察覺最好的道路，未必是最有趣的那一條。

P ▲ 最好的道路，會讓你累積必要的經驗值，讓你迎向終點的挑戰。
理解最好的想法，往往建構於細節之上。

⊕ ▼ 若走捷徑，也許能快點到達終點，卻錯失了必要的體驗。
若忽略細節，提出的意見價值有限。

3
月

☽60䷒
02:45
midnight

☽41䷷
12:21

Sunday, March 27th

22   4   6   8   10   12   14

17.4

跟隨
人事經理 2022/03/27 17:24 TWN
農曆 2/25（日）

架構 23-43

人事經理	**17.4**	☉
無能	**18.4 ▲**	⊕
修正	**41.4**	☽
融合	**23.6**	☊
突破	**43.6**	☋
感性	**25.3**	☿
最終手段	**49.2**	♀
悲觀主義	**13.3**	♂
敏感性	**22.4**	♃
民怨	**49.3**	♄
挑惕	**24.6**	♅
抗拒	**36.1**	♆
保守主義	**60.3**	♇

17.4　人事經理

♇ ▲ 有能力去探究潛在追隨者們，背後的動機與資源。
　　因為懂得，才有機會提出好意見。

♃ ▼ 過於慷慨因而誤判，納入「以為可能的」追隨者，往往招來災禍。
　　有可能會以意見來吸引別人。

☽19 21:58

☽13 07:37

Monday, March 28th
midnight

20　22　　4　6　8　10　12

28.03
2022

3
月

17.5

跟隨
無人是孤島

2022/03/28 16:07 TWN
農曆 2/26（一）

23-43 架構

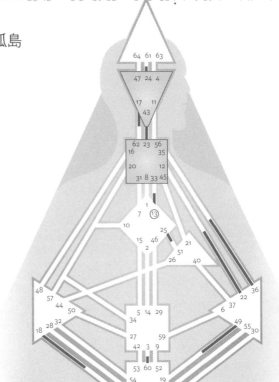

日	**17.5**	無人是孤島
地	**18.5**	治療
月	▲ **13.6**	樂天派
北交	**23.5**	同化
南交	**43.5**	進展
水	**25.4**	生存
金	**49.3**	民怨
火	**13.4**	疲累
木	**22.4**	敏感性
土	**49.4**	平台
天	**24.6**	挑釁
海	**36.1**	抗拒
冥	**60.3**	保守主義

17.5 無人是孤島

理解，然而也明白階級無盡頭。

♅ ▲ 不論是神的旨意，或是全球化整合的趨勢，相互依賴是最終，也最具創造力的展現。
不論在物質或靈性面，有能力傳達整體組織的價值。

♂ ▼ 傲慢。無視所有證據論述，劃清界線。
有可能會提出論點，否認組織架構的價值。

3
月

☽49 17:17

☽30 03:00

☽55 12:45

28.03
2022

20   22   **Tuesday, March 29th**
midnight   4   6   8   10   12

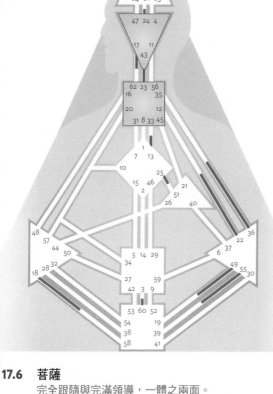

17.6

跟隨
菩薩

2022/03/29 14:52 TWN
農曆 2/27（二）

架構　23-43

菩薩	**17.6**	☉
成佛	**18.6**	⊕
不信任	**55.2**	☽
同化	**23.5**	☊
進展	**43.5**	☋
無知	**25.6**	☿
平台	**49.4**	♀
救世主	**13.5**	♂
敏感性	**22.4**	♃
平台	**49.4**	♄
挑惕	**24.6**	♅
抗拒	**36.1**	♆
保守主義	**60.3**	♇

17.6　菩薩

完全跟隨與完滿領導，一體之兩面。

☽ ▲ 偉大的培育者。位於此，本質正面。
　　有可能因為相互依存，獲得啟發，對他人傳遞有用的洞見。

♃ ▼ 認為完善的途徑是一條直線，而非一個圓。
　　當你明白這些，可能會認為再也無事可學。

☿17 15:42　　☽37 22:33　　☽63 08:24

Wednesday, March 30th
midnight

18　20　22　4　6　8　10

30.03 2022

3
月

21.1

奮勇前進
警告

2022/03/30 13:37 TWN

農曆 2/28（三）

23–43　架構

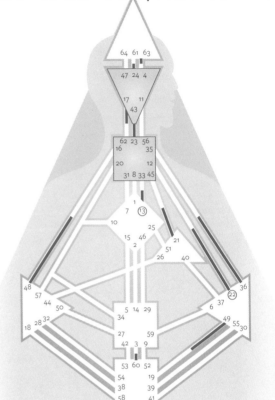

日	**21.1**	警告
地	**48.1**	微不足道
月	**63.4**	記憶
北交	**23.5**	同化
南交	**43.5**	進展
水	**17.2**	歧視
金	**49.5**	組織
火	▲ **13.6**	樂天派
木	▲ **22.5**	直接
土	**49.4**	平台
天	**24.6**	挑惕
海	**36.1**	抗拒
冥	**60.3**	保守主義

21.1　警告

以孤注一擲的方式使用力量。

♂ ▲ 沒做事，也強烈認為應被尊重。
　　攸關意志力與自尊心，亟需被尊重。

☽ ▼ 天生平和，原本應該要警告，卻講成懇求。
　　欠缺意志力，被迫要求對方尊重自己。

3
月

☽22䷒
18:19

☽36䷊
04:18

Thursday, March 31ᵗʰ
midnight

30.03
2022

18　　20　　22　　　　　　　4　　6　　8　　10

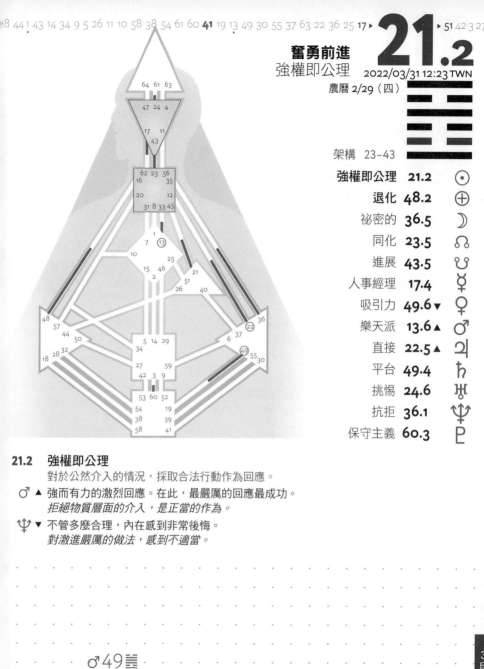

奮勇前進 **21.2**
強權即公理 2022/03/31 12:23 TWN
農曆 2/29（四）

架構 23-43

強權即公理	**21.2** ☉
退化	**48.2** ⊕
祕密的	**36.5** ☽
同化	**23.5** ☊
進展	**43.5** ☋
人事經理	**17.4** ☿
吸引力	**49.6**▼ ♀
樂天派	**13.6**▲ ♂
直接	**22.5**▲ ♃
平台	**49.4** ♄
挑惕	**24.6** ♅
抗拒	**36.1** ♆
保守主義	**60.3** ♇

21.2　強權即公理

對於公然介入的情況，採取合法行動作為回應。

♂ ▲ 強而有力的激烈回應。在此，最嚴厲的回應最成功。
　　拒絕物質層面的介入，是正當的作為。

♆ ▼ 不管多麼合理，內在感到非常後悔。
　　對激進嚴厲的做法，感到不適當。

♂49☰
17:40

☽25☰　♀30☰　☽17☰　☽21☰
14:22　18:52　00:31　10:44

Friday, April 1st
midnight

16　18　20　22　4　6　8

3
月

01.04
2022

21.3

奮勇前進
無力

2022/04/01 11:09 TWN

農曆 3/1（五）

23-43　架構

日	**21.3**	**無力**
地	**48.3**	**單獨監禁**
月	▼ **21.1**	警告
北交	**23.5**	同化
南交	**43.5**	進展
水	**17.6**	菩薩
金	**30.1**	沉著
火	**49.1**	必要性法則
木	▲ **22.5**	直接
土	▼ **49.4**	平台
天	**24.6**	挑惕
海	▲ **36.2**	支持
冥	**60.3**	保守主義

21.3　無力

正義注定要與占盡優勢的力量，進行徒勞無功的對抗。

♆ ▲ 將失敗視為致命的屈辱，藉由毒品或酒精來逃脫。
除非遵循自己在物質世界的路徑，否則自尊心很容易被占優勢的人所擊碎。

♃ ▼ 完全抽離。
為了維護自尊心，對於物質世界的一切興趣缺缺。

4
月

☿ 21　11:36

☽ 51　21:04

☽ 42　07:29

01.04

Saturday, April 2nd
midnight

2024　14　16　18　20　22　　　4　6

奮勇前進
策略 2022/04/02 09:57 TWN
農曆 3/2（六）

21.4

架構 23-43

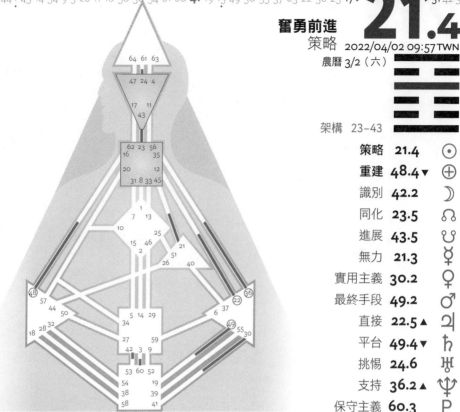

策略	**21.4**	☉
重建	**48.4▾**	⊕
識別	**42.2**	☽
同化	**23.5**	☊
進展	**43.5**	☋
無力	**21.3**	☿
實用主義	**30.2**	♀
最終手段	**49.2**	♂
直接	**22.5▲**	♃
平台	**49.4▾**	♄
挑惕	**24.6**	♅
支持	**36.2▲**	♆
保守主義	**60.3**	♇

21.4 策略

謹慎評估反對勢力，給予適當回應。

♃ ▲ 清明的狀態下，行動才會成功。
　　有效運用意志力，如同本能般，可以回應任何狀況。

⊕ ▾ 或自認有理，有誤判對手實力的傾向。
　　得理就容易剛愎自用，而忘了遵循本能。

☽3 ䷓
18:00
Sunday, April 3th
midnight

☽27 ䷓
04:38

03.04
2022

4
月

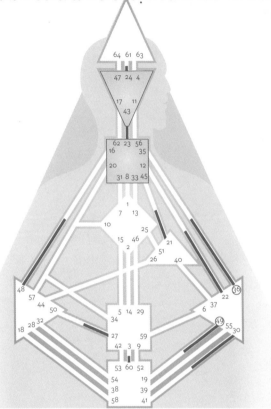

21.5

奮勇前進
客觀性

2022/04/03 08:45 TWN

農曆 3/3（日）

23-43　架構

日	**21.5**	客觀性
地	**48.5**	行動
月	**27.3**	貪婪
北交	**23.5**	同化
南交	**43.5**	進展
水	**21.5**	客觀性
金	**30.3**	順從
火	**49.3**	民怨
木	**22.6**	成熟
土	▼**49.4**	平台
天	**24.6**	挑惕
海	▲**36.2**	支持
冥	**60.3**	保守主義

21.5　客觀性

運用權力必須基於公正，而非感情用事。

♃ ▲ 秉持原則，堅持合理，確保自己是客觀的。
　　當意志力平衡時，能客觀運作。

♇ ▼ 消滅的驅動力非常強大，會以客觀的角度找出原因，卻無法客觀看待所造成的影響。
　　主觀地運用意志力。

4
月

🌙24 ☰
15:22

🌙2 ☰
02:13

☿51 ☰
05:53

Monday, April 4th
midnight

03.04
2022

12　14　16　18　20　　　2　4

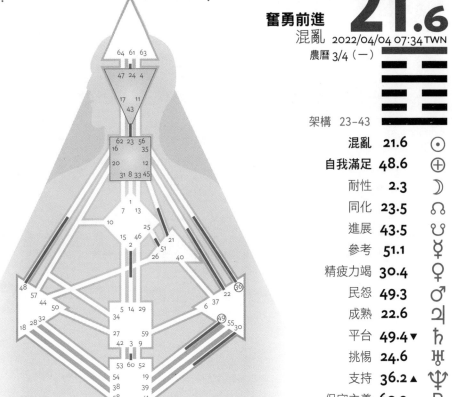

奮勇前進 # 21.6

混亂　2022/04/04 07:34 TWN

農曆 3/4（一）

架構　23-43

混亂	**21.6**	☉
自我滿足	**48.6**	⊕
耐性	**2.3**	☽
同化	**23.5**	☊
進展	**43.5**	☋
參考	**51.1**	☿
精疲力竭	**30.4**	♀
民怨	**49.3**	♂
成熟	**22.6**	♃
平台	**49.4▼**	♄
挑惕	**24.6**	♅
支持	**36.2▲**	♆
保守主義	**60.3**	♇

21.6　混亂

無效的行為導致失序。

♇ ▲ 消耗戰。抱持希望，認為最終必然會成功，不顧險阻，也不管失序越演越烈，還是會持續正當的行動。

脫離現實，展現意志只會引發失序。

♀ ▼ 在混亂的局面下，選擇抽離，回歸內在的秩序。

當物質層面的方向混亂，自我會先抽離，以自己的力量，找到內在的秩序。

☽ 23 ䷀　13:09

☽ 8 ䷀　00:12

Tuesday, April 5th

midnight

10　12　14　16　18　20　2

05.04 2022

51.1

激起
參考

2022/04/05 06:23 TWN

農曆 3/5（二）清明

23-43　架構

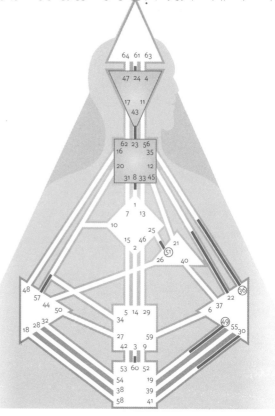

日	51.1	參考
地	57.1	困惑
月	8.4	尊重
北交	23.5	同化
南交	43.5	進展
水	▲ 51.3	適應
金	30.6	強制
火	▼49.4	平台
木	22.6	成熟
土	▼49.4	平台
天	24.6	挑惕
海	▲36.2	支持
冥	60.3	保守主義

51.1　參考

之前處理危機的經驗，成為優勢。

♇ ▲ 重複檢驗是天賦，可以預作準備，打好基礎。
　　意志力的力量，被經驗所制約。

♀ ▼ 震驚之後，在情緒層面呈現退縮的傾向。
　　缺乏完整因應衝擊的能力。

4
月

05.04
2022

☽20 ䷲
11:19

☽16 ䷜
22:32

♀55 ䷲
02:06

Wednesday, April 6th

10　　12　　14　　16　　18　　20　　midnight

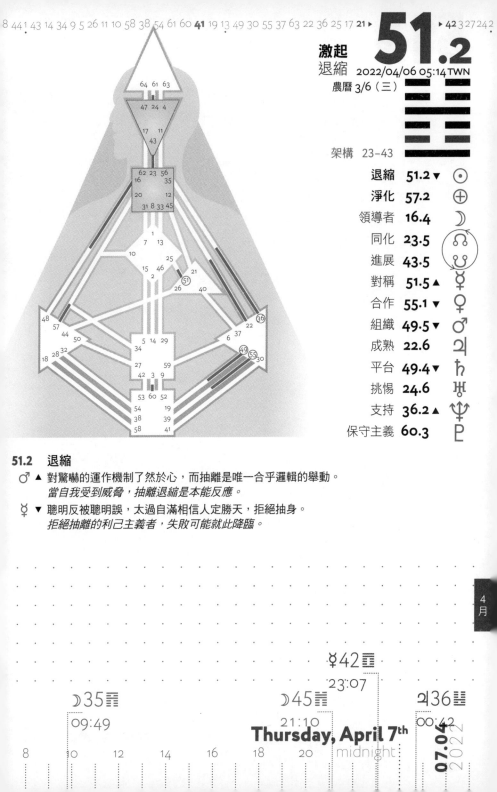

激起
退縮 2022/04/06 05:14 TWN
農曆 3/6（三）

架構 23-43

退縮	**51.2** ▼	☉
淨化	**57.2**	⊕
領導者	**16.4**	☾
同化	**23.5**	☊
進展	**43.5**	☋
對稱	**51.5** ▲	☿
合作	**55.1** ▼	♀
組織	**49.5** ▼	♂
成熟	**22.6**	♃
平台	**49.4** ▼	♄
挑惕	**24.6**	♅
支持	**36.2** ▲	♆
保守主義	**60.3**	♇

51.2 退縮

♂ ▲ 對驚嚇的運作機制了然於心，而抽離是唯一合乎邏輯的舉動。
    當自我受到威脅，抽離退縮是本能反應。

☿ ▼ 聰明反被聰明誤，太過自滿相信人定勝天，拒絕抽身。
    拒絕抽離的利己主義者，失敗可能就此降臨。

☿42 ☷
23:07

☾35 ☷
09:49

☾45 ☷
21:10

♃36 ☷
00:42

Thursday, April 7th
midnight

8　　10　　12　　14　　16　　18　　20

07.04
2022

51.3

激起
適應

2022/04/07 04:05TWN

農曆 3/7（四）

23-43　架構

日	▲	**51.3**	**適應**
地		**57.3**	**敏銳**
月		**45.4**	方向
北交		**23.5**	同化
南交		**43.5**	進展
水		**42.1**	多樣化
金	▲	**55.2**	不信任
火	▼	**49.6**	吸引力
木	▼	**36.1**	抗拒
土	▼	**49.4**	平台
天		**24.6**	挑惕
海	▲	**36.2**	支持
冥		**60.3**	保守主義

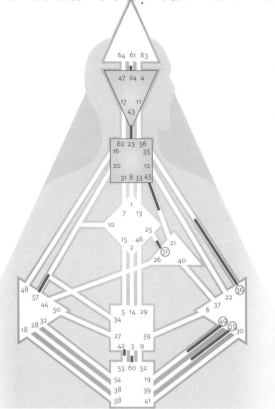

51.3　適應

⊙ ▲ 延續生命的意識，能夠獨立思考，進而創造機會。
面對挑戰時，自發的力量。

♃ ▼ 當一個人的日常作息被擾亂，呈現不穩定的狀態，會傾向退縮，而非適應。
面對挑戰時，自我可能就此動搖。

07.04
2022

4
月

☽12　08:33

☽15　19:57

Friday, April 8th
midnight

8　10　12　14　16　18　20

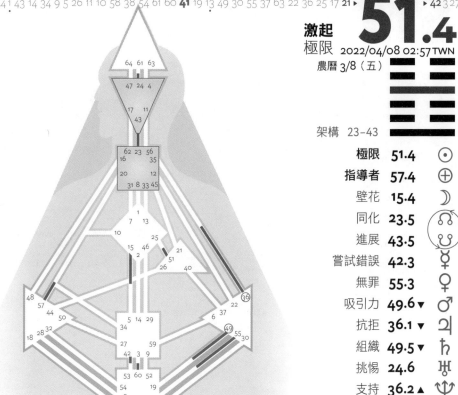

激起 **51.4**
極限 2022/04/08 02:57 TWN
農曆 3/8（五）

架構 23-43

極限	**51.4**	☉
指導者	**57.4**	⊕
壁花	**15.4**	☽
同化	**23.5**	☊
進展	**43.5**	☋
嘗試錯誤	**42.3**	☿
無罪	**55.3**	♀
吸引力	**49.6▾**	♂
抗拒	**36.1▾**	♃
組織	**49.5▾**	♄
挑惕	**24.6**	♅
支持	**36.2▴**	♆
保守主義	**60.3**	♇

51.4　極限

♅ ▲ 純然的創造力，有時能在毀滅性的衝擊中，找到機會點，宛如天才。
　　戰士的意志，總會找到某種方式來回應挑戰。

☿ ▾ 凡事合理化，依命令行事，若面對重大衝擊時，完全失效。
　　膚淺的自我，欠缺回應挑戰時所需的資源與深度。

♂30 ☷
04:27
♅2 ☽52 ☶
05:28 07:23

☽39 ☶
18:47
Saturday, April 9th
midnight

6　　8　　10　　12　　14　　16　　18　　20

4月

51.5

激起
對稱

2022/04/09 01:50 TWN
農曆 3/9（六）

23-43　架構
39-55　情緒

日	▲	**51.5**	對稱
地		**57.5**	進展
月	▲	**39.4**	節制
北交		**23.5**	同化
南交		**43.5**	進展
水		**42.5**	自我實現
金		**55.4**	同化
火		**30.1**	沉著
木	▼	**36.1**	抗拒
土		**49.5**	組織
天		**2.1**	直覺
海	▲	**36.2**	支持
冥		**60.3**	保守主義

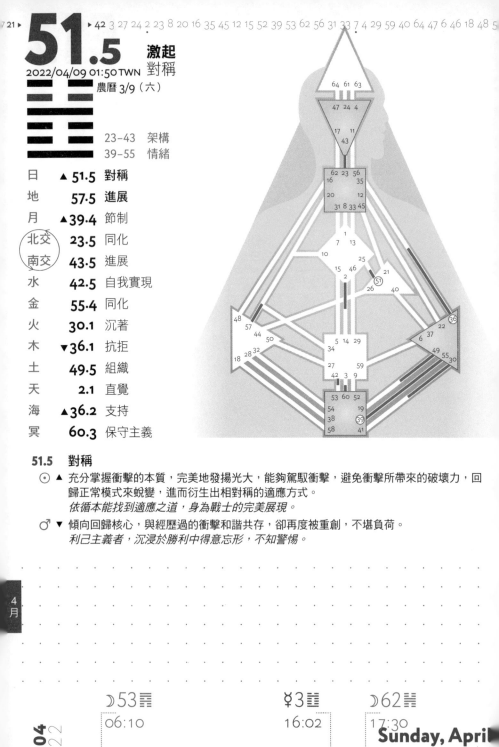

51.5　對稱

⊙ ▲ 充分掌握衝擊的本質，完美地發揚光大，能夠駕馭衝擊，避免衝擊所帶來的破壞力，回歸正常模式來蛻變，進而衍生出相對稱的適應方式。
依循本能找到適應之道，身為戰士的完美展現。

♂ ▼ 傾向回歸核心，與經歷過的衝擊和諧共存，卻再度被重創，不堪負荷。
利己主義者，沉浸於勝利中得意忘形，不知警惕。

4
月

☽53 06:10　☿3 16:02　☽62 17:30

Sunday, April
midn

09.04
2022

6　8　10　12　14　16　18　20

激起
分割 2022/04/10 00:44 TWN
農曆 3/10（日）

51.6

突變　3-60
架構　23-43

分割	**51.6** ▲	⊙
使用	**57.6**	⊕
苦行主義	**62.4**	☽
同化	**23.5**	☊
進展	**43.5**	☋
綜合	**3.1** ▼	☿
成長	**55.5**	♀
實用主義	**30.2** ▼	♂
抗拒	**36.1** ▼	♃
組織	**49.5**	♄
直覺	**2.1**	♅
支持	**36.2** ▲	♆
保守主義	**60.3**	♇

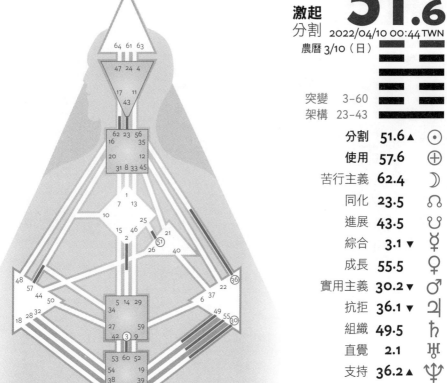

51.6　分割

⊙ ▲ 面對危機之際，當眾人皆困惑且失序，有能力處變不驚，同時秉持意志力與活力，獨自找到生存之道。
　　意志力的力量，以一己之力迎向挑戰。

♇ ▼ 令人好奇的是，同樣的天賦，有些人的態度反倒引來非難，甚至更極端的狀態，無法成功抽離。
　　獨自面對挑戰的自我主義者，反倒激怒或鼓動更多挑戰者。

☽56 ䷊
04:47

☽31 ䷗
15:58

10.04
2022

4　　6　　8　　10　　12　　14　　16　　18　　20

42.1

增加
多樣化

2022/04/10 23:38 TWN

農曆 3/10（日）

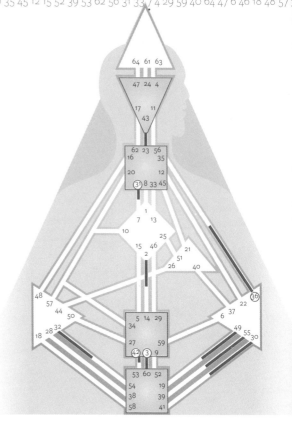

3-60　突變
23-43　架構

日	▲42.1	多樣化
地	32.1	保存
月	▼31.5	自以為是
北交	23.5	同化
南交	43.5	進展
水	▼3.3	生存
金	55.6	自私
火	30.3	順從
木	▼36.1	抗拒
土	49.5	組織
天	2.1	直覺
海	▲36.2	支持
冥	60.3	保守主義

42.1　多樣化

⊙ ▲ 有能力善用剩餘資源，採取行動，超越既定規模。
透過擴展而成長，尤其是連接根部動力時更顯著。

♀ ▼ 缺乏核心思想，散亂投注剩餘資源。
衰弱，太過激進的擴展，可能迎向衰弱。

4
月

☽33 ♀37 ☽7

03:04　07:04　14:04

Monday, April 11th
midnight　　4　　6　　8　　10　　12　　14　　16　　18　　20

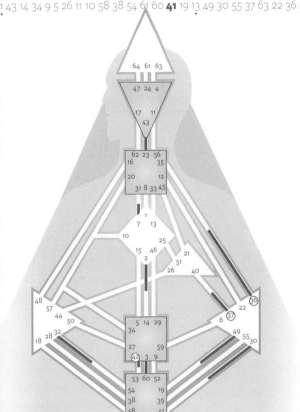

增加
識別

42.2

2022/04/11 22:34 TWN

農曆 3/11（一）

突變　3-60
架構　23-43

識別	**42.2** ▲	⊙
抑制	**32.2**	⊕
將軍	**7.5**	☽
同化	**23.5**	☊
進展	**43.5**	☋
受害	**3.5**	☿
母親／父親	**37.1** ▲	♀
精疲力竭	**30.4**	♂
支持	**36.2** ▲	♃
組織	**49.5**	♄
直覺	**2.1**	♅
支持	**36.2** ▲	♆
保守主義	**60.3**	♇

42.2　識別

⊙ ▲ 判別趨勢，敏銳從中獲益。
　　投入未來趨勢，從中成長獲得力量。

♀ ▼ 漸進變革之際，以苦行僧之姿抽離。
　　不再回應潮流或改變，不再成長。

☽4　　　　　♀27　　　　☽29
00:58　　　　09:40　　　　11:44
Tuesday, April 12th
midnight　　4　　6　　8　　10　　12　　14　　16　　18

4月

12.04
2022

42.3

增加
嘗試錯誤

2022/04/12 21:30 TWN

農曆 3/12（二）

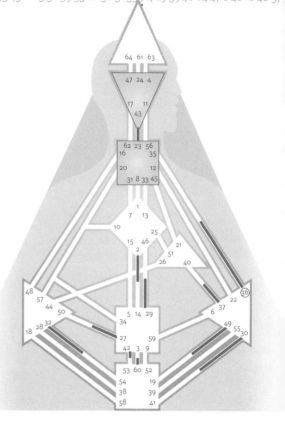

23-43　架構

日	**42.3**	**嘗試錯誤**
地	**32.3**	**缺乏連續性**
月	**29.6**	困惑
北交	**23.5**	同化
南交	**43.5**	進展
水	**27.2**	自給自足
金	**37.2**	責任
火	**30.4**	精疲力竭
木	▲**36.2**	支持
土	**49.5**	組織
天	**2.1**	直覺
海	▲**36.2**	支持
冥	**60.3**	保守主義

42.3　嘗試錯誤
　　向外擴張時，犯錯是必經過程。

♂ ▲ 充滿能量與定見，將錯誤轉化為優勢。
　　能夠接受錯誤是成長的一部分。

☽ ▼ 喜怒無常，面對錯誤陷入沉思，過於謹慎如履薄冰，其實並不必要。
　　錯誤會讓人更情緒化，更謹慎小心。

4
月

☽59 ☷
22:22

☽40 ☷
08:53

☽64 ☷
19:16

12.04 **Wednesday, April 13ᵗʰ**
2022
midnight　　4　　6　　8　　10　　12　　14　　16　　18

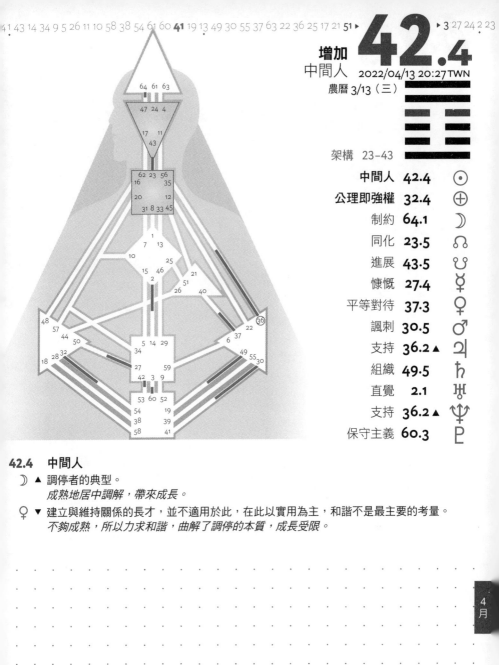

增加

42.4

中間人　2022/04/13 20:27 TWN

農曆 3/13（三）

架構　23-43

中間人	**42.4**	☉
公理即強權	**32.4**	⊕
制約	**64.1**	☽
同化	**23.5**	☊
進展	**43.5**	☋
慷慨	**27.4**	☿
平等對待	**37.3**	♀
諷刺	**30.5**	♂
支持	**36.2**▲	♃
組織	**49.5**	♄
直覺	**2.1**	♅
支持	**36.2**▲	♆
保守主義	**60.3**	♇

42.4　中間人

☽　▲　調停者的典型。
　　　成熟地居中調解，帶來成長。

♀　▼　建立與維持關係的長才，並不適用於此，在此以實用為主，和諧不是最主要的考量。
　　　不夠成熟，所以力求和諧，曲解了調停的本質，成長受限。

☽47 05:31

☽6 15:39

Thursday, April 14th

midnight　　4　　6　　8　　10　　12　　14　　16

14.04 2022

4月

42.5

增加
自我實現

2022/04/14 19:25 TWN

農曆 3/14（四）

23-43　架構

日	▲ **42.5**	**自我實現**
地	**32.5**	**彈性**
月	**6.3**	忠誠
北交	**23.5**	同化
南交	**43.5**	進展
水	**27.6**	警惕
金	▲ **37.5**	愛
火	▲ **30.6**	強制
木	▲ **36.2**	支持
土	**49.5**	組織
天	**2.1**	直覺
海	▲ **36.2**	支持
冥	**60.3**	保守主義

42.5　自我實現

⊙ ▲ 目標的履行與實現，是一條自然顯現的路徑，所獲得的報酬是，能以健康的方式來覺察自我，而非在過程中所取得的權力與影響力。
自我實現帶來成長，自然而然帶來影響力。

♀ ▼ 自我實現完全是內在的體驗，需要獨自體會。
成長源自於內，賦予力量後，能遺世而獨立。

4
月

☽ 46 ☰ 01:41　☿ 24 ☰ 05:25　☽ 18 ☰ 11:35　♂ 55 ☰ 15:04

Friday, April 15th

midnight　　4　　6　　8　　10　　12　　14　　16

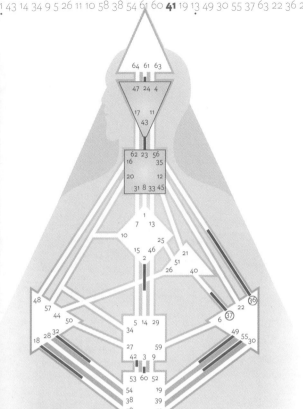

增加 **42**.**6**
培育

2022/04/15 18:24 TWN
農曆 3/15（五）

架構　23-43

培育	**42.6**	☉
安然以對	**32.6**	⊕
治療	**18.5**	☽
同化	**23.5**	☊
進展	**43.5**	☋
認可	**24.2**	☿
目的	**37.6**▲	♀
合作	**55.1**	♂
過渡	**36.3**▼	♃
組織	**49.5**	♄
直覺	**2.1**	♅
支持	**36.2**▲	♆
保守主義	**60.3**	♇

42.6　培育

☽ ▲ 是天性也是直覺，培育他人。
　　與他人分享成長過程，從中獲得力量。

♄ ▼ 具限制性，有害的物質主義，自我疏離並引發好戰的行為。
　　拒絕與人分享自己的成長過程。

☽ 48 ▤
21:23

☽ 57 ▤
07:06

♀ 63 ▤
10:12

☽ 32 ▤
16:43

Saturday, April 16th
midnight

22　　　　　　4　　　6　　　　8　　　10　　　　12　　　　14

16.04
2022

3.1

2022/04/16 17:24 TWN

凡事起頭難
綜合

農曆 3/16（六）

3–60　突變
23–43　架構

日	**3.1**	**綜合**
地	**50.1**	**移民**
月	**32.1**	保存
北交	**23.5**	同化
南交	**43.5**	進展
水	**24.4**	隱士
金	**63.1**	沉著
火	**55.1**	合作
木	▼**36.3**	過渡
土	**49.5**	組織
天	**2.1**	直覺
海	▲**36.2**	支持
冥	**60.3**	保守主義

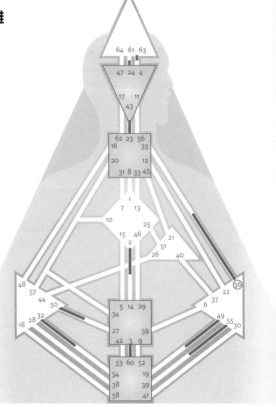

3.1　綜合

分析過所有相關因素之後，才能克服困難。

⊕ ▲ 本來就會困惑，獲得清明之前，必然會感到困惑。
天生就知道，混亂之中，新秩序於焉產生。

☿ ▼ 捨棄直覺，轉而依賴聰明才智，導致不必要的挫折。
不知道秩序終將出現，反而在別處尋找覺知。

4月

☽50 02:16

☽28 11:45

16.04
2022

Sunday, April 17th
midnight

20　22　　4　6　8　10　12　14

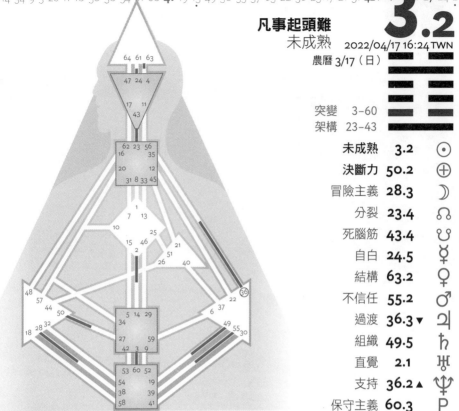

凡事起頭難
未成熟

2022/04/17 16:24 TWN
農曆 3/17（日）

突變　3-60
架構　23-43

未成熟	**3.2**	☉
決斷力	**50.2**	⊕
冒險主義	**28.3**	☽
分裂	**23.4**	☊
死腦筋	**43.4**	☋
自白	**24.5**	☿
結構	**63.2**	♀
不信任	**55.2**	♂
過渡	**36.3** ▼	♃
組織	**49.5**	♄
直覺	**2.1**	♅
支持	**36.2** ▲	♆
保守主義	**60.3**	♇

3.2　未成熟

　　無節制地接受引導。

♂ ▲ 為了成長，不屈不撓，終將勝利。
　　個體迎向突變的能量與潛能。

♅ ▼ 面對權威，想接受又想對抗，內在並不穩定。
　　能量與潛能皆受制於人，導致不穩定。

☽44 ▤
21:10

♀2 ▥
05:18

☽1 ▤
06:33

Monday, April 18th
midnight

20　　22　　　　4　　6　　8　　10　　12

18.04
2022

4
月

3.3

2022/04/18 15:25 TWN

農曆 3/18（一）

凡事起頭難
生存

3-60 突變
23-43 架構

日	▼	**3.3**	生存
地		**50.3**	適應力
月		**1.6**	客觀性
北交		**23.4**	分裂
南交		**43.4**	死腦筋
水		**2.1**	直覺
金		**63.3**	持續
火	▼	**55.3**	無罪
木	▼	**36.3**	過渡
土		**49.5**	組織
天		**2.1**	直覺
海	▲	**36.2**	支持
冥		**60.3**	保守主義

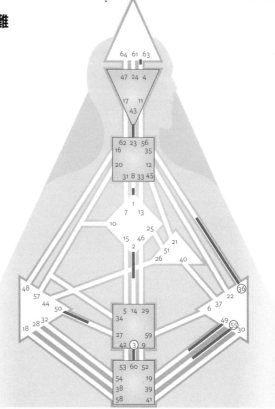

3.3 生存

有能力識別並區分，肥沃與貧瘠所呈現的各種型態。

♀ ▲ 在繁衍的過程中，有能力選擇最好的伴侶。
針對生理層面的突變，取決於與誰合作，天生知道肥沃與貧瘠之別。

♇ ▼ 乖張違背演化的標準。
天生反叛，拒絕突變。

4
月

☽43 ䷿
15:53
18.04

☽14 ䷲
01:12
midnight

☽34 ䷡
10:29

Tuesday, April 19th

18 20 22 4 6 8 10 12

凡事起頭難

魅力　2022/04/19 14:27 TWN

農曆 3/19（二）

突變　3-60
架構　23-43

魅力	**3.4**	☉
腐敗	**50.4**	⊕
男子氣概	**34.3**	☽
分裂	**23.4**	☊
死腦筋	**43.4**	☋
耐性	**2.3** ▼	☿
記憶	**63.4**	♀
同化	**55.4** ▼	♂
間諜活動	**36.4**	♃
組織	**49.5**	♄
直覺	**2.1**	♅
支持	**36.2** ▲	♆
保守主義	**60.3**	♇

3.4 **魅力**

與生俱來的特質，吸引重要的指引。

♆ ▲ 在靈性面和諧共振，如磁場般相互引發，獲得滋養。
宛如通靈的能量，取得滋養，確保一切井然有序。

♂ ▼ 火星位於下降相位，來自我執的要求被拒。
困惑的能量，需要滋養卻往往被拒絕。

☽9 19:46　　☽5 05:03

Wednesday, April 20th
midnight

18　20　22　　4　6　8　10

3.5

凡事起頭難
受害

2022/04/20 13:29 TWN

農曆 3/20（三）穀雨

	3-60	突變
	23-43	架構

日		**3.5**	受害
地		**50.5**	一致性
月		**5.6**	屈服
北交		**23.4**	分裂
南交		**43.4**	死腦筋
水	▲	**2.5**	靈活應用
金		**63.5**	肯定
火	▼	**55.4**	同化
木		**36.4**	間諜活動
土	▼	**49.6**	吸引力
天		**2.1**	直覺
海	▲	**36.2**	支持
冥		**60.3**	保守主義

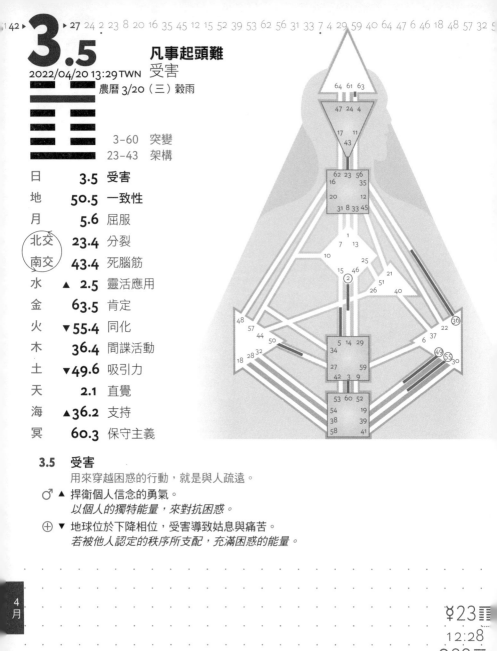

3.5 受害

用來穿越困惑的行動，就是與人疏遠。

♂ ▲ 捍衛個人信念的勇氣。
以個人的獨特能量，來對抗困惑。

⊕ ▼ 地球位於下降相位，受害導致姑息與痛苦。
若被他人認定的秩序所支配，充滿困惑的能量。

4月

☿23
12:28

♀22
1:1:47

☽26
14:20

☽11
23:39

☽10
08:58

20.04
2022

Thursday, April 21th
midnight

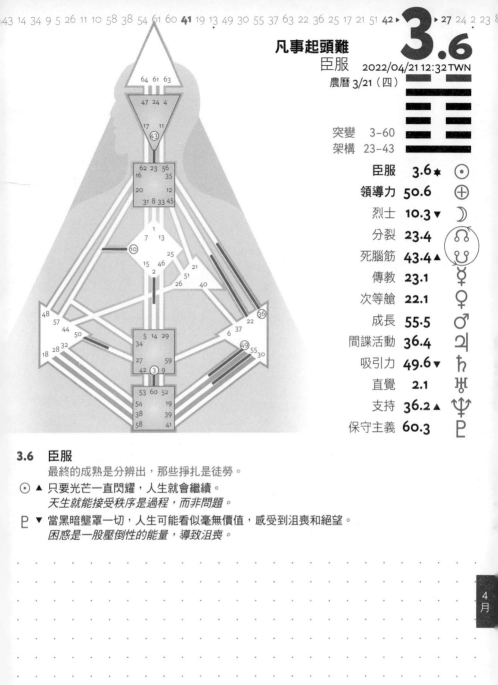

凡事起頭難

臣服   2022/04/21 12:32 TWN

農曆 3/21（四）

突變   3-60
架構   23-43

臣服	**3.6 ★**	☉
領導力	**50.6**	⊕
烈士	**10.3 ▼**	☽
分裂	**23.4**	☊
死腦筋	**43.4 ▲**	☋
傳教	**23.1**	☿
次等艙	**22.1**	♀
成長	**55.5**	♂
間諜活動	**36.4**	♃
吸引力	**49.6 ▼**	♄
直覺	**2.1**	♅
支持	**36.2 ▲**	♆
保守主義	**60.3**	♇

3.6 臣服

最終的成熟是分辨出，那些掙扎是徒勞。

☉ ▲ 只要光芒一直閃耀，人生就會繼續。
　　天生就能接受秩序是過程，而非問題。

♇ ▼ 當黑暗籠罩一切，人生可能看似毫無價值，感受到沮喪和絕望。
　　困惑是一股壓倒性的能量，導致沮喪。

☽58 ≣
18:19

☽38 ≣
03:43

Friday, April 22ᵗʰ
midnight

16   18   20   22   4   6   8

22.04
2022

4月

27.1

2022/04/22 11:36 TWN
農曆 3/22（五）

滋養
自私

23–43	架構		
28–38	困頓掙扎		

日	▲ 27.1	自私
地	28.1	準備
月	▼38.6	誤解
北交	23.5	同化
南交	43.5	進展
水	23.2	自我防衛
金	22.2	禮儀學校
火	55.6	自私
木	36.4	間諜活動
土	▼49.6	吸引力
天	2.1	直覺
海	▲36.2	支持
冥	60.3	保守主義

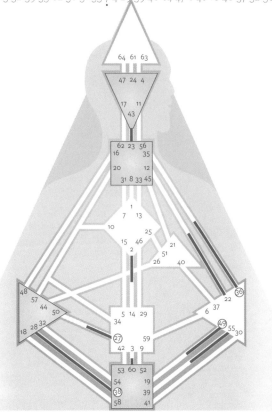

27.1 自私

⊙ ▲ 自我驅動，關懷自己的第一條法則，關懷自己不見得要犧牲他人。
先關懷自己，就會有力量。

⊕ ▼ 忌妒，伴隨而來的不幸。
自私的力量，透過忌妒的方式來展現。

4月

☽54 ☰ 13:08

☽61 ☰ 22:36　♂37 ☰ 01:36　☽60 ☰ 08:08

Saturday, April 23th
midnight

22.04
2022

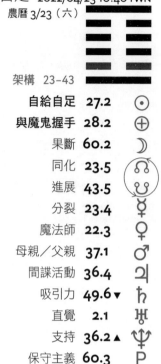

滋養 **27.2**
自給自足 2022/04/23 10:40 TWN
農曆 3/23（六）

架構　23-43

自給自足	**27.2**	☉
與魔鬼握手	**28.2**	⊕
果斷	**60.2**	☽
同化	**23.5**	☊☋
進展	**43.5**	
分裂	**23.4**	☿
魔法師	**22.3**	♀
母親／父親	**37.1**	♂
間諜活動	**36.4**	♃
吸引力	**49.6▼**	♄
直覺	**2.1**	♅
支持	**36.2▲**	♆
保守主義	**60.3**	♇

27.2　自給自足

顯而易見的準則，先擁有，才給予。

☽ ▲ 母親，偉大的滋養者。
滋養的耐力與關懷的能力。

♂ ▼ 消耗他人資源的孩子。
處於弱勢時，會耗損別人的精神與力量。

☽41
17:42

☽19
03:20

Sunday, April 24th
midnight

14　16　18　20　midnight　2　4　6

24.04
2022

27.3

滋養
貪婪

2022/04/24 09:45 TWN

農曆 3/24（日）

| 19-49 | 整合綜效 |
| 23-43 | 架構 |

日	27.3	貪婪
地	28.3	冒險主義
月	19.4	團隊合作
北交	23.5	同化
南交	43.5	進展
水	23.5	同化
金	22.4	敏感性
火	37.2	責任
木	36.5	祕密的
土	▼49.6	吸引力
天	2.1	直覺
海	▲36.2	支持
冥	60.3	保守主義

27.3　貪婪

執意要擁有，遠超過自己所需要的。

♇ ▲ 在此指的是心理上的狀態，著迷、依賴、想知道祕密。
祕密警察，不論在性、精神或物質層面，由於渴望擁有，想要的遠比真正需要的多得多，從中萌生力量。

♂ ▼ 平凡。完全不具救贖的價值。貪婪，欲望不可避免會讓人衰敗，也會成癮。
對權力的欲望，到手的這多過真正的需求。

4月

☿8

08:4

☾13　13:01

☾49　22:46

☾30　08:35

24.04
2022

14　16　18　20　22　midnight　4　6

Monday, April 25

27.4

滋養
慷慨　2022/04/25 08:50 TWN

農曆 3/25（一）

架構　23–43

慷慨	**27.4**	⊙
堅持	**28.4**	⊕
沉著	**30.1**	☽
同化	**23.5**	☊
進展	**43.5**	☋
誠實	**8.1** ▼	☿
直接	**22.5**	♀
責任	**37.2**	♂
祕密的	**36.5**	♃
吸引力	**49.6** ▼	♄
天才	**2.2**	♅
支持	**36.2** ▲	♆
保守主義	**60.3**	♇

27.4　慷慨

自然而然將所獲得的豐盛，與人分享。

♃ ▲ 優渥有質感的分享。天賦在於能針對不同的人，適當給出獎勵。
　　慷慨分享的力量與影響力。

♂ ▼ 隨意分享。
　　若無區分而隨意分享，有可能會帶來損失。

☽55☰
18:28
Tuesday, April 26th
midnight

☽37☰
04:35

26.04
2022

12　　14　　16　　18　　20　　　　　2　　4

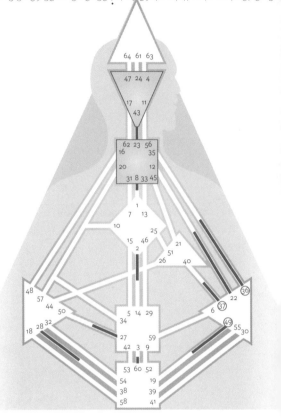

27.5

滋養
執行者

2022/04/26 07:56 TWN

農曆 3/26（二）

23-43　架構

日	**27.5**	**執行者**
地	**28.5**	**背叛**
月	▼**37.3**	平等對待
北交	**23.4**	分裂
南交	**43.4**	死腦筋
水	**8.2**	服務
金	**22.6**	成熟
火	▼**37.3**	平等對待
木	**36.5**	祕密的
土	▼**49.6**	吸引力
天	**2.2**	天才
海	▲**36.2**	支持
冥	**60.3**	保守主義

27.5　執行者

能有效分配他人資源。

♃ ▲ 是個有原則，天生就擅長分配資源的人。或者有辦法找到靈活又有能力的人，為己所用
　　有才能也有力量，可以管理他人的資源。

♄ ▼ 難以跳脫本性的限制，以至於分配的過程出現阻礙，想尋求建議與支持。
　　弱點，失去力量的風險，關懷受限。

4
月

♀36 ☾63

12:03　14:27

☽22

00:33

Wednesday, April 27th

midnight

26.04

2022

12　14　16　18　20　2　4

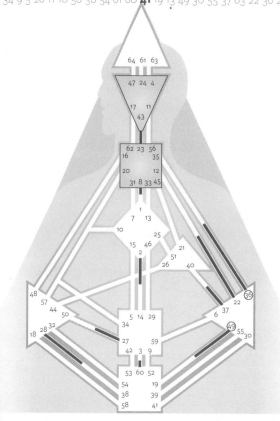

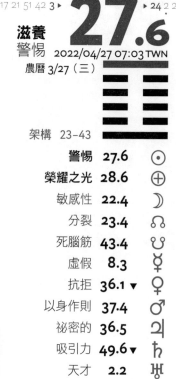

滋養

27.6

警惕 2022/04/27 07:03 TWN

農曆 3/27（三）

架構 23-43

警惕	**27.6**	⊙
榮耀之光	**28.6**	⊕
敏感性	**22.4**	☽
分裂	**23.4**	☊
死腦筋	**43.4**	☋
虛假	**8.3**	☿
抗拒	**36.1** ▼	♀
以身作則	**37.4**	♂
祕密的	**36.5**	♃
吸引力	**49.6** ▼	♄
天才	**2.2**	♅
支持	**36.2** ▲	♆
保守主義	**60.3**	♇

27.6 警惕

避免揮霍無度，有所防護。

☽ ▲ 面對教養，採取務實的態度。以感受與本能來引導，決定是否合宜。
　　具備關懷與教養的能力，對一切了然於心，相當務實，充滿力量與影響力。

♇ ▼ 過度猜疑的傾向。
　　充滿猜忌，局限了關懷。

☽36 ▤
10:43

☽25 ▤
20:58

Thursday, April 28th
midnight

10　　12　　14　　16　　18　　20　　　　　2

28.04
2022

4月

24.1

回歸
2022/04/28 06:10 TWN 疏忽之罪

農曆 3/28（四）

23-43　架構

日	▲**24.1**	**疏忽之罪**
地	**44.1**	**制約**
月	**25.6**	無知
北交	**23.4**	分裂
南交	**43.4**	死腦筋
水	▼ **8.4**	尊重
金	▼**36.3**	過渡
火	▼**37.5**	愛
木	▲**36.6**	正義
土	▼**49.6**	吸引力
天	**2.2**	天才
海	▲**36.2**	支持
冥	**60.3**	保守主義

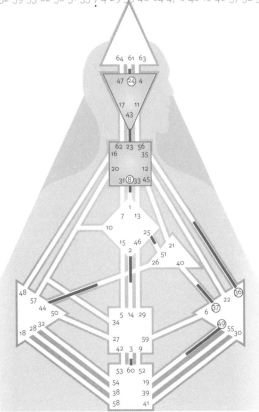

24.1　疏忽之罪

蛻變須經歷一段退行期，更新才會完整。

⊙ ▲ 求勝的意志，相信為達目的，可以不擇手段。
確立理性概念之前，重新評估過往思維是必要的，可以從中獲得啟發。

♆ ▼ 自我欺騙，刻意曲解，合理化退行的狀態。
為了獲得靈感，聚焦於無謂的過往。

4
月

☽17䷜
07:18
28.04
2022
10　12　14　16

☽21䷝
17:42

☽51䷠
04:11

Friday, April 29th
midnight
18　20　2

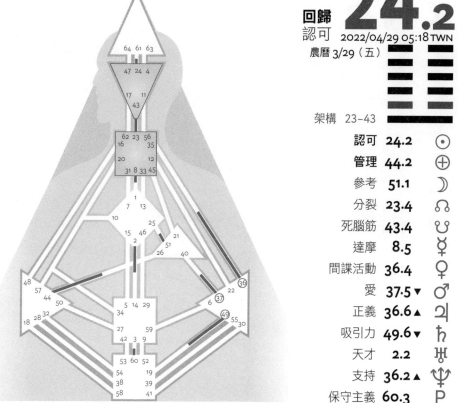

回歸 **認可** 2022/04/29 05:18 TWN

農曆 3/29（五）

架構	23-43
認可	**24.2** ☉
管理	**44.2** ⊕
參考	**51.1** ☾
分裂	**23.4** ☊
死腦筋	**43.4** ☋
達摩	**8.5** ☿
間諜活動	**36.4** ♀
愛	**37.5** ▼ ♂
正義	**36.6** ▲ ♃
吸引力	**49.6** ▼ ♄
天才	**2.2** ♅
支持	**36.2** ▲ ♆
保守主義	**60.3** ♇

24.2　認可

☾ ▲ 恰如其分，自發性適應新型態。
　　自發性地將一切概念化，是潛藏的天賦。

♂ ▼ 虛榮。認為蛻變是個人成就，無視於社會群體的支持，或自然發生的現象。
　　虛榮的心理，認為自己隨興概念化的天賦，有其產值。

☾42 14:46　　☾3 01:25

Saturday, April 30th midnight

8　10　12　14　16　18　20

24.3 回歸
上癮者

2022/04/30 04:26 TWN

農曆 3/30（六）

3-60　突變
23-43　架構

日	24.3	上癮者
地	44.3	干預
月	3.2	未成熟
北交	23.4	分裂
南交	43.4	死腦筋
水	8.6	交誼
金	36.5	祕密的
火	37.6	目的
木	▲36.6	正義
土	▼49.6	吸引力
天	2.2	天才
海	▼36.3	過渡
冥	60.3	保守主義

24.3　上癮者

各種退行的形式，都具有強大的吸引力。

♀ ▲ 退行過後，雖然困難，還是取得最後的勝利。
不理性是難以克服的任務，但還是達成了。

☽ ▼ 面對上癮及退化，都以成功來合理化。
以成功來合理化一切，非理性得以延續。

☿20　☽27　♂63

09:40　12:09　12:13

Sunday, May 1st

☽24

22:58

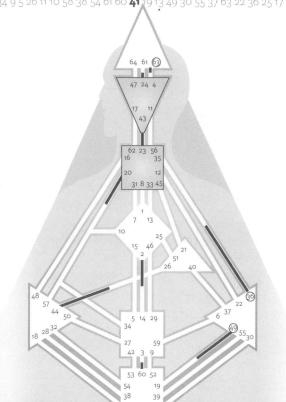

回歸 **24.4**
隱士
2022/05/01 03:36 TWN
農曆 4/1（日）

架構　23–43

隱士	**24.4**	⊙
誠實	**44.4**	⊕
上癮者	**24.3**	☽
分裂	**23.4**	☊
死腦筋	**43.4**	☋
表面化	**20.1**	☿
正義	**36.6**▲	♀
沉著	**63.1**▼	♂
正義	**36.6**▲	♃
吸引力	**49.6**▼	♄
天才	**2.2**	♅
過渡	**36.3**▼	♆
保守主義	**60.3**	Ⓟ

24.4　隱士

唯有隔絕在一切之外，蛻變才會發生。

♄ ▲ 自律專注，才能確保重生。
　　孤獨將彰顯理性思維的潛能。

♆ ▼ 傾向與世隔絕，活在幻想的世界裡。
　　孤獨助長了潛藏的幻覺與妄想。

5月

☽2 ♀25 ☽23
09:52　11:17　20:51

Monday, May 2ⁿᵈ
midnight

6　　8　　10　　12　　14　　16　　18　　20

24.5 回歸
自白

2022/05/02 02:46 TWN

農曆 4/2（一）

23-43 架構

日	**24.5**	**自白**
地	**44.5**	**操作**
月	**23.4**	分裂
北交	**23.4**	分裂
南交	**43.4**	死腦筋
水	**20.2**	獨斷者
金	**25.1**	無私
火	**63.2**	結構
木	▲**36.6**	正義
土	▼**49.6**	吸引力
天	**2.2**	天才
海	▼**36.3**	過渡
冥	**60.3**	保守主義

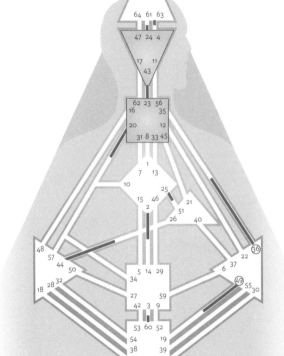

24.5 自白

有勇氣承認過往的錯誤。

☽ ▲ 清空再開始，有實質上的價值。
以新月為象徵，合理的修正能找到出路，通往全新的可能性。

♂ ▼ 刻意以合理化的方式，淡化過往的錯誤。將坦誠以對當成藉口，成為合理化的理由。
缺乏理性，不斷合理化過去的錯誤。

5月

☽8 07:54　　♃25 14:18　　☽20 19:02

Tuesday, May 3
midnight

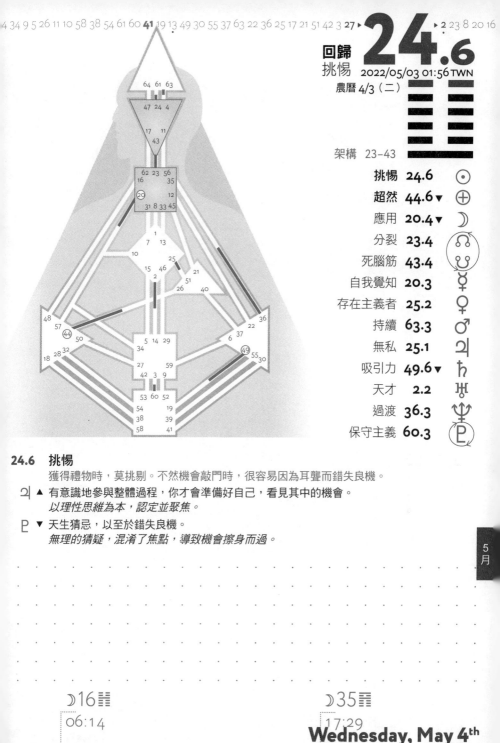

回歸 **24.6**
挑惕 2022/05/03 01:56 TWN
農曆 4/3（二）

架構 23-43

挑惕	**24.6**	☉
超然	**44.6 ▼**	⊕
應用	**20.4 ▼**	☽
分裂	**23.4**	☊
死腦筋	**43.4**	☋
自我覺知	**20.3**	☿
存在主義者	**25.2**	♀
持續	**63.3**	♂
無私	**25.1**	♃
吸引力	**49.6 ▼**	♄
天才	**2.2**	♅
過渡	**36.3**	♆
保守主義	**60.3**	♇

24.6 挑惕

獲得禮物時，莫挑剔。不然機會敲門時，很容易因為耳聾而錯失良機。

♃ ▲ 有意識地參與整體過程，你才會準備好自己，看見其中的機會。
以理性思維為本，認定並聚焦。

♇ ▼ 天生猜忌，以至於錯失良機。
無理的猜疑，混淆了焦點，導致機會擦身而過。

5月

☽16 06:14

☽35 17:29

Wednesday, May 4th
midnight

4 6 8 10 12 14 16 18 20

2.1

接納
直覺

2022/05/04 01:07 TWN

農曆 4/4（三）

23-43　架構
35-36　無常

日	**2.1**	**直覺**
地	**1.1**	創意獨立於意志之外
月	**35.5**	利他主義
北交	**23.4**	分裂
南交	**43.4**	死腦筋
水	**20.3**	自我覺知
金	▲**25.4**	生存
火	**63.3**	持續
木	**25.1**	無私
土	▼**49.6**	吸引力
天	**2.2**	天才
海	**36.3**	過渡
冥	**60.3**	保守主義

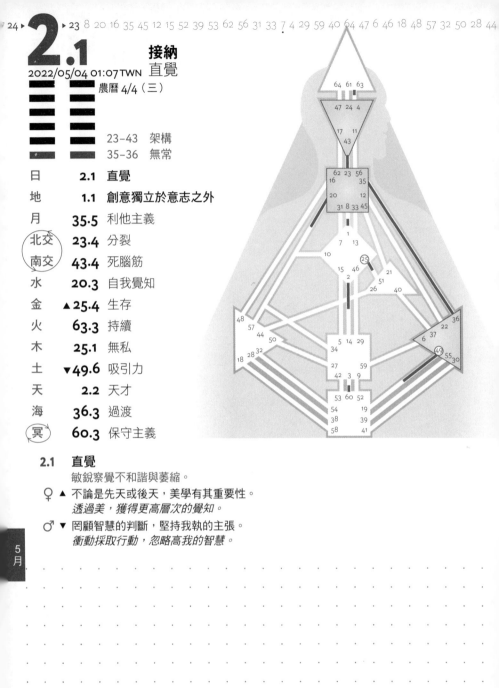

2.1　直覺

敏銳察覺不和諧與萎縮。

♀ ▲ 不論是先天或後天，美學有其重要性。
　　透過美，獲得更高層次的覺知。

♂ ▼ 罔顧智慧的判斷，堅持我執的主張。
　　衝動採取行動，忽略高我的智慧。

5月

☽45 ☰
04:48

☽12 ☰
16:09

Thursday, M

04.05
2022

4　6　8　10　12　14　16　18　20　mic

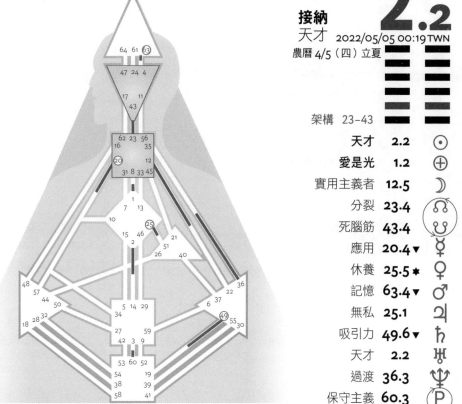

接納
天才

2.2

2022/05/05 00:19 TWN

農曆 4/5（四）立夏

架構 23-43

天才	**2.2**	⊙
愛是光	**1.2**	⊕
實用主義者	**12.5**	☽
分裂	**23.4**	☊
死腦筋	**43.4**	☋
應用	**20.4▼**	☿
休養	**25.5★**	♀
記憶	**63.4▼**	♂
無私	**25.1**	♃
吸引力	**49.6▼**	♄
天才	**2.2**	♅
過渡	**36.3**	♆
保守主義	**60.3**	♇

2.2　天才

刺激與回應，是無意識也無法學習的本能。天生自然。

♄ ▲ 內在的力量，聚焦與實踐。
　　覺知就是覺知，無法學，是與生俱來的天賦。

♂ ▼ 天才本瘋狂。將知識當成力量，拿來誇耀自我。
　　妄想知識就是力量。

☽15▤　　　　　　　☽52▤　♄30▤
03:33　　　　　　　14:57　17:49

4　6　8　10　12　14　16　18　20　**05.05**
2022

2.3

接納
耐性

2022/05/05 23:32 TWN

農曆 4/5（四）

23-43　架構

日	▼	**2.3**	**耐性**
地	▼	**1.3**	**持續創作的能量**
月		**52.5**	解釋
(北交)		**23.4**	分裂
(南交)		**43.4**	死腦筋
水	▼	**20.4**	應用
金		**25.6**	無知
火	▼	**63.5**	肯定
木		**25.1**	無私
土		**30.1**	沉著
天		**2.2**	天才
海	↻	**36.3**	過渡
(冥)		**60.3**	保守主義

2.3　耐性

老師是永不停止學習的學生。

♃ ▲ 一生專心致力，成熟接受這段過程永遠不會有終點。相對應14號閘門，形成脈動的通道，服務會獲得報酬。
認知到，接受是一輩子的事。

♅ ▼ 為了革命，耐心居次。
更高層次的覺知無法等待，亟需表達。

5
月

☽39 02:22
♀17 09:37
☽53 13:47

Friday, May 6th

midnight　4　6　8　10　12　14　16　18　20

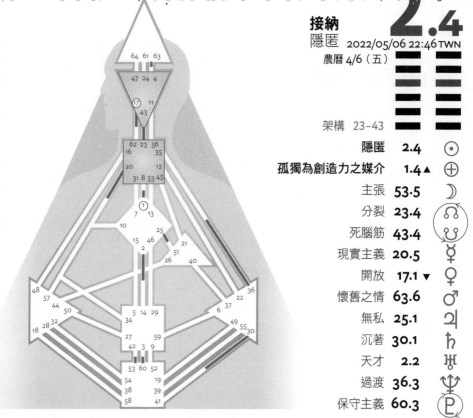

接納
隱匿　2022/05/06 22:46 TWN
農曆 4/6（五）

架構　23-43

隱匿	**2.4**	☉
孤獨為創造力之媒介	**1.4** ▲	⊕
主張	**53.5**	☽
分裂	**23.4**	☊
死腦筋	**43.4**	☋
現實主義	**20.5**	☿
開放	**17.1** ▼	♀
懷舊之情	**63.6**	♂
無私	**25.1**	♃
沉著	**30.1**	♄
天才	**2.2**	♅
過渡	**36.3**	♆
保守主義	**60.3**	♇

2.4　隱匿

除了謙遜，還加上謹慎、細心、維護和諧的能力。

♀ ▲ 有更高的目標，凌駕於個人讚譽之上。團隊合作，被視為領袖，卻從來不會當隊長。
表達更高層次的覺知，並非為了取得認可。

♂ ▼ 禍從口出。難以抑制的烈火，源自我執，滋生怨恨。
一有機會就無法保持沉默。

. . . .

☽62 ䷏

☽56 ䷏

01:11

12:32

turday, May 7th

dnight　　4　　6　　8　　10　　12　　14　　16　　18

2.5

接納
靈活應用

2022/05/07 22:00 TWN
農曆 4/7（六）

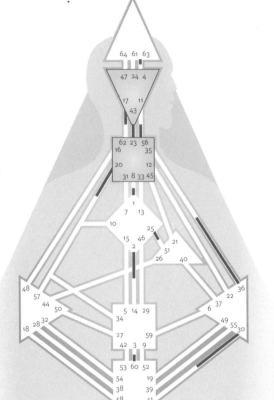

23-43　架構

日	**2.5**	靈活應用
地	**1.5**	吸引社會大眾的能量
月	**56.6**	謹慎
北交	**23.4**	分裂
南交	**43.4**	死腦筋
水	**20.5**	現實主義
金	**17.2**	歧視
火	**63.6**	懷舊之情
木	**25.2**	存在主義者
土	**30.1**	沉著
天	**2.2**	天才
海	**36.3**	過渡
冥	**60.3**	保守主義

2.5　靈活應用

☿ ▲ 水星上升，策略家。合理管理資源。
　　更高層次的覺知是天賦，得以運籌帷幄。

⊕ ▼ 無法與人一起承擔責任，無法辨識他人能力。
　　更高層次的覺知，僅限於個人自私的過程。

5月

♂22▤

23:11

☽31▤

23:51
Sunday, May 8th
midnight　　4　　6　　8　　10　　12　　14　　16　　18

☽33▤

11:05

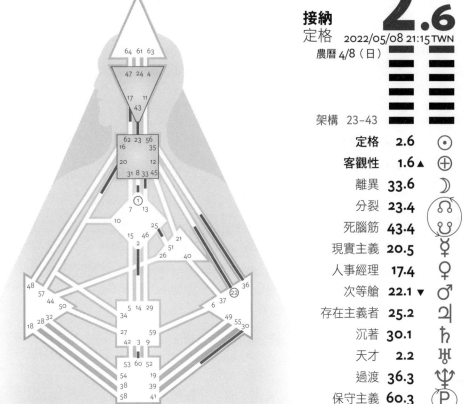

接納
定格

2.6

2022/05/08 21:15 TWN

農曆 4/8（日）

架構　23–43

定格	**2.6**	☉
客觀性	**1.6▲**	⊕
離異	**33.6**	☽
分裂	**23.4**	☊
死腦筋	**43.4**	☋
現實主義	**20.5**	☿
人事經理	**17.4**	♀
次等艙	**22.1▼**	♂
存在主義者	**25.2**	♃
沉著	**30.1**	♄
天才	**2.2**	♅
過渡	**36.3**	♆
保守主義	**60.3**	♇

2.6　定格

不能或不願看到全貌。

☿ ▲ 水星位於上升相位，並不負面，自溺於其聰明才智，不斷合理化。
接收更高覺知，途徑極狹窄。

♄ ▼ 安全感的需求，可能在意識面扭曲，最終轉為變態。
破壞性，高我沉溺於世俗與安全感的需求。

☽7 ䷜　　　　　　　☽4 ䷲　　　　　　　☽29 ䷟
22:15　　　　　　　09:19　　　　　　　20:17

Monday, May 9th
midnight　　4　　　6　　　8　　　10　　12　　14　　16

09.05
2022

23.1

裂開
傳教

2022/05/09 20:30 TWN
農曆 4/9（一）

23-43　架構

日	**23.1**	**傳教**
地	**43.1**	**耐性**
月	**29.1**	**徵召**
北交	**★23.4**	**分裂**
南交	**43.4**	**死腦筋**
水	**▼20.6**	**智慧**
金	**17.5**	**無人是孤島**
火	**22.2**	**禮儀學校**
木	**25.2**	**存在主義者**
土	**30.1**	**沉著**
天	**2.2**	**天才**
海	**36.3**	**過渡**
冥	**60.3**	**保守主義**

23.1　傳教

企圖以另一套價值觀，替換既定的體系。

♃ ▲ 聖哲，走至極端，能為邪惡辯護，就算是邪惡，也歸屬於更偉大的良善。
以強而有力的方式，來表達洞見，足以摧毀原有的價值觀。

♂ ▼ 傳教士所傳遞的光明，也同時帶來黑暗。
表達洞見，強而有力，同時也引發了負面效應。

5月

09.05
2022

Tuesday, May 10th
midnight

☽59　07:08
☽40　17:52

midnight　4　6　8　10　12　14　16

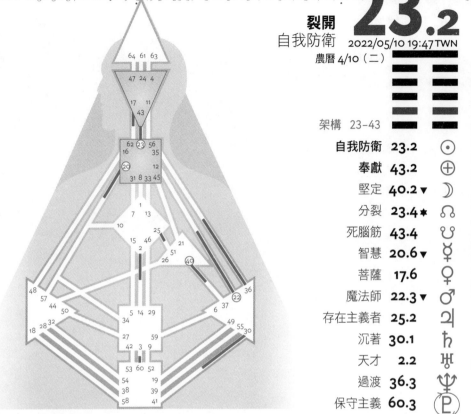

裂開
自我防衛

23.2

2022/05/10 19:47 TWN

農曆 4/10（二）

架構 23-43

自我防衛	**23.2**	☉
奉獻	**43.2**	⊕
堅定	**40.2** ▼	☽
分裂	**23.4** ✷	☊
死腦筋	**43.4**	☿
智慧	**20.6** ▼	♀
菩薩	**17.6**	♂
魔法師	**22.3** ▼	♃
存在主義者	**25.2**	♄
沉著	**30.1**	♅
天才	**2.2**	♆
過渡	**36.3**	♇
保守主義	**60.3**	

23.2　自我防衛

當生存受到威脅，無須再忍耐。

♃ ▲ 面對緊要關頭，首要保護原則。
當個體人的表達被脅迫，孰不可忍。

☽ ▼ 木星要忠於本性，所以防衛的最佳方式是攻擊。而月亮則是排除敵意，保護自己就好。
面對敵意，戒慎防衛，表達中有所保留。

5月

☽64 ♀21 ☽47
04:27　07:14　　　14:55

Wednesday, May 11th
midnight　4　6　8　10　12　14　16

22
11.05
2022

23.3

裂開
個體性

2022/05/11 19:04 TWN

農曆 4/11（三）

23–43　架構

日	▲ **23.3**	**個體性**
地	**43.3**	**權宜**
月	**47.3**	自我壓抑
北交	★**23.4**	分裂
南交	**43.4**	死腦筋
水	▼**20.6**	智慧
金	**21.1**	警告
火	▼**22.4**	敏感性
木	**25.2**	存在主義者
土	**30.1**	沉著
天	▼ **2.3**	耐性
海	**36.3**	過渡
冥	**60.3**	保守主義

23.3　個體性

個體的表達，本質上對他人無害。

⊙ ▲ 個人的活力與力量，容易招來妒忌，還不至於構成威脅。
　　充滿個性的表達，引來注意力，而非威脅。

P ▼ 個體的神祕性，招來猜疑與威脅。
　　怪胎。充滿個人色彩的表達方式，引發猜忌與威脅。

☽6 ䷗
01:15

☽46 ䷖
11:26

裂開 23.4

分裂   2022/05/12 18:22 TWN

農曆 4/12（四）

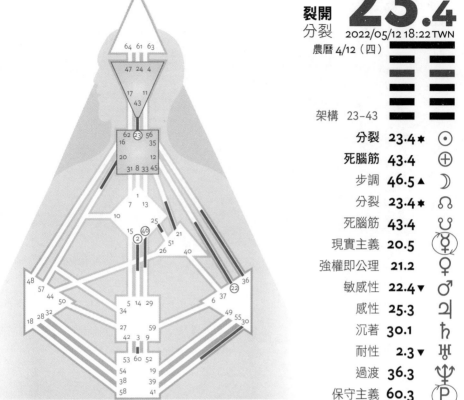

架構 23-43

分裂	**23.4** ★	⊙
死腦筋	**43.4**	⊕
步調	**46.5** ▲	☽
分裂	**23.4** ★	☊
死腦筋	**43.4**	☋
現實主義	**20.5**	☿
強權即公理	**21.2**	♀
敏感性	**22.4** ▼	♂
感性	**25.3**	♃
沉著	**30.1**	♄
耐性	**2.3** ▼	♅
過渡	**36.3**	♆
保守主義	**60.3**	♇

23.4   **分裂**

分化，看不到綜效的潛能。

⊙ ▲ 宿命論，利己主義，最後對結果充滿譴責。
     各自表述，欠缺社會集體價值。

⊕ ▼ 無神論與偏執狂。
     極具個人色彩的表達方式，產生孤立與恐懼。

☽ 18   21:30

Friday, May 13th
midnight   4   6

22

☽ 48   07:25

8   10   12   14

☽ 57   17:13

13.05 2022

23.5

裂開
同化

2022/05/13 17:40 TWN

農曆 4/13（五）

	20-57	腦波
	23-43	架構

日	**23.5**	同化
地	**43.5**	進展
月	▼ **57.1**	困惑
北交	★ **23.4**	分裂
南交	**43.4**	死腦筋
水	**20.5**	現實主義
金	**21.3**	無力
火	▼ **22.5**	直接
木	**25.3**	感性
土	**30.1**	沉著
天	▼ **2.3**	耐性
海	**36.3**	過渡
冥	**60.3**	保守主義

23.5 同化

很實際，接受別條路也有其價值。

♃ ▲ 透過同化，擴展與貢獻。
天賦是與群體溝通，傳遞個人洞見。

☽ ▼ 位居弱勢，更加渴望同化，以滿足保護或滋養的需求。
為了能被群體接納，才能被保護，讓同化的動機更強烈。

5月

☽32 02:54

☽50 12:28

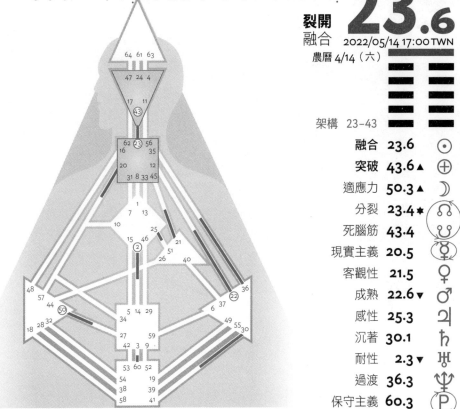

裂開 **23.6**
融合 2022/05/14 17:00 TWN
農曆 4/14（六）

架構 23-43

融合	**23.6**	☉
突破	**43.6**▲	⊕
適應力	**50.3**▲	☾
分裂	**23.4**✦	☊
死腦筋	**43.4**	☋
現實主義	**20.5**	☿
客觀性	**21.5**	♀
成熟	**22.6**▼	♂
感性	**25.3**	♃
沉著	**30.1**	♄
耐性	**2.3**▼	♅
過渡	**36.3**	♆
保守主義	**60.3**	♇

23.6　融合

透過合縱連橫，逐步調諧各種多樣性。

♂ ▲ 經由融合，本身的能量，加上其主張所產生的力量將遞增。
　　透過整合，個體的覺知會帶來各種多樣性。

♃ ▼ 有原則，卻無法融合而退縮，最後萎縮。
　　個體的覺知有其多樣性，卻在表達時失去力量。

5月

☽28〓
21:55
Sunday, May 15th
midnight

☽44〓
07:18

♂36〓
10:46

15.05
2022

20　　22　　　　　　4　　6　　　8　　10　　12

8.1

2022/05/15 16:20 TWN

農曆 4/15（日）

凝聚在一起
誠實

	2-14	脈動
	23-43	架構

日		**8.1**	誠實
地		**14.1**	金錢非萬能
月		**44.6**	超然
北交		**23.4**	分裂
南交		**43.4**	死腦筋
水		**20.5**	現實主義
金	▼	**21.6**	混亂
火	▲	**36.1**	抗拒
木		**25.3**	感性
土		**30.1**	沉著
天	▼	**2.3**	耐性
海		**36.3**	過渡
冥		**60.3**	保守主義

8.1　誠實

真實接受限制，知道唯有透過分享，才能超越。

♆ ▲ 意識到團結力量大。
　　了解創意的表現，必須基於誠實溝通與分享的基礎上。

☿ ▼ 抽離。恐懼在團體中會失去個體性。
　　其設計為了分享創意，犧牲個體性。

5月

🌙1▤
16:35

🌙43▤ ♀51▤
01:48　04:12

🌙14▤
10:57

Monday, May 16th
midnight

15.05
2022

20　22　　　4　6　8　10　12

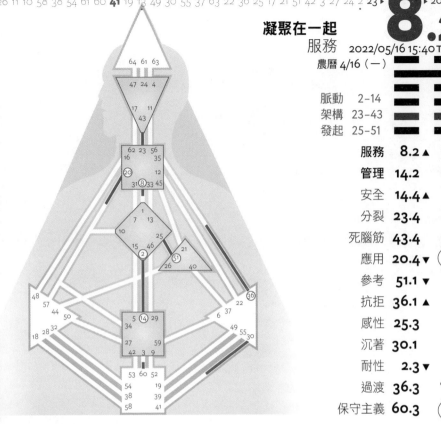

凝聚在一起
服務 2022/05/16 15:40 TWN

8.2

農曆 4/16（一）

脈動　2-14
架構　23-43
發起　25-51

服務	**8.2** ▲	⊙
管理	**14.2**	⊕
安全	**14.4** ▲	☽
分裂	**23.4**	☊
死腦筋	**43.4**	☋
應用	**20.4** ▼	☿
參考	**51.1** ▼	♀
抗拒	**36.1** ▲	♂
感性	**25.3**	♃
沉著	**30.1**	♄
耐性	**2.3** ▼	♅
過渡	**36.3**	♆
保守主義	**60.3**	♇

8.2　服務

⊙ ▲ 最高的善行，無私的服務。
　　展現無私，成為典範的潛能。

⊕ ▼ 地球位於下降相位，報酬是服務的先決條件。
　　願意付出代價，成為典範。

5
月

☽34☷
20:03

☽9☷
05:07

☽5☷
14:09

Tuesday, May 17ᵗʰ
midnight

18　　20　　22　　　　　　　4　　6　　8　　10　　12

17.05
2022

8.3

2022/05/17 15:01 TWN

農曆 4/17（二）

2-14	脈動
23-43	架構
25-51	發起

凝聚在一起
虛假

日		8.3	虛假
地	▲	14.3	服務
月		5.1	毅力
北交		23.4	分裂
南交		43.4	死腦筋
水 ↻	▼	20.4	應用
金		51.2	退縮
火	▲	36.2	支持
木	▲	25.4	生存
土		30.1	沉著
天	▼	2.3	耐性
海		36.3	過渡
冥 ↻		60.3	保守主義

8.3　虛假

可以接受集體行動的風格，而非內容與本質。

☽ ▲ 看似完美，難以被察覺是表面上親密。
空有形式，無實質內容的真實範例。

♄ ▼ 淺薄。低估別人，同時也高估自己的能力。不斷自欺，無察覺能力。
極度重視外在，對自己的風格無來由充滿自信。

5 月

☽26 23:19
☽11 08:12

Wednesday, May 18th

midnight

18 20 22 4 6 8 10 12

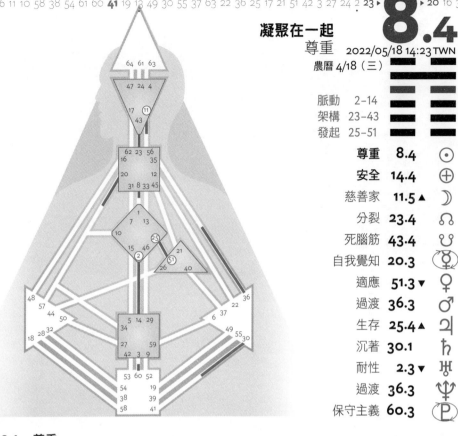

凝聚在一起
尊重

8.4

2022/05/18 14:23 TWN
農曆 4/18（三）

脈動	2-14	
架構	23-43	
發起	25-51	

尊重	**8.4**	☉
安全	**14.4**	⊕
慈善家	**11.5** ▲	☽
分裂	**23.4**	☊
死腦筋	**43.4**	☋
自我覺知	**20.3**	☿
適應	**51.3** ▼	♀
過渡	**36.3**	♂
生存	**25.4** ▲	♃
沉著	**30.1**	♄
耐性	**2.3** ▼	♅
過渡	**36.3**	♆
保守主義	**60.3**	♇

8.4　尊重

一眼就能看出別人的貢獻，這是天賦，對於能以身作則的人，讚賞有加。

♃ ▲ 面對同質化，拒絕妥協的衝動。
　　貢獻的動力，以身作則，成為眾人的典範。

☿ ▼ 在不斷超越限制的團隊之中，個人價值無法合理地被衡量。例如：田徑隊裡公認的隊
　　長，不一定是最有才華的球員。
　　貢獻天賦，不被限制所制約。

5月

☽10 17:14

☽58 02:17

☽38 11:22

Thursday, May 19th
midnight

18　20　22　　　　midnight　4　6　8　10

19.05
2022

8.5

2022/05/19 13:45 TWN

凝聚在一起
達摩

農曆 4/19（四）

2–14	脈動
23–43	架構
25–51	發起

日	▼	8.5	達摩
地		14.5	傲慢
月	▼	38.2	彬彬有禮
北交		23.4	分裂
南交		43.4	死腦筋
水		20.3	自我覺知
金		51.5	對稱
火		36.4	間諜活動
木	▲	25.4	生存
土		30.1	沉著
天	▼	2.3	耐性
海		36.3	過渡
冥		60.3	保守主義

8.5 達摩

聚在一起到最後，終將分離。成功的結合，意謂著聚散終有時，幼鳥長成之後會離巢，這是正確的，無損於結合的本質。

♃ ▲ 老師。
接受也了解限制所在，在教學中驗證，並分享這過程，貢獻就是其中的一部分。

☉ ▼ 對小孩無法放手的父母，覺得自身權威被挑戰。
貢獻本身就是目的，並非接受或預見限制，例如：對孩子無法放手的父母。

5月

☽ 54 20:29

☽ 61 05:40

Friday, May 20th
midnight

19.05
2022

18 20 22 4 6 8 10

凝聚在一起

交誼 2022/05/20 13:07 TWN

8.6

農曆 4/20（五）

脈動	2-14
架構	23-43
發起	25-51

交誼	**8.6**	☉
謙遜	**14.6**▼	⊕
影響	61.5	☽
分裂	23.4	☊
死腦筋	43.4	☋
獨斷者	20.2	☿
分割	51.6	♀
祕密的	36.5	♂
生存	25.4▲	♃
沉著	30.1	♄
耐性	2.3▼	♅
過渡	36.3	♆
保守主義	60.3	♇

8.6　交誼

源於和諧的確定性。

♀ ▲ 明辨模式如何進行，就能把握正確時機。
　　與生俱來的天賦，知道何時該貢獻創意。

♇ ▼ 懷疑，就算在最理想的狀態下，也會產生遺憾。
　　不論在任何情況下，因為不確定時機點，而感到後悔。

5月

☽60䷀
14:54

☽41䷀
00:12

♀42䷀
00:34

☽19䷀
09:36

Saturday, May 21th
midnight

16　18　20　22　　4　6　8

21.05
2022

20.1

注視
表面化

2022/05/21 12:30 TWN

農曆 4/21（六）小滿

| 20-34 | 魅力 |
| 23-43 | 架構 |

日	20.1	**表面化**
地	34.1	**霸凌**
月	19.2	服務
北交	23.4	分裂
南交	43.4	死腦筋
水	20.2	獨斷者
金	▼42.1	多樣化
火	36.5	祕密的
木	▲25.4	生存
土	30.1	沉著
天	▼ 2.3	耐性
海	36.3	過渡
冥	60.3	保守主義

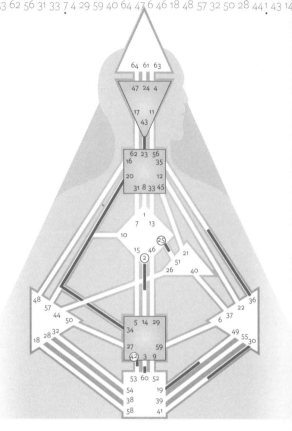

20.1 表面化

依附於淺薄。

♀ ▲ 將膚淺提升為藝術形式。創作標語及口號的人。
表達僅止於表面，以此作為藝術的形式。

☽ ▼ 僅表現出表面的個性。
膚淺人格的表現。

5月

21.05
2022

☽13 ☰ 19:04

☽49 ☰ 04:38

Sunday, May 22th
midnight

16   18   20   22   4   6   8

注視
獨斷者

20.2

2022/05/22 11:53 TWN

農曆 4/22（日）

魅力 20-34	
架構 23-43	

獨斷者	**20.2**	☉
氣勢	**34.2**	⊕
組織	**49.5**▲	☽
分裂	**23.4**	☊
死腦筋	**43.4**	☋
表面化	**20.1**	☿
識別	**42.2**▼	♀
正義	**36.6**	♂
休養	**25.5**▼	♃
沉著	**30.1**	♄
耐性	**2.3**▼	♅
過渡	**36.3**	♆
保守主義	**60.3**	♇

20.2　獨斷者

限制，特意局限認知。

♀ ▲ 限制，個人化並具排他性，透過苦行抽離，能降低負面。
　　當下的限制性覺知。

☽ ▼ 引導他人走向狹窄路徑的力量。
　　天賦是透過表達，領導他人走向狹窄的路徑。

5
月

☽30 14:17

♂25 23:02

☽55 00:03
midnight

☿8 04:01

☽37 09:55

Monday, May 23th

23.05
2022

4　　16　　18　　20　　22　　　　4　　6　　8

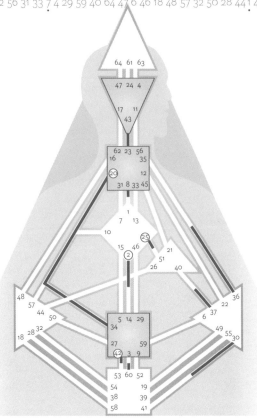

20.3

注視
自我覺知

2022/05/23 11:17 TWN

農曆 4/23（一）

20-34 魅力
23-43 架構

日	★**20.3**	**自我覺知**
地	**34.3**	**男子氣概**
月	**37.1**	**母親／父親**
北交	**23.4**	**分裂**
南交	**43.4**	**死腦筋**
水	**8.6**	**交誼**
金	▼**42.4**	**中間人**
火	**25.1**	**無私**
木	▼**25.5**	**休養**
土	**30.1**	**沉著**
天	▼ **2.3**	**耐性**
海	**36.3**	**過渡**
冥	**60.3**	**保守主義**

20.3 自我覺知

分析個人的行動與成效，得以理解。

⊙ ▲ 透過個人意識，適當地調整並發展個性。
表達當下的自我意識。

⊕ ▼ 以極端的方式，表達自我，阻礙發展。
以極端的方式展現自我意識。

5
月

23.05
2022

☽63 ䷿
19:53

☽22 ䷿
05:58

Tuesday, May 24ᵗʰ
midnight

14   16   18   20   22   4   6   8

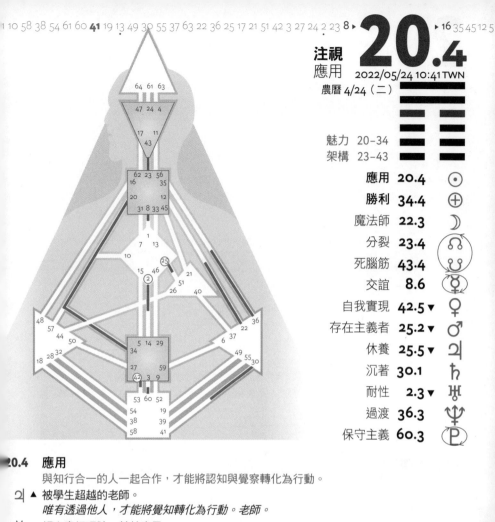

注視 **20.4**
應用
2022/05/24 10:41 TWN
農曆 4/24（二）

魅力 20–34
架構 23–43

應用	**20.4**	☉
勝利	**34.4**	⊕
魔法師	**22.3**	☽
分裂	**23.4**	☊
死腦筋	**43.4**	☋
交誼	**8.6**	☿
自我實現	**42.5**▼	♀
存在主義者	**25.2**▼	♂
休養	**25.5**▼	♃
沉著	**30.1**	♄
耐性	**2.3**▼	♅
過渡	**36.3**	♆
保守主義	**60.3**	♇

20.4　應用
　　與知行合一的人一起合作，才能將認知與覺察轉化為行動。

♃ ▲ 被學生超越的老師。
　　唯有透過他人，才能將覺知轉化為行動。老師。

☿ ▼ 傾向喜好理論，甚於應用。
　　以理論的方式表達覺知，對如何運用缺乏興趣。

5月

☽36 ䷖
16:09

☽25 ䷖
02:26

Wednesday, May 25th
midnight

14　　16　　18　　20　　　　2　　4　　6

25.05
2022

20.5

2022/05/25 10:06 TWN

注視
現實主義

農曆 4/25（三）

20-34　魅力
23-43　架構

日	**20.5**	**現實主義**
地	**34.5**	**殲滅**
月	▼**25.5**	**休養**
北交	**23.4**	**分裂**
南交	**43.4**	**死腦筋**
水	**8.5**	**達摩**
金	**42.6**	**培育**
火	▼**25.2**	**存在主義者**
木	▼**25.5**	**休養**
土	**30.1**	**沉著**
天	▼ **2.3**	**耐性**
海	**36.3**	**過渡**
冥	**60.3**	**保守主義**

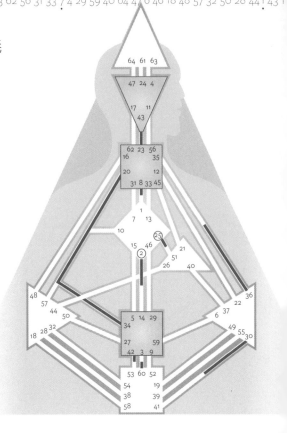

20.5　現實主義

沉思，無法保證成功。

♄ ▲ 專注於細節，才能完美呈現。
透過細節，成功傳遞覺知。

♅ ▼ 現實充滿不滿，增添不確定性。
看見現實中令人不滿的地方，傳遞當下的覺知。

☽17 ䷀
12:50

♀3 ䷀
20:23

☽21 ䷀
23:20

Thursday, May 26th
midnight

25.05
2022

14　　16　　18　　20　　22　　midnight　4　　6

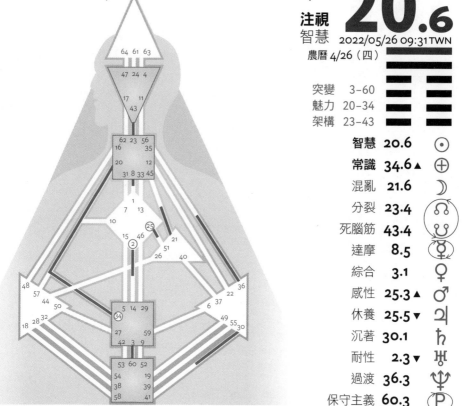

注視 **20.6**
智慧　2022/05/26 09:31 TWN
農曆 4/26（四）

突變　3-60
魅力　20-34
架構　23-43

智慧	**20.6**	⊙
常識	**34.6▲**	⊕
混亂	**21.6**	☾
分裂	**23.4**	☊
死腦筋	**43.4**	☋
達摩	**8.5**	☿
綜合	**3.1**	♀
感性	**25.3▲**	♂
休養	**25.5▼**	♃
沉著	**30.1**	♄
耐性	**2.3▼**	♅
過渡	**36.3**	♆
保守主義	**60.3**	♇

20.6　智慧

沉思，帶來運用理解的能力。

♀ ▲ 基於社會福祉、價值、理想與大眾的既定模式，創立體制，以大眾能理解運用的方式來溝通。
　　有能力能轉化個人覺知，將之普及、運用，讓大眾能理解。

☿ ▼ 與上述相同，只是出發點是為了挑戰心智，從中獲得滿足，而非利他。
　　智識層面的挑戰，轉化個人覺知，為大眾所用。

5月

51 ☷　　　　　　　　　　☽42 ☷　　　　　　　　　　☽3 ☷
9:56　　　　　　　　　　20:37　　　　　　　　　　07:23

Friday, May 27th
midnight

2　　　14　　　16　　　18　　　20　　　　　　2　　　4　　　6

27.05 2022

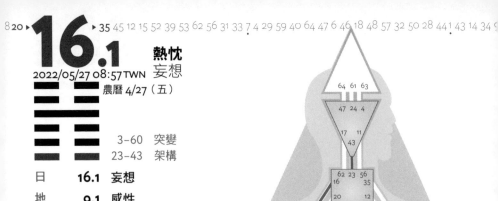

16.1

熱忱
妄想

2022/05/27 08:57 TWN

農曆 4/27（五）

3-60	突變	
23-43	架構	

日	**16.1**	**妄想**
地	**9.1**	**感性**
月	**3.1**	**綜合**
北交	**23.4**	**分裂**
南交	**43.4**	**死腦筋**
水 ▼	**8.4**	**尊重**
金	**3.2**	**未成熟**
火 ▲	**25.4**	**生存**
木 ▼	**25.5**	**休養**
土	**30.1**	**沉著**
天 ▼	**2.3**	**耐性**
海	**36.3**	**過渡**
冥	**60.3**	**保守主義**

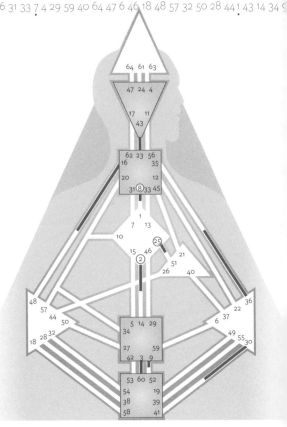

16.1　妄想
　　虛假的熱情。

⊕ ▲ 做白日夢的人。
　　透過做白日夢來展現才華。

☿ ▼ 向大眾傳播未能實現的主張。
　　將幻想說成事實的傾向。

5
月

☾27
18:15

☾24
05:11

Saturday, May 28th
midnight

27.05
2022

12　　14　　16　　18　　20　　2　　4

16.2

熱忱
憤世嫉俗的人　2022/05/28 08:22 TWN
農曆 4/28（六）

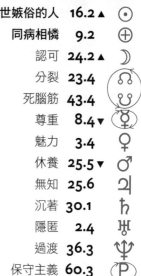

突變　3-60
架構　23-43

憤世嫉俗的人	**16.2** ▲	☉
同病相憐	**9.2**	⊕
認可	**24.2** ▲	☽
分裂	**23.4**	☊
死腦筋	**43.4**	☋
尊重	**8.4** ▼	☿
魅力	**3.4**	♀
休養	**25.5** ▼	♂
無知	**25.6**	♃
沉著	**30.1**	♄
隱匿	**2.4**	♅
過渡	**36.3**	♆
保守主義	**60.3**	♇

16.2　憤世嫉俗的人

尖銳戳破別人的誇大其辭。

☉ ▲ 無視花言巧語，憑一己之力，能客觀評論一切。
　　　表達客觀評論的技巧。

☿ ▼ 強迫症的憤世者，憤世嫉俗的評論，是熱情的來源。
　　　以嘲諷來表達客觀。

5 月

☽ 2 ▦
16:12
Sunday, May 29th
midnight

☽ 23 ▦
03:17

29.05
2022

12　　14　　16　　18　　20　　　　　2　　4

16.3 熱忱
獨立

2022/05/29 07:49 TWN

農曆 4/29（日）

3-60　突變
23-43　架構

日	**16.3**	獨立
地	▲ **9.3**	壓垮駱駝的最後一根稻草
月	**23.3**	個體性
北交	**23.4**	分裂
南交	**43.4**	死腦筋
水	**8.3**	虛假
金	**3.5**	受害
火	**25.6**	無知
木	**25.6**	無知
土	**30.1**	沉著
天	**2.4**	隱匿
海	**36.3**	過渡
冥	**60.3**	保守主義

16.3　獨立

發自內心，延續燃燒的熱情。

☽ ▲ 在對的時機點，才能保有韻律，避免過度膨脹。
具備個別技能，擁有潛藏才能，在適當的時機與節奏得以展現。

♂ ▼ 過度自信的孩子，容易感到挫敗，必須依賴他人，才能重新點燃熱情，產生不必要的依賴。
需要別人來肯定其技能或才華。

5月

☽8 14:26

☽20 01:38

29.05
2022

Monday, May 30th
midnight

12　14　16　18　20　2　4

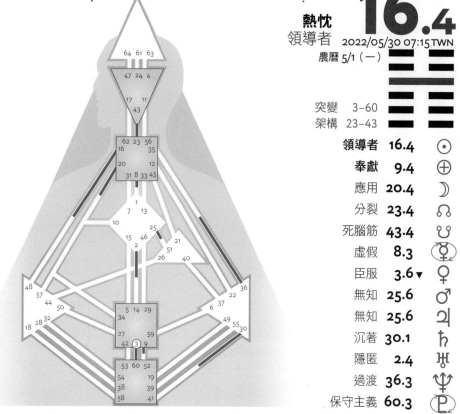

熱忱
16.4
領導者　2022/05/30 07:15 TWN

農曆 5/1（一）

突變	3-60	
架構	23-43	

領導者	**16.4**	☉
奉獻	**9.4**	⊕
應用	20.4	☽
分裂	23.4	☊
死腦筋	43.4	☋
虛假	8.3	☿
臣服	3.6▼	♀
無知	25.6	♂
無知	25.6	♃
沉著	30.1	♄
隱匿	2.4	♅
過渡	36.3	♆
保守主義	60.3	♇

16.4　領導者

真誠支持，辨識出別人的才能。

♃ ▲ 具備熱忱，服務於更高的目標。
　　有技巧能辨識，並支持他人發揮天賦。

♂ ▼ 煽動者。
　　拒絕支持或辨識他人的才能。

. . . .

♂17☷　☽16☷　♀27☷　　　　　☽35☷
12:18　12:53　15:44　　　　　00:11

Tuesday, May 31ᵗʰ
midnight

10　　12　　14　　16　　18　　20　　　　2

16.5

熱忱
聖誕怪傑

2022/05/31 06:42 TWN

農曆 5/2（二）

23-43　架構
35-36　無常

日	16.5	聖誕怪傑
地	▼ 9.5	相信
月	▲35.4	渴望
北交	23.4	分裂
南交	43.4	死腦筋
水	8.3	虛假
金	27.1	自私
火	▲ 17.1	開放
木	25.6	無知
土	30.1	沉著
天	2.4	隱匿
海	36.3	過渡
冥	60.3	保守主義

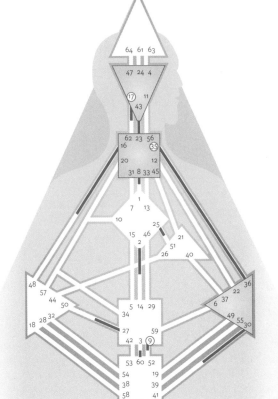

16.5　聖誕怪傑

拒絕熱情分享。

P ▲ 能讓一切不僅是激情，最後轉換成強大且持久的熱情，如同狄更生的小氣財神。
對表達自己的技能缺乏自信，需要他人的鼓勵。

☽ ▼ 熱情分享時，難免感到錯亂，牽制了個人層面的發展。當……時，為什麼我該高興……
對於鼓勵別人所帶來的價值，缺乏自信。

5月

☽45 11:31

☽12 22:53

31.05
2022

Wednesday, June 1st
midnight

10　　12　　14　　16　　18　　20　　2

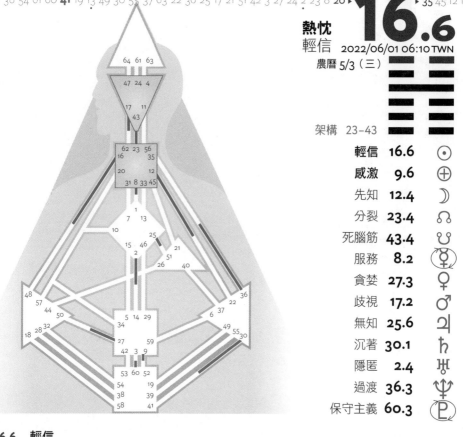

58 38 54 61 60 **41** 19 13 49 30 55 37 63 22 36 25 17 21 51 42 3 27 24 2 23 8 **20** ▸

▸ 35 45 12 15 5

熱忱 **16.6**
輕信 2022/06/01 06:10 TWN
農曆 5/3（三）

架構 23-43

輕信	**16.6**	☉
感激	**9.6**	⊕
先知	**12.4**	☽
分裂	**23.4**	☊
死腦筋	**43.4**	☋
服務	**8.2**	☿
貪婪	**27.3**	♀
歧視	**17.2**	♂
無知	**25.6**	♃
沉著	**30.1**	♄
隱匿	**2.4**	♅
過渡	**36.3**	♆
保守主義	**60.3**	♇

16.6 輕信
對傳播的敏感度。

♆ ▲ 經由體驗與研究，澆熄誤導所引發的激情。
評斷的才華，對別人的表達進行評估。

♃ ▼ 相同原則，但海王星位居此相位，所以先破壞，再尋求新型態。
無法評估他人傳遞的訊息。

6月

☽15 10:16

☽52 21:41

♃17 04:46

Thursday, June 2nd
midnight

02.06 2022

10   12   14   16   18   20   2

35.1

進展
謙遜

2022/06/02 05:38 TWN

農曆 5/4（四）

23-43　架構
35-36　無常

日	▼35.1	謙遜
地	▼ 5.1	毅力
月	52.5	解釋
北交	23.4	分裂
南交	43.4	死腦筋
水	8.2	服務
金	27.4	慷慨
火	17.3	理解
木	▲ 17.1	開放
土	30.1	沉著
天	2.4	隱匿
海	36.3	過渡
冥	60.3	保守主義

35.1　謙遜
接受拒絕的能力。

♀ ▲ 人生是藝術，接受拒絕也是過程中的一部分。
　　改變與拒絕都是過程，坦然接受。

♆ ▼ 面對拒絕，產生自我毀滅的反應。
　　喪失自我價值，將改變與拒絕視為屈辱。

6
月

☽39 09:06

☽53 20:31

Friday, June 3th
midnight

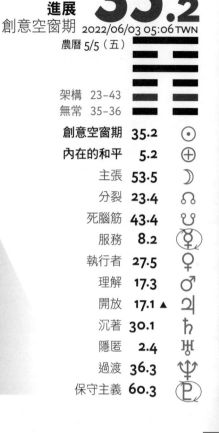

進展 **35.2**
創意空窗期 2022/06/03 05:06 TWN
農曆 5/5（五）

架構	23-43	
無常	35-36	
創意空窗期	**35.2**	☉
內在的和平	**5.2**	⊕
主張	**53.5**	☽
分裂	**23.4**	☊
死腦筋	**43.4**	☋
服務	**8.2**	☿
執行者	**27.5**	♀
理解	**17.3**	♂
開放	**17.1** ▲	♃
沉著	**30.1**	♄
隱匿	**2.4**	♅
過渡	**36.3**	♆
保守主義	**60.3**	♇

35.2 創意空窗期

缺乏靈感，毫無進展。

♀ ▲ 繆思變化莫測，與之調諧，認知到創意是能量，如浪潮般起落。
創意與靈感總是來來去去。

☽ ▼ 為了克服空虛感，認為要採取行動，然而行動卻很一般。平庸的行動無法帶來進展。
需要改變，恐懼停滯。

6
月

☽62 07:56

☽56 19:19

Saturday, June 4th
midnight

04.06
2022

8   10   12   14   16   18   20

35.3

進展
合作

2022/06/04 04:35 TWN

農曆 5/6（六）

23-43	架構
35-36	無常

日	▼ **35.3**	合作
地	**5.3**	強迫症
月	**56.5**	吸引注意力
北交	**23.4**	分裂
南交	**43.4**	死腦筋
水	**8.2**	服務
金	**27.6**	警惕
火	▼ **17.4**	人事經理
木	▲ **17.1**	開放
土	**30.1**	沉著
天	**2.4**	隱匿
海	**36.3**	過渡
冥	**60.3**	保守主義

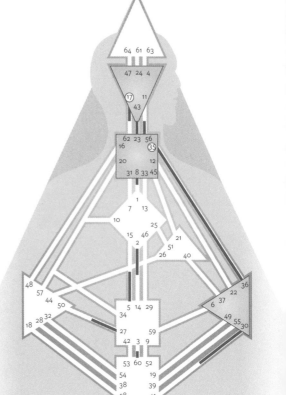

35.3 合作

團結就是力量。

2. ▲ 有效鼓舞眾人，能使個人與團體向外延伸。
能為大眾帶來漸進的變化。

⊙ ▼ 需要成為核心人物，而忽略他人的重要性。
需要成為前進的主軸。

6月

☽31 ☷ 06:40   ♀24 ☵ 10:42   ☽33 ☶ 17:59

Sunday, June 5th
midnight

04.06 2022   8   10   12   14   16   18   20

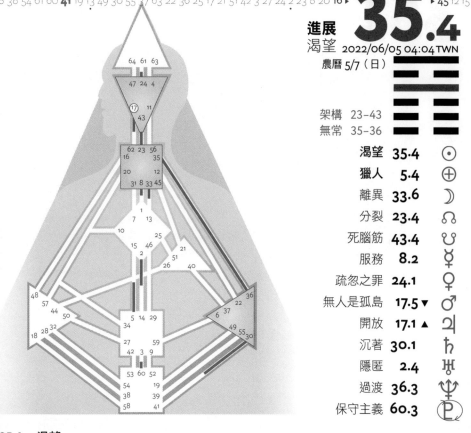

進展 **35.4**
渴望 2022/06/05 04:04 TWN
農曆 5/7（日）

架構 23-43
無常 35-36

渴望	**35.4**	☉
獵人	**5.4**	⊕
離異	**33.6**	☾
分裂	**23.4**	☊
死腦筋	**43.4**	☿
服務	**8.2**	♀
疏忽之罪	**24.1**	♂
無人是孤島	**17.5** ▾	♃
開放	**17.1** ▴	♄
沉著	**30.1**	♅
隱匿	**2.4**	♆
過渡	**36.3**	♇
保守主義	**60.3**	

35.4 渴望

貪求進步，永不滿足。

☾ ▴ 較不嚴峻。月有陰晴圓缺是最佳的比喻，驅動力宛如月盈月缺，逐步轉變，滿月時是執迷，隨著月亮變化，執迷也將逐步消退。
為改變而改變，隨年紀所累積的學習。

♂ ▾ 濫用地位，累積額外的好處，而這些不公平的奪取，必然會招來報應。
不斷前進的驅動力，終將得罪他人，導致交相指責。

6月

☾7 ⚎
05:15

☾4 ⚌
16:27

Monday, June 6th
midnight
06.06
2022

8   10   12   14   16   18   20

35.5

進展
利他主義
2022/06/06 03:34 TWN

農曆 5/8（一）芒種

23-43	架構
35-36	無常

日	35.5	利他主義
地	5.5	喜悅
月	4.6	超越
北交	23.4	分裂
南交	43.4	死腦筋
水	8.2	服務
金	▲24.3	上癮者
火	▼17.6	菩薩
木	▲17.1	開放
土	30.1	沉著
天	2.4	隱匿
海	36.3	過渡
冥	60.3	保守主義

35.5 利他主義
犧牲小我，完成大我。

☿ ▲ 為了成就整體利益，並持互動與和諧溝通的諸多原則。
不斷進步的溝通方式，能為整體帶來有益的變化。

♃ ▼ 木星位於下降相位，雖然強調利他而相互合作，互動過程中，個人卻因此而失去擴展的
可能，暗自懊悔。
雖然在溝通層面一直進步，卻在個人層面，常常感覺自己失去發展的可能性。

6月

♂21 02:58

☽29 03:35

☽59 14:37

☽40 01:33

06.06 2022

8 10 12 14 16 18 20 **Tuesday, June 7th** midnight

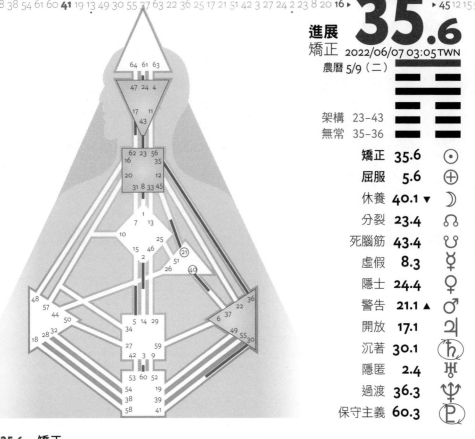

進展 **35.6**

矯正 2022/06/07 03:05 TWN

農曆 5/9（二）

架構	23-43
無常	35-36

矯正	**35.6**	☉
屈服	**5.6**	⊕
休養	**40.1** ▼	☽
分裂	**23.4**	☊
死腦筋	**43.4**	☋
虛假	**8.3**	☿
隱士	**24.4**	♀
警告	**21.1** ▲	♂
開放	**17.1**	♃
沉著	**30.1**	♄
隱匿	**2.4**	♅
過渡	**36.3**	♆
保守主義	**60.3**	♇

35.6 矯正

修正的能量。

♄ ▲ 宛如結晶的過程，充滿野心，確保修正及時並有效。
　　修正帶來漸進式的變革。

♂ ▼ 破壞性的傾向。如此嚴厲的方式，或許對個人來說是必要的，但若想普及，將引發抗拒，
　　反倒強化現況，而無法矯正。
　　若想以嚴苛，甚至拆解的形式改變，必然招來抗拒。

6月

☽64 ䷶
12:23

☽47 ䷐
23:06

Wednesday, June 8th
midnight

6　　8　　10　　12　　14　　16　　18　　20

45.1

聚集在一起
遊説

2022/06/08 02:35 TWN 遊説

農曆 5/10（三）

| | 21–45 | 金錢線 |
| | 23–43 | 架構 |

日	▼45.1	遊説
地	26.1	一鳥在手
月	47.2	野心
北交	23.4	分裂
南交	43.4	死腦筋
水	8.3	虛假
金	24.5	自白
火	▲ 21.1	警告
木	17.1	開放
土	30.1	沉著
天	2.4	隱匿
海	36.3	過渡
冥	60.3	保守主義

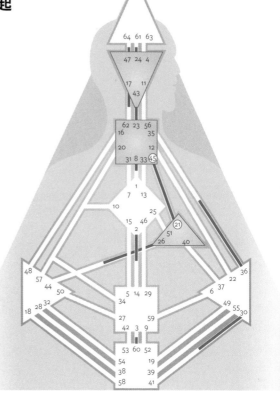

45.1　遊說

♃ ▲ 教化還未效忠的人，擁有推廣與發展能力，集結眾人。
　　物質層面的發展方向，首重教育。

♂ ▼ 過度熱心，將遊說變成傳教，換來的疏遠，而非凝聚力。
　　物質層面的驅動力，帶來激進的教育。

☾6 09:42

☾46 20:09

聚集在一起 **45.2**

共識 2022/06/09 02:07 TWN

農曆 5/11（四）

金錢線　21-45
架構　23-43

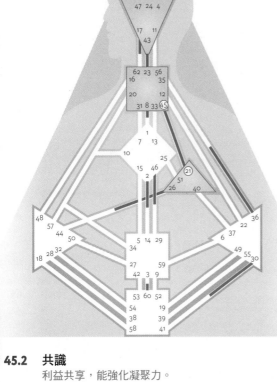

共識	**45.2** ▼	☉
歷史的教訓	**26.2**	⊕
影響	**46.4**	☽
分裂	**23.4**	☊
死腦筋	**43.4**	☋
虛假	**8.3**	☿
挑惕	**24.6**	♀
強權即公理	**21.2** ▲	♂
歧視	**17.2**	♃
沉著	**30.1**	♄
隱匿	**2.4**	♅
過渡	**36.3**	♆
果斷	**60.2**	♇

45.2　共識

利益共享，能強化凝聚力。

♅ ▲ 若彼此有共識，能一起評估，就有機會創新，建立新技術。
為了利益他人，提供技術，指出物質層面的方向。

♂ ▼ 天生叛逆，拒絕墨守成規。
在物質層面，拒絕他人的作法。

6月

♀2 ☰
05:18
☽18 ☷
06:29
☽48 ☷
16:41

Friday, June 10th
midnight

6　　8　　10　　12　　14　　16　　18　　20

45.3

聚集在一起
排除在外

2022/06/10 01:38 TWN

農曆 5/12（五）

21–45	金錢線
23–43	架構

日	▼45.3	排除在外
地	26.3	影響
月	▼48.6	自我滿足
北交	23.4	分裂
南交	43.4	死腦筋
水	▼ 8.4	尊重
金	2.2	天才
火	21.3	無力
木	17.2	歧視
土	30.1	沉著
天	▲ 2.4	隱匿
海	36.3	過渡
冥	60.2	果斷

45.3　排除在外

♆ ▲ 當被排除在外，有能力採取必要措施，來中止老舊形式。為求被納入內圈，不惜受辱。
憑藉本能，在物質層面找到路徑，再度成為圈內人。

♂ ▼ 若被排除在外，會出現激進，並且往往是爆裂的反應。
在實質層面，未能被納入時，所表現出來的挫敗感。

6月

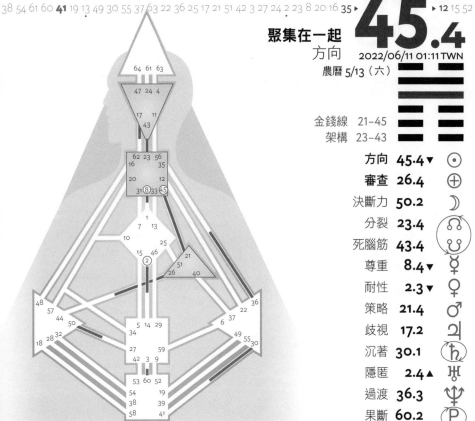

聚集在一起 # 45.4

方向

2022/06/11 01:11 TWN

農曆 5/13（六）

金錢線　21-45
架構　23-43

方向	**45.4** ▼	☉
審查	**26.4**	⊕
決斷力	**50.2**	☾
分裂	**23.4**	☊
死腦筋	**43.4**	☋
尊重	**8.4** ▼	☿
耐性	**2.3** ▼	♀
策略	**21.4**	♂
歧視	**17.2**	♃
沉著	**30.1**	♄
隱匿	**2.4** ▲	♅
過渡	**36.3**	♆
果斷	**60.2**	♇

45.4　方向

♃ ▲ 登高一呼，能聚眾為更高原則而服務。
　　在實質層面展現更高原則。

♂ ▼ 基於個人利益，試圖左右群眾的行動與方向。
　　在實質層面，欠缺更高原則的具體展現。

6
月

☾28 ䷗
08:07

☾44 ䷘
17:39

Sunday, June 12th
midnight

4　　6　　8　　10　　12　　14　　16　　18　　20

45.5

聚集在一起
領導力

2022/06/12 00:43 TWN

農曆 5/14（日）

21-45	金錢線	
23-43	架構	
26-44	投降	

日	**45.5**	**領導力**
地	**26.5**	**適應力**
月	**44.5**	操作
北交	**23.4**	分裂
南交	**43.4**	死腦筋
水	**8.5**	達摩
金 ▲	**2.4**	隱匿
火	**21.4**	策略
木	**17.2**	歧視
土	**30.1**	沉著
天 ▲	**2.4**	隱匿
海	**36.3**	過渡
冥	**60.2**	果斷

45.5 領導力

聚集群眾要有核心意義，並且要能聚焦。

♆ ▲ 具有直覺的智慧，以及創新的天賦，能強化團體功能，推崇核心價值，永續經營。
在實質世界，展現領導力的天賦。

♃ ▼ 知道何謂正確的行動，卻尚未贏得應有的尊重。
具有領導力，還未被賦予重任。

6月

☽1 ☰ 03:04

☽43 ☰ 12:23

☽14 ☰ 21:36

Monday, Jun

12.06
2022

4   6   8   10   12   14   16   18   20   mic

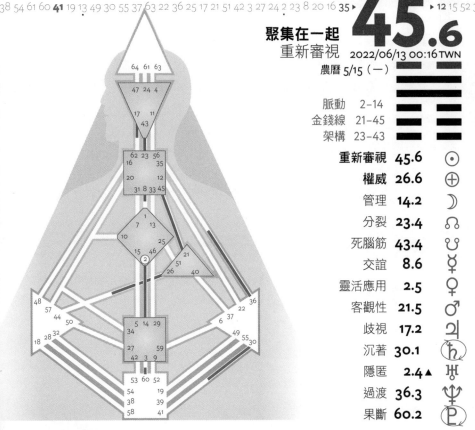

聚集在一起 # 45.6
重新審視   2022/06/13 00:16 TWN
農曆 5/15（一）

脈動	2-14
金錢線	21-45
架構	23-43

重新審視	**45.6**	⊙
權威	**26.6**	⊕
管理	14.2	☽
分裂	23.4	☊
死腦筋	43.4	☋
交誼	8.6	☿
靈活應用	2.5	♀
客觀性	21.5	♂
歧視	17.2	♃
沉著	30.1	♄
隱匿	2.4▲	♅
過渡	36.3	♆
果斷	60.2	♇

45.6 重新審視

承認之前摒棄局外人是錯誤，重新接受並納入群體。

♅ ▲ 對於局外人的心態，他們的古怪，以及常被人誤解的邏輯，天生就能同理。
為局外人服務，在物質層面帶來新趨勢。

♃ ▼ 天王星是創新，為局外人找到定位。木星在此則要求服從。
焦點放在如何制約局外人，意圖使其順從，這就是現實的趨勢。

6月

☽34   ☽9   ♀23
06:44   15:47   23:35

4   6   8   10   12   14   16   18   20   **13.06** 2022

12.1

靜止不動
修道士、僧侶

2022/06/13 23:49 TWN

農曆 5/15（一）

23-43　架構

日		**12.1**	修道士、僧侶
地		**11.1**	和調
月	▲	**9.6**	感激
北交		**23.4**	分裂
南交		**43.4**	死腦筋
水		**8.6**	交誼
金		**23.1**	傳教
火		**21.6**	混亂
木		**17.2**	歧視
土		**30.1**	沉著
天		**2.4**	隱匿
海		**36.3**	過渡
冥		**60.2**	果斷

12.1　修道士、僧侶
避世，需要社群的支持來維持。

♀ ▲ 美與和諧，超越誘惑的可能性。
若能得到他人支持，就能脫離社會並展現箇中價值。

♃ ▼ 敘利亞苦修者西蒙・斯泰萊特（Simeon Stylites），在一根高塔上生活三十七年，徹底抽離，往往近乎荒誕。
在社交上表現出荒謬的方式，情感的連結近乎抽離。

6月

☽5▤　☿20▥　　☽26▥　　☽11▥　♂51▥
00:46　03:27　　09:43　　18:37　19:22

Tuesday, June 14ᵗʰ
midnight　　4　　6　　8　　10　　12　　14　　16　　18　　20

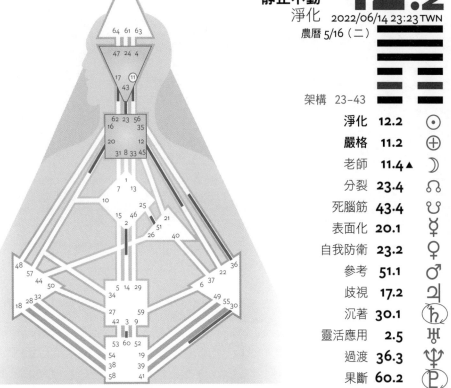

靜止不動 12.2

淨化　　2022/06/14 23:23 TWN

農曆 5/16（二）

架構　23-43

淨化	**12.2**	⊙
嚴格	**11.2**	⊕
老師	**11.4**▲	☽
分裂	**23.4**	☊
死腦筋	**43.4**	☋
表面化	**20.1**	☿
自我防衛	**23.2**	♀
參考	**51.1**	♂
歧視	**17.2**	♃
沉著	**30.1**	♄
靈活應用	**2.5**	♅
過渡	**36.3**	♆
果斷	**60.2**	♇

12.2　淨化

嚴謹地從負面的影響力中抽離。

♄ ▲ 自律，保有單純的狀態。
　　嚴守分際，謹慎遵循社會規範。

☿ ▼ 缺乏刺激，感覺無聊。
　　謹慎小心最後就是無趣，表達對刺激的渴望。

6月

☽ 10 ䷀　03:29

☽ 58 ䷒　12:21

☽ 38 ䷥　21:12

dnesday, June 15th

night　　4　　6　　8　　10　　12　　14　　16　　18　　20

15.06

2022

12.3

靜止不動
自白

2022/06/15 22:57 TWN

農曆 5/17（三）

23–43　架構

日	**12.3**	自白
地	**11.3**	現實主義者
月	▼**38.2**	彬彬有禮
北交	**23.4**	分裂
南交	**43.4**	死腦筋
水	**20.2**	獨斷者
金	**23.3**	個體性
火	**51.1**	參考
木	**17.3**	理解
土	**30.1**	沉著
天	**2.5**	靈活應用
海	**36.3**	過渡
冥	**60.2**	果斷

12.3　自白

自我分析的過程。

♆ ▲ 承認不足，放下不必要的虛榮。
　　在社交上表現得不得體，引發自我檢視，也導致小心謹慎的傾向。

♂ ▼ 有悖常理，常常陷入誇大的自我憎恨。
　　社交互動層面深感不足，感覺自我憎恨。

6月

☽54 06:05

☽61 15:00

Thursday, June 16th

midnight　　4　　6　　8　　10　　12　　14　　16　　18　　20

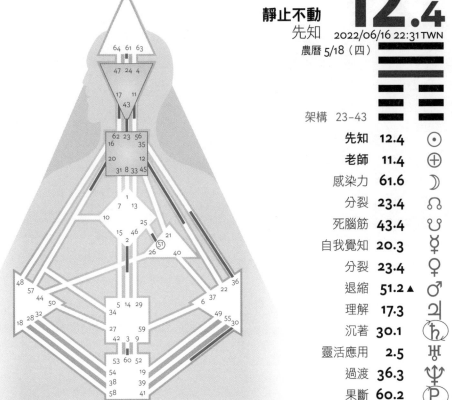

12.4

靜止不動
先知 2022/06/16 22:31 TWN
農曆 5/18（四）

架構 23-43

先知	**12.4**	☉
老師	**11.4**	⊕
感染力	**61.6**	☽
分裂	**23.4**	☊
死腦筋	**43.4**	☋
自我覺知	**20.3**	☿
分裂	**23.4**	♀
退縮	**51.2** ▲	♂
理解	**17.3**	♃
沉著	**30.1**	♄
靈活應用	**2.5**	♅
過渡	**36.3**	♆
果斷	**60.2**	♇

12.4　先知

面對進入尾聲的停滯期，有能力預見並計畫。

⊕ ▲ 替停滯的現況注入活水，為公眾事務做準備。
能預知社交的需求，並且有能力充分表達，一直到劃下句點都謹慎以對。

☿ ▼ 來自曠野之聲（比喻無人理會的改革之聲）。
表達社交的需求，卻無法振聲啟聵。

6月

☽60 ䷀
23:57
☽41 ䷀
08:57
☽19 ䷀
18:03
Friday, June 17th
midnight　　4　　6　　8　　10　　12　　14　　16　　18
17.06
2022

12.5

靜止不動
實用主義者

2022/06/17 22:05 TWN

農曆 5/19（五）

23-43　架構

日	▲	**12.5**	實用主義者
地		**11.5**	慈善家
月	▼	**19.3**	奉獻
北交		**23.4**	分裂
南交		**43.4**	死腦筋
水	▼	**20.4**	應用
金		**23.5**	同化
火		**51.3**	適應
木		**17.3**	理解
土		**30.1**	沉著
天		**2.5**	靈活應用
海		**36.3**	過渡
冥		**60.2**	果斷

12.5　實用主義者

成功自制，當某個階段結束，不會忘記學到的課題。

⊙ ▲ 光明，總會意識到黑暗存在。
社交經驗的累積，懂得凡事要謹慎以對。

♂ ▼ 傾向只記得最痛苦的教訓。
謹慎是制約，來自於最痛苦的社會歷練。

6月

☽13　☷

03:11

☽49　☶

12:26

♀8　☴

17:30

Saturday, June 18th

midnight　4　6　8　10　12　14　16　18

靜止不動

12.6

質變

2022/06/18 21:39 TWN

農曆 5/20（六）

架構　23-43

質變	**12.6▲**	☉
適應力	**11.6**	⊕
吸引力	**49.6**	☽
分裂	**23.4**	☊
死腦筋	**43.4**	☋
現實主義	**20.5**	☿
誠實	**8.1**	♀
極限	**51.4**	♂
理解	**17.3**	♃
沉著	**30.1**	♄
靈活應用	**2.5**	♅
過渡	**36.3**	♆
果斷	**60.2**	♇

12.6　質變

有信心，運用能量朝改變邁進，從停滯中開展。

☉ ▲ 若與22號閘門相連，接通開放的通道，將帶來創意的全面進化，成功引發突變，產生新的社交型態。
突變的能力，表達全新社交型態。

⊕ ▼ 退行性變態，面對靜止，演化出全新的適應模式。
完美調整，謹慎以對，可以接受社交面的諸多限制。

6月

☽30　21:47　　　☽55　07:14　　　☽37　16:49

15.1

謙遜
職責

2022/06/19 21:14 TWN

農曆 5/21（日）

| | 10-20 | 覺醒 |
| | 23-43 | 架構 |

日	**15.1**	**職責**
地	**10.1**	**謙遜**
月	**37.3**	平等對待
北交	**23.4**	分裂
南交	**43.4**	死腦筋
水	▼**20.6**	智慧
金	**8.2**	服務
火	**51.4**	極限
木	**17.3**	理解
(土)	**30.1**	沉著
天	**2.5**	靈活應用
海	**36.3**	過渡
(冥)	**60.2**	果斷

15.1 **職責**

為所期待，處理各種挑戰的能力。

♀ ▲ 和諧的人際關係，足以提供支持來達成各種任務。
經由各種極端與和諧的關係，能獨力面對任何挑戰。

♂ ▼ 提出各種激進的主張，造成疏離。
透過自身的極端，與人疏離。

6月

♀16 ☽63 ☽22

02:07 02:32 12:22

19.06 **Monday, June 20th**

2022 midnight 4 6 8 10 12 14 16 18

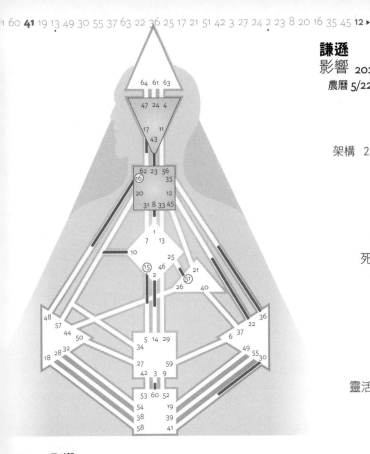

謙遜 **15.2**
影響 2022/06/20 20:48 TWN
農曆 5/22（一）

架構 23–43

影響	**15.2** ▲	⊙
隱士	**10.2**	⊕
成熟	**22.6**	☽
分裂	**23.4**	☊
死腦筋	**43.4**	☋
妄想	**16.1** ▼	☿
虛假	**8.3**	♀
對稱	**51.5** ▼	♂
理解	**17.3**	♃
沉著	**30.1**	♄
靈活應用	**2.5**	♅
過渡	**36.3**	♆
果斷	**60.2**	♇

15.2 影響

⊙ ▲ 態度謙遜加上行動正確，會帶來持久的標準。
能接受自己，視自身的極端是正確的。

⊕ ▼ 太陽坐落的位置，通常都是天生的，而地球在此則屬於人為，但無損於其力量，還是能獲得預期中的效果。
善用本性中的極端之處，來影響他人。

6月

☽36 ⚎   ☽25 ⚏   ☽17 ⚎
22:20   08:27   18:42

Tuesday, June 21th
midnight   4   6   8   10   12   14   16

21.06

15.3

2022/06/21 20:23 TWN

謙遜
自我膨脹

農曆 5/23（二）夏至

23-43　架構

日	**15.3**	自我膨脹
地	▲ **10.3**	烈士
月	**17.1**	開放
北交	**23.4**	分裂
南交	**43.4**	死腦筋
水	**16.3**	獨立
金	**8.4**	尊重
火	**51.6**	分割
木	**17.3**	理解
土	**30.1**	沉著
天	**2.5**	靈活應用
海	**36.3**	過渡
冥	**60.2**	果斷

15.3　自我膨脹

被認定為謙虛自持，將會出現自我毀滅的風險。

⊕ ▲ 為了持續獲得認同，故作謙虛，就算顯得負面做作，也是有效的策略。
將自己的極端當成策略，操控生命之流。

☿ ▼ 抱持「我早說過了」的心態。
能直指別人的極端之處。

☽21 **05:05**　♂42 **13:45**　☽51 **15:35**

21.06
2022

Wednesday, June 22ᵗʰ
midnight　4　6　8　10　12　14　16　1

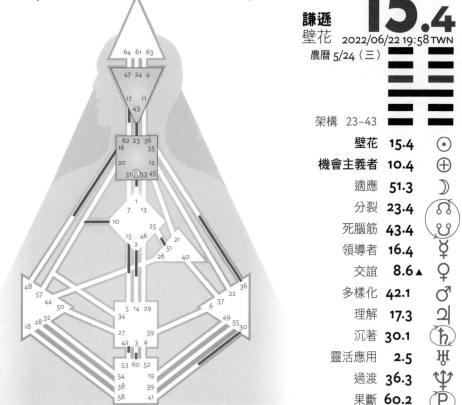

1 60 **41** 19 13 49 30 55 37 63 22 36 25 17 21 51 42 3 27 24 2 23 8 20 16 35 45 **12** ▶   ▶ 52 39 53 62

謙遜
壁花   2022/06/22 19:58 TWN
農曆 5/24（三）

15.4

架構　23-43	
壁花	**15.4** ⊙
機會主義者	**10.4** ⊕
適應	**51.3** ☽
分裂	**23.4** ☊
死腦筋	**43.4** ☋
領導者	**16.4** ☿
交誼	**8.6**▲ ♀
多樣化	**42.1** ♂
理解	**17.3** ♃
沉著	**30.1** ♄
靈活應用	**2.5** ♅
過渡	**36.3** ♆
果斷	**60.2** ♇

15.4 壁花

將謙遜當成外殼，免得暴露自身的不足。

♃ ▲ 真誠的狀態，或許可以（或不可以）掩蓋不足。
跳脫生命之流時，自己感到不自在。

♄ ▼ 最終薄弱的辯護，只會自曝其短，招來屈辱。
極端主義令自我無法流動。

6月

☽42   ♀20   ☽3
02:14   11:06   12:59

Thursday, June 23th

midnight   4   6   8   10   12   14   16

23.06
2022

2

15.5

謙遜
敏感性

2022/06/23 19:32 TWN

農曆 5/25（四）

3–60	突變
10–20	覺醒
23–43	架構

日	15.5	敏感性
地	10.5	異端者
月	3.4	魅力
北交	23.4	分裂
南交	43.4	死腦筋
水	16.5	聖誕怪傑
金	▲20.1	表面化
火	42.1	多樣化
木	▼ 17.4	人事經理
土	30.1	沉著
天	2.5	靈活應用
海	36.3	過渡
冥	60.2	果斷

15.5 敏感性

察覺原本平衡的行為需要調整，才能順應環境變化的需求。

김 ▲ 成長的力量。
透過各種極端，展現自我成長的能力。

ㄹ ▼ 過度補償的傾向。
內在不斷補償，過度之後反倒干擾了生命之流。

6月

☽27 23:51

Friday, June 24th
midnight   4   6   8   10   12   14   16

☽24 10:49 ☿35 13:13

15.6

▸ 52 39 53 62

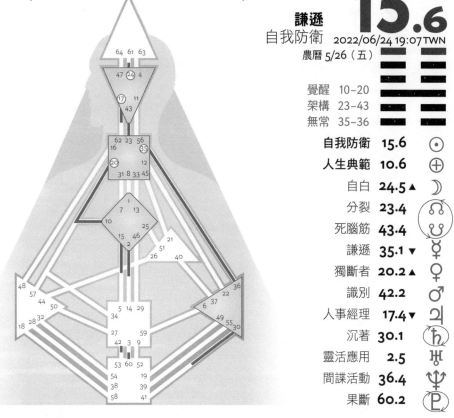

謙遜
自我防衛

2022/06/24 19:07 TWN

農曆 5/26（五）

覺醒　10–20
架構　23–43
無常　35–36

自我防衛	**15.6**	☉
人生典範	**10.6**	⊕
自白	**24.5**▲	☽
分裂	**23.4**	☊
死腦筋	**43.4**	☋
謙遜	**35.1**▼	☿
獨斷者	**20.2**▲	♀
識別	**42.2**	♂
人事經理	**17.4**▼	♃
沉著	**30.1**	♄
靈活應用	**2.5**	♅
間諜活動	**36.4**	♆
果斷	**60.2**	♇

15.6　自我防衛

謙遜並不會被當成軟弱。

♇ ▲ 不斷重複檢驗，排除最弱的環節。
運用自我的力量探索極端，找出最大的弱點。

♀ ▼ 將和諧當成武器，傾向以此來解決問題，而非聚焦於治本。
為了和諧，弱點視而不見，自我的力量傾向以和為貴。

☽2 21:52　☽23 09:00

Saturday, June 25th

52.1 維持不動（山）
先思而後言

2022/06/25 18:42 TWN

農曆 5/27（六）

23-43　架構
35-36　無常

日	**52.1**	先思而後言
地	**58.1**	生命之愛
月	**23.6**	融合
北交	**23.4**	分裂
南交	**43.4**	死腦筋
水	**35.2**	創意空窗期
金	**20.3**	自我覺知
火	▲**42.3**	嘗試錯誤
木	▼ **17.4**	人事經理
土	**30.1**	沉著
天	**2.5**	靈活應用
海	**36.4**	間諜活動
冥	**60.2**	果斷

52.1　先思而後言

⊕ ▲ 暫停的片刻饒富深意，引發沉默。
　　安撫的能量，帶來靜止。

♂ ▼ 先吐為快，之後就要承擔後果。
　　無法靜下來的能量。

6月

☽8 ䷳
20:13

☽20 ䷳
07:29

25.06
2022

22

Sunday, June 26th
midnight　　4　　6　　8　　10　　12　　14

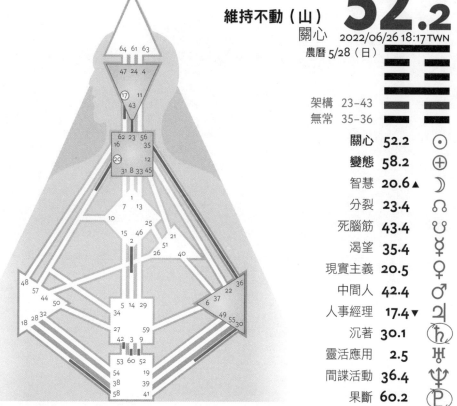

維持不動（山） 52.2

關心

2022/06/26 18:17 TWN

農曆 5/28（日）

架構	23-43
無常	35-36

關心	52.2	☉
變態	58.2	⊕
智慧	20.6▲	☽
分裂	23.4	☊
死腦筋	43.4	☋
渴望	35.4	☿
現實主義	20.5	♀
中間人	42.4	♂
人事經理	17.4▼	♃
沉著	30.1	♄
靈活應用	2.5	♅
間諜活動	36.4	♆
果斷	60.2	♇

52.2 關心

♀ ▲ 主張暫停，一開始是為了利他。
　　為了讓人獲益，先施壓抑制能量。

♂ ▼ 自私唐突地暫停，別人可能因而莫名受害。
　　被迫自私地抑制能量，別人卻付出代價。

6月

16 ▦
8:48

☽35 ▦
06:09

☽45 ▦
17:32

Monday, June 27ᵗʰ
midnight

27.06
2022

22   4   6   8   10   12   14

52.3

維持不動（山）
控制

2022/06/27 17:52 TWN

農曆 5/29（一）

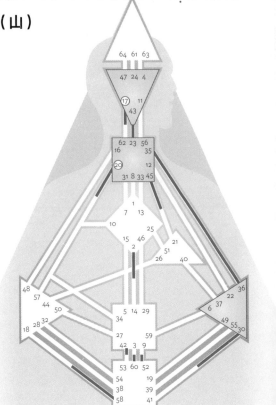

| | 23-43 | 架構 |
| 35-36 | 無常 |

日	**52.3**	控制
地	**58.3**	電流
月	**45.1**	遊說
北交	**23.4**	分裂
南交	**43.4**	死腦筋
水	**35.6**	矯正
金	▲**20.6**	智慧
火	**42.4**	中間人
木	▼ **17.4**	人事經理
⊕土	**30.1**	沉著
天	**2.5**	靈活應用
海	**36.4**	間諜活動
⊕冥	**60.2**	果斷

52.3 控制

向外展露無為。

♄ ▲ 基於本性，能了解限制，或許能進而接受，善用這段期間，重新制定策略。
接受無為的能量。

♀ ▼ 面對限制強烈不滿，擾亂原本的平靜，導致情感抽離，模糊了遠景。
限制所帶來的壓力，擾亂平靜。

♀16 ⚏ 04:23　　☽12 ⚏ 04:56　　☿45 ⚏ 07:33　　☽15 ⚏ 16:21

Tuesday, June 28th

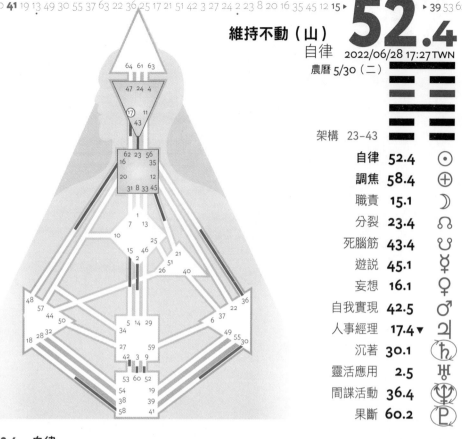

維持不動（山） # 52.4
自律 2022/06/28 17:27 TWN
農曆 5/30（二）

架構 23–43

自律	**52.4**	☉
調焦	**58.4**	⊕
職責	**15.1**	☽
分裂	**23.4**	☊
死腦筋	**43.4**	☋
遊說	**45.1**	☿
妄想	**16.1**	♀
自我實現	**42.5**	♂
人事經理	**17.4**▼	♃
沉著	**30.1**	♄
靈活應用	**2.5**	♅
間諜活動	**36.4**	♆
果斷	**60.2**	♇

52.4　自律

♄ ▲ 完美的自律與自制，能明快又明智地處理一時衝動，輕而易舉。
　　自制力，體會到靜止與專注相當有價值。

♃ ▼ 基於對現況的理解，明白控制也有準則，這是必然的結果，儘管早有應對之道，但基於
　　向外擴展的天性，仍然質疑又焦慮。
　　面對限制，湧現慌張的能量與疑慮。

6月

☽52 ䷎
03:46

☽39 ䷏
15:11

Wednesday, June 29th

20　　　22　　midnight　　4　　6　　8　　10　　12　　14

29.06
2022

52.5

維持不動（山）
解釋

2022/06/29 17:02 TWN

農曆 6/1（三）

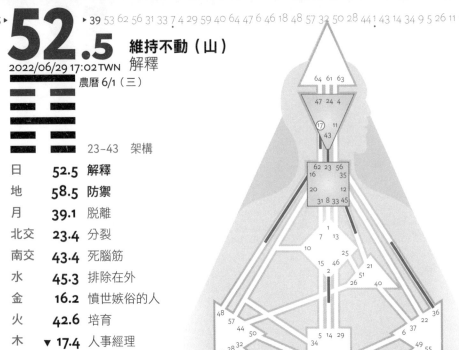

23–43　架構

日	**52.5**	**解釋**
地	**58.5**	**防禦**
月	**39.1**	脫離
北交	**23.4**	分裂
南交	**43.4**	死腦筋
水	**45.3**	排除在外
金	**16.2**	憤世嫉俗的人
火	**42.6**	培育
木 ▼	**17.4**	人事經理
(土)	**30.1**	沉著
天	**2.5**	靈活應用
(海)	**36.4**	間諜活動
(冥)	**60.2**	果斷

52.5　解釋

若是無為，要好好解釋自己的立場，這是非常重要的能力。

⊕ ▲ 常說出簡要精確的說法。
　　無為與專注，才能指向細節。

♇ ▼ 曲折迴旋，揭露神祕的本質，出乎意料之外，通常招致誤解。
　　若無為太久，容易失焦而無法顧及細節。

6月

☽53☰　02:35　　♂3☰　10:40　　☽62☰　13:59

Thursday, June 30th

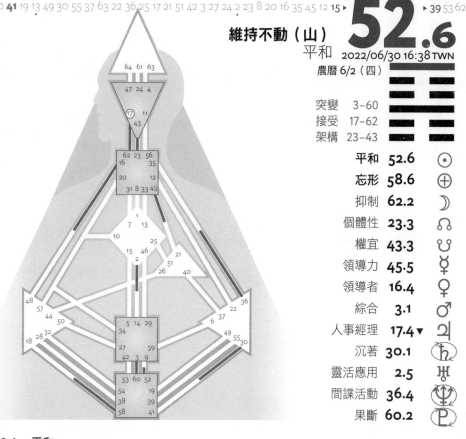

維持不動（山）

52.6

平和

2022/06/30 16:38 TWN

農曆 6/2（四）

突變	3-60	
接受	17-62	
架構	23-43	

平和	**52.6**	⊙
忘形	**58.6**	⊕
抑制	**62.2**	☽
個體性	**23.3**	☊
權宜	**43.3**	☋
領導力	**45.5**	☿
領導者	**16.4**	♀
綜合	**3.1**	♂
人事經理	**17.4**▼	♃
沉著	**30.1**	♄
靈活應用	**2.5**	♅
間諜活動	**36.4**	♆
果斷	**60.2**	♇

52.6 平和

♀ ▲ 調頻為和諧與平衡的狀態，無入而不自得。
　　靜下來，沒有壓力。

♆ ▼ 以妄想來取代真正的寧靜，在此代表正面的本質，就算是妄想，彷彿也會帶來真實的效果。
　　平衡極端，不論是真實或幻想所帶來的壓力，都不會干擾寧靜的狀態。

☽56䷿

01:21

☽31䷿ ☿12䷿

12:42 15:37

Friday, July 1st

midnight

01.07
2022

20　　22　　　　4　　6　　8　　10　　12

39.1

阻礙
脫離

2022/07/01 16:13 TWN

農曆 6/3（五）

3–60	突變
23–43	架構

日	**39.1**	脫離
地	**38.1**	素質
月	**31.2**	傲慢
北交	**23.3**	個體性
南交	**43.3**	權宜
水	**12.1**	修道士、僧侶
金	**16.5**	聖誕怪傑
火	**3.1**	綜合
木 ▼	**17.4**	人事經理
(土)	**30.1**	沉著
天	**2.5**	靈活應用
(海)	**36.4**	間諜活動
(冥)	**60.2**	果斷

7月

39.1 脫離

♂ ▲ 面對阻礙時，決定暫時撤退。
挑釁的能量，拒絕面對阻礙。

☿ ▼ 脫離。優柔寡斷，思考何時能再重建關係。若不確定如何重新投入，不想面對阻礙。
猶豫不決也是激怒的形式。

☽33

☽7

00:00

11:17

Saturday, July 2ⁿᵈ
midnight   4   6   8   10   12

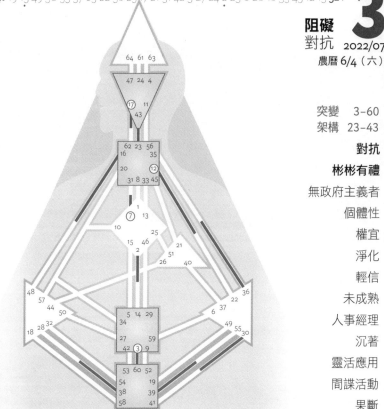

阻礙 **39.2**
對抗　2022/07/02 15:48 TWN
農曆 6/4（六）

突變	3-60	
架構	23-43	
對抗	**39.2**	☉
彬彬有禮	**38.2**	⊕
無政府主義者	**7.3** ▲	☽
個體性	**23.3**	☊
權宜	**43.3**	☋
淨化	**12.2** ▼	☿
輕信	**16.6**	♀
未成熟	**3.2** ▲	♂
人事經理	**17.4** ▼	♃
沉著	**30.1**	♄
靈活應用	**2.5**	♅
間諜活動	**36.4**	♆
果斷	**60.2**	♇

7月

39.2　對抗

☽ ▲ 出於本能，面對障礙直接迎擊。
　　 直接攻擊，挑釁的能量。

♃ ▼ 為求保全，面對本應處理的障礙，傾向繞道而行。
　　 就算直接攻擊是必要的，依然在情感上帶來衝擊。

♀ 35 ☷　　　☽ 4 ☷　　　　　　　　☽ 29 ☷
21:22　　　 22:30　　　　　　　　　 09:40

Sunday, July 3th
midnight

03.07
2022

8　　 20　　 22　　 midnight　　 4　　 6　　 8　　 10　　 12

39.3 阻礙
責任

2022/07/03 15:24 TWN

農曆 6/5（日）

3-60	突變
23-43	架構
35-36	無常

日		**39.3**	責任
地	▼	**38.3**	結盟
月		**29.4**	直接
北交		**23.3**	個體性
南交		**43.3**	權宜
水	▼	**12.4**	先知
金	★	**35.1**	謙遜
火	▼	**3.3**	生存
木		**17.5**	無人是孤島
土		**30.1**	沉著
天		**2.5**	靈活應用
海		**36.3**	過渡
冥		**60.2**	果斷

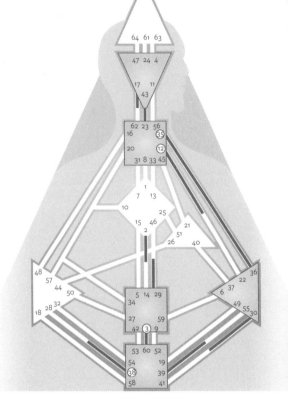

7月

39.3 責任

若失敗會讓別人身陷險境，就會避免面對障礙。

♃ ▲ 著眼於誰獲益，以整體架構為首要考量。
透過自我犧牲，展現挑釁的能量。

⊕ ▼ 常常預設會發生災難，擔憂若沒有面對阻礙，他人將陷於更大的險境之中。
並未犧牲，行為依然散發挑釁的能量。

03.07
2022
28

☽59 20:46

☽40 07:49

Monday, July 4th
midnight

20   22   4   6   8   10   12

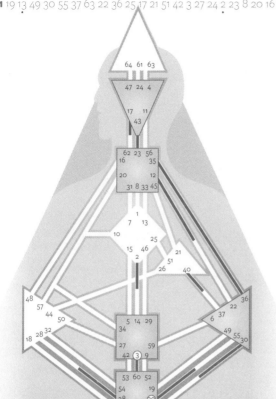

阻礙 **39.4**
節制 2022/07/04 15:00 TWN
農曆 6/6（一）

突變	3–60	
架構	23–43	
無常	35–36	

節制	**39.4**▼	☉
調查	**38.4**	⊕
組織	**40.4**	☽
個體性	**23.3**	☊
權宜	**43.3**	☋
質變	**12.6**	☿
合作	**35.3**	♀
魅力	**3.4**▼	♂
無人是孤島	**17.5**	♃
沉著	**30.1**	♄
靈活應用	**2.5**	♅
過渡	**36.3**	♆
果斷	**60.2**	♇

7月

39.4 節制
採取行動之前，仔細評估衡量。

☽ ▲ 確立適當的時機，善用感受與本能。
在最正確的時機點，施力挑釁。

☉ ▼ 錯誤的信念，不顧環境因素，只須憑藉意志力就能克服阻礙。
忽視環境因素，挑釁的能量。

☿15 ☽64
16:44 18:46

☽47
05:39

Tuesday, July 5th
midnight

05.07
2022

18   20   22   4   6   8   10

39.5

阻礙
專心致志

2022/07/05 14:35 TWN

農曆 6/7（二）

3–60	突變
23–43	架構
35–36	無常

日	**39.5**	專心致志
地	**38.5**	疏離
月	**47.5**	聖人
北交	**23.3**	個體性
南交	**43.3**	權宜
水	**15.2**	影響
金	**35.4**	渴望
火	▼ **3.4**	魅力
木	**17.5**	無人是孤島
(土)	**30.1**	沉著
天	**2.5**	靈活應用
(海)	**36.3**	過渡
(冥)	**60.2**	果斷

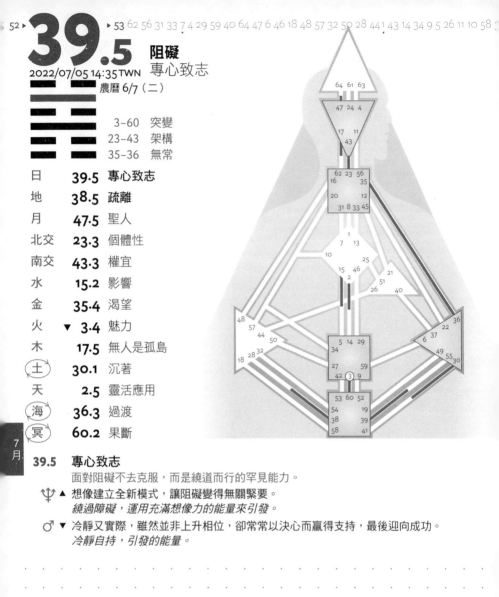

39.5 專心致志

面對阻礙不去克服，而是繞道而行的罕見能力。

Ψ ▲ 想像建立全新模式，讓阻礙變得無關緊要。
繞過障礙，運用充滿想像力的能量來引發。

♂ ▼ 冷靜又實際，雖然並非上升相位，卻常常以決心而贏得支持，最後迎向成功。
冷靜自持，引發的能量。

☽ 6 ☰
16:26
☽ 46 ☰
03:07
♄ 49 ☰
05:02
☽ 18 ☰
13:42

05.07
2022

Wednesday, July 6th
midnight

18   20   22   4   6   8   10

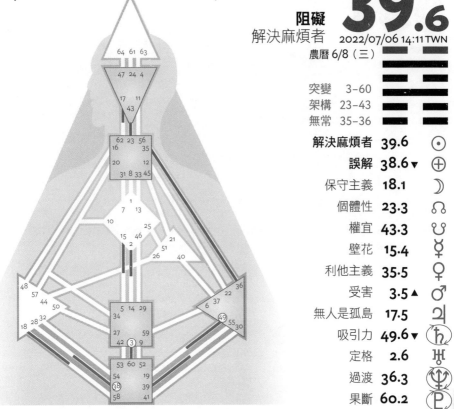

阻礙

39.6

解決麻煩者

2022/07/06 14:11 TWN

農曆 6/8（三）

突變	3-60
架構	23-43
無常	35-36

解決麻煩者	39.6	☉
誤解	38.6▼	⊕
保守主義	18.1	☽
個體性	23.3	☊
權宜	43.3	☋
壁花	15.4	☿
利他主義	35.5	♀
受害	3.5▲	♂
無人是孤島	17.5	♃
吸引力	49.6▼	♄
定格	2.6	♅
過渡	36.3	♆
果斷	60.2	♇

7月

39.6　解決麻煩者

生來具備解決問題的天賦。

☽ ▲ 務實，引導與滋養他人的能力。
試圖解決對方的問題，此舉動已經充滿挑戰的能量。

♂ ▼ 我執，並非為了眾人福利，而是因為自我擴張，或試圖想滿足個人的野心。
以情緒為驅動力來主導，激怒他人。

☽48　　　　　　　　　　　☽57　☿52

00:09

Thursday, July 7th

midnight

18　　　20　　　22　　　　　　　4　　　6　　　8　　　10

10:30　13:05

07.07 2022

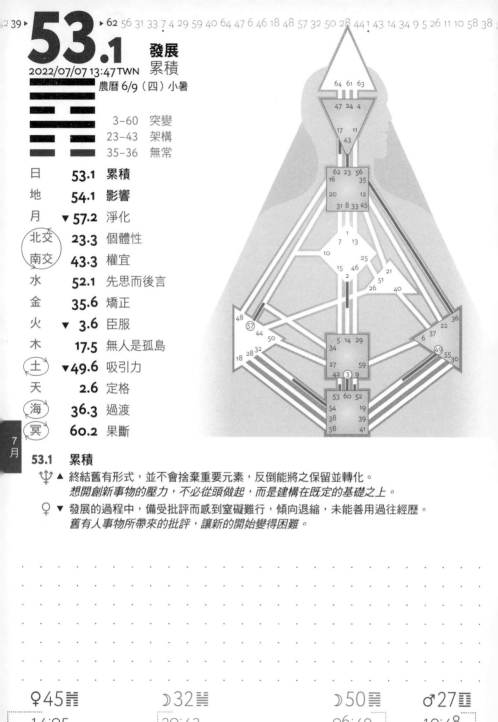

53.1

發展
累積

2022/07/07 13:47 TWN
農曆 6/9（四）小暑

3–60　突變
23–43　架構
35–36　無常

日	**53.1**	累積
地	**54.1**	影響
月	▼ **57.2**	淨化
北交	**23.3**	個體性
南交	**43.3**	權宜
水	**52.1**	先思而後言
金	**35.6**	矯正
火	▼ **3.6**	臣服
木	**17.5**	無人是孤島
土	▼ **49.6**	吸引力
天	**2.6**	定格
海	**36.3**	過渡
冥	**60.2**	果斷

7月

53.1　累積

♆ ▲ 終結舊有形式，並不會捨棄重要元素，反倒能將之保留並轉化。
　想開創新事物的壓力，不必從頭做起，而是建構在既定的基礎之上。

♀ ▼ 發展的過程中，備受批評而感到窒礙難行，傾向退縮，未能善用過往經歷。
　舊有人事物所帶來的批評，讓新的開始變得困難。

♀45 ▦　　♪32 ▦　　♪50 ▦　　♂27 ▦
14:05　　20:43　　06:49　　10:48

Friday, July 8ᵗʰ
midnight

07.07
2022

18　20　22　　4　6　8　10

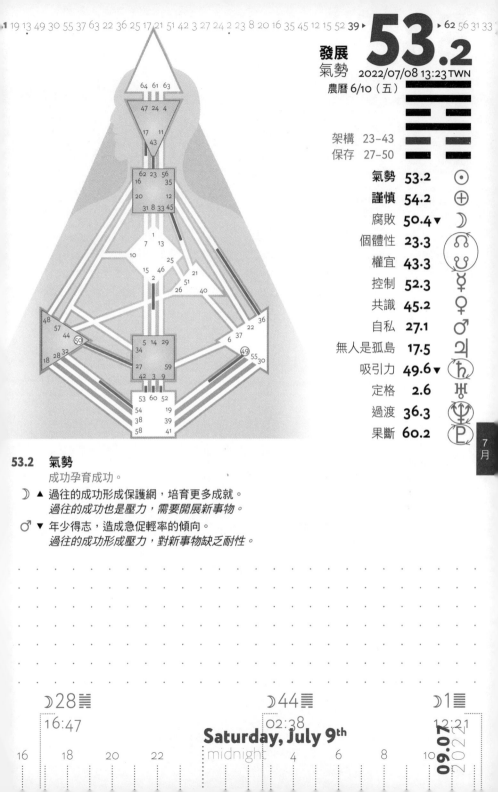

發展氣勢

53.2

2022/07/08 13:23 TWN

農曆 6/10（五）

架構 23–43	
保存 27–50	

氣勢	**53.2**	☉
謹慎	**54.2**	⊕
腐敗	**50.4▾**	☽
個體性	**23.3**	☊
權宜	**43.3**	☋
控制	**52.3**	☿
共識	**45.2**	♀
自私	**27.1**	♂
無人是孤島	**17.5**	♃
吸引力	**49.6▾**	♄
定格	**2.6**	♅
過渡	**36.3**	♆
果斷	**60.2**	♇

7月

53.2 氣勢

成功孕育成功。

☽ ▲ 過往的成功形成保護網，培育更多成就。
   過往的成功也是壓力，需要開展新事物。

♂ ▾ 年少得志，造成急促輕率的傾向。
   過往的成功形成壓力，對新事物缺乏耐性。

☽28 ☰
16:47

☽44 ☰
02:38
midnight

☽1 ☰
12:21

Saturday, July 9th

16   18   20   22   4   6   8   10

09.07
2022

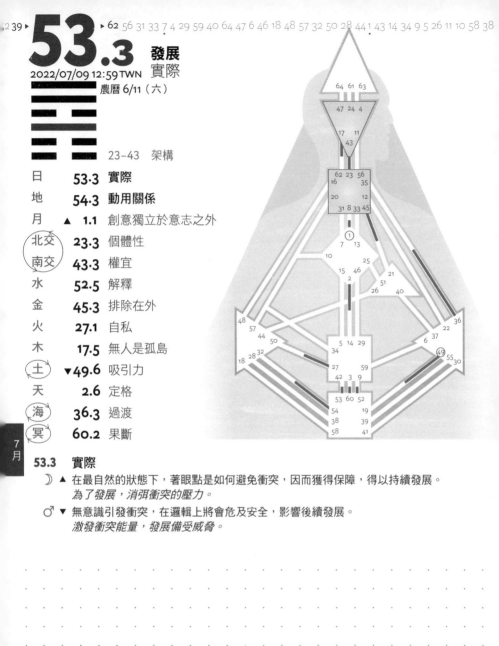

53.3

發展
實際

2022/07/09 12:59 TWN

農曆 6/11（六）

23-43　架構

日	**53.3**	**實際**
地	**54.3**	**動用關係**
月	▲　**1.1**	創意獨立於意志之外
北交	**23.3**	個體性
南交	**43.3**	權宜
水	**52.5**	解釋
金	**45.3**	排除在外
火	**27.1**	自私
木	**17.5**	無人是孤島
土	▼**49.6**	吸引力
天	**2.6**	定格
海	**36.3**	過渡
冥	**60.2**	果斷

7月

53.3　實際

☽　▲　在最自然的狀態下，著眼點是如何避免衝突，因而獲得保障，得以持續發展。
為了發展，消弭衝突的壓力。

♂　▼　無意識引發衝突，在邏輯上將會危及安全，影響後續發展。
激發衝突能量，發展備受威脅。

09.07 2022
2016　18　20　22
☽43 21:56
Sunday, July 10th
midnight　4　6
☿39 06:18
☽14 07:25
8　10

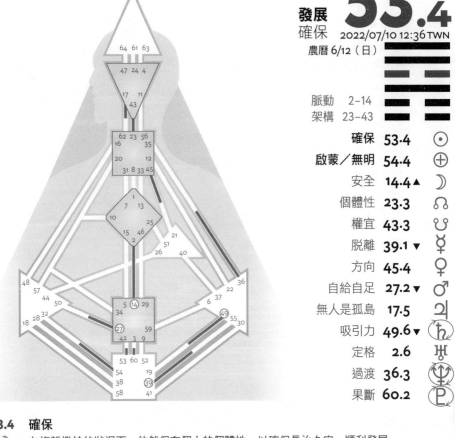

發展

確保

53.4

2022/07/10 12:36 TWN

農曆 6/12（日）

| 脈動 | 2–14 |
| 架構 | 23–43 |

確保	**53.4**	⊙
啟蒙／無明	**54.4**	⊕
安全	**14.4**▲	☽
個體性	**23.3**	☊
權宜	**43.3**	☋
脫離	**39.1** ▼	☿
方向	**45.4**	♀
自給自足	**27.2** ▼	♂
無人是孤島	**17.5**	♃
吸引力	**49.6**▼	♄
定格	**2.6**	♅
過渡	**36.3**	♆
果斷	**60.2**	♇

7 月

53.4 確保

☽ ▲ 在複雜尷尬的狀況下，依然保有個人的個體性，以確保長治久安，順利發展。
　　面對混亂的開始，對於如何保有個人的個體性，備感壓力。

♀ ▼ 不斷面對困窘或尷尬的狀況，感覺為難，反倒不能以平常心來對應，造成不好的影響。
　　獨立的個體往往備感壓力，迫切想開始，卻創造出尷尬，甚至困窘的處境。

☽34 16:47

☽9 02:03

☽5 11:13

Monday, July 11th

midnight

16　　18　　20　　22　　　　　4　　6　　8

11.07 2022

53.5

發展
主張

2022/07/11 12:12 TWN

農曆 6/13（一）

23-43　架構

日	**53·5**	主張
地	**54·5**	寬大
月	**5.1**	毅力
北交	**23.3**	個體性
南交	**43.3**	權宜
水	**39.3**	責任
金	**45.6**	重新審視
火	▼**27.3**	貪婪
木	**17.5**	無人是孤島
土	▼**49.6**	吸引力
天	**2.6**	定格
海	**36.3**	過渡
冥	**60.2**	果斷

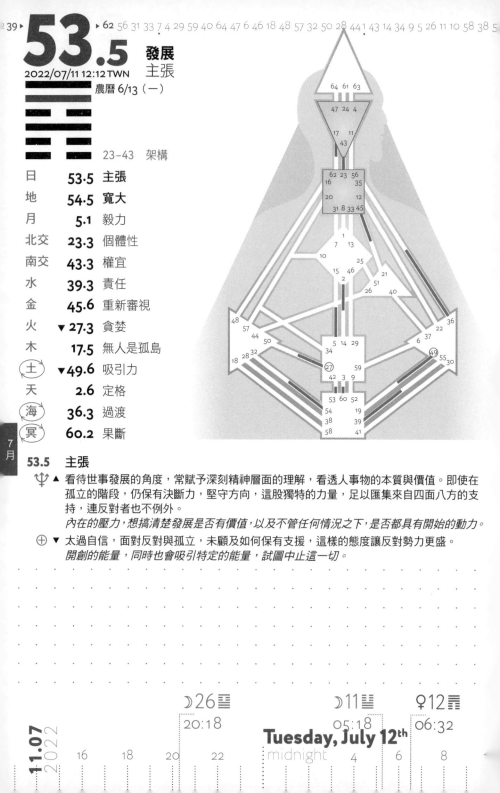

53.5　主張

♆ ▲ 看待世事發展的角度，常賦予深刻精神層面的理解，看透人事物的本質與價值。即使在孤立的階段，仍保有決斷力，堅守方向，這股獨特的力量，足以匯集來自四面八方的支持，連反對者也不例外。
內在的壓力，想搞清楚發展是否有價值，以及不管任何情況之下，是否都具有開始的動力。

⊕ ▼ 太過自信，面對反對與孤立，未顧及如何保有支援，這樣的態度讓反對勢力更盛。
開創的能量，同時也會吸引特定的能量，試圖中止這一切。

☽26 ䷗
20:18

☽11 ䷲
05:18

♀12 ䷗
06:32

11.07
2022

16　　18　　20　　22　　**Tuesday, July 12th**　midnight　4　6　8

53.6

發展
逐步進行

2022/07/12 11:48 TWN

農曆 6/14（二）

架構 23-43

逐步進行	**53.6**	☉
選擇性	**54.6**	⊕
慈善家	**11.5** ▲	☽
個體性	**23.3**	☊
權宜	**43.3**	☿
解決麻煩者	**39.6**	♀
修道士、僧侶	**12.1** ▲	♂
貪婪	**27.3** ▼	♃
無人是孤島	**17.5**	♄
吸引力	**49.6** ▼	♅
定格	**2.6**	♆
過渡	**36.3**	♇
果斷	**60.2**	

7月

53.6 逐步進行

☽ ▲ 成功完成並善用階段性任務，逐步發展。創造價值與成果，作為成功例證，接下來將贏得更多支持。
基於過往成功經驗，在新階段開始時，會吸引眾人支持。

♇ ▼ 在此相位有隱藏成功的傾向，基於反常的恐懼，認為成功就會引發更多要求，也擔憂到最後將失去既定群眾的支持。
備感壓力，恐懼失去過往長久以來的支持，面對新開始，採取隱匿的態度。

☽10 ☵   ☿53 ☶   ☽58 ☶   ☽38 ☶

14:15   21:43   23:09   08:01

Wednesday, July 13th
midnight

14   16   18   20   22   4   6   8

13.07
2022

62.1

處理細節的優勢
例行程序

2022/07/13 11:24 TWN

農曆 6/15（三）

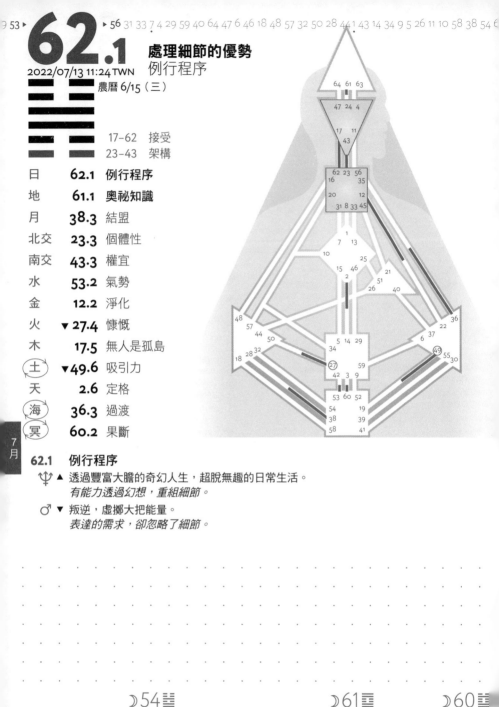

	17-62	接受
	23-43	架構

日	62.1	例行程序
地	61.1	奧祕知識
月	38.3	結盟
北交	23.3	個體性
南交	43.3	權宜
水	53.2	氣勢
金	12.2	淨化
火	▼27.4	慷慨
木	17.5	無人是孤島
土	▼49.6	吸引力
天	2.6	定格
海	36.3	過渡
冥	60.2	果斷

7月

62.1 例行程序

♆ ▲ 透過豐富大膽的奇幻人生，超脫無趣的日常生活。
　　有能力透過幻想，重組細節。

♂ ▼ 叛逆，虛擲大把能量。
　　表達的需求，卻忽略了細節。

13.07
2022

16　18　20　22

☽54☷
16:51

☽61☷
01:41
midnight 4

Thursday, July 14ᵗʰ

☽60☷
10:31
6　8

處理細節的優勢

62.2

抑制

2022/07/14 11:00 TWN

農曆 6/16（四）

接受	17–62	
架構	23–43	
抑制	**62.2**	☉
天生耀眼	**61.2**	⊕
接受	60.1	☽
自我防衛	23.2	☊
奉獻	43.2	☋
確保	53.4	☿
自白	12.3	♀
執行者	27.5	♂
無人是孤島	17.5	♃
吸引力	49.6 ▾	♄
定格	2.6	♅
過渡	36.3	♆
果斷	60.2	♇

7月

62.2 抑制

♄ ▲ 先天的限制與自律，願意遵從，彰顯克制的本質。
工作需要處理大量細節，必須自律。

☿ ▼ 嚴格限制下，聰明才智被壓抑，轉向焦慮不安。
面對充滿細節的工作時，表現出焦慮不安。

☽ 41 ䷗
19:23

☽ 19 ䷖
04:17

Friday, July 15th

midnight 4 6

14 16 18 20 22

62.3

處理細節的優勢
探索

2022/07/15 10:36 TWN

農曆 6/17（五）

17-62	接受
19-49	整合綜效
23-43	架構

日	**62.3**	**探索**
地	**61.3**	**相互依存**
月	**19.5**	**犧牲**
北交	**23.2**	**自我防衛**
南交	**43.2**	**奉獻**
水	**53.6**	**逐步進行**
金	**12.5**	**實用主義者**
火	**27.6**	**警惕**
木	**17.5**	**無人是孤島**
土	▼**49.6**	**吸引力**
天	**2.6**	**定格**
海	**36.3**	**過渡**
冥	**60.2**	**果斷**

7月

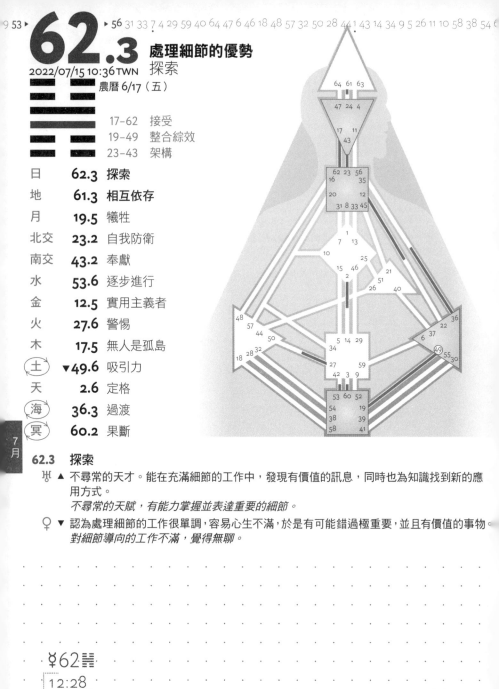

62.3 探索

♅ ▲ 不尋常的天才。能在充滿細節的工作中，發現有價值的訊息，同時也為知識找到新的應用方式。
不尋常的天賦，有能力掌握並表達重要的細節。

♀ ▼ 認為處理細節的工作很單調，容易心生不滿，於是有可能錯過極重要，並且有價值的事物。
對細節導向的工作不滿，覺得無聊。

☿62

12:28

☽13

13:14

☽49

22:14

☽30

07:29

Saturday, July 16th

15.07
2022

14   16   18   20   22   midnight   4   6   8

62.4

處理細節的優勢
苦行主義   2022/07/16 10:12 TWN
農曆 6/18（六）

接受	17-62
架構	23-43

苦行主義	**62.4**	☉
探究	**61.4**	⊕
實用主義	**30.2**	☽
自我防衛	**23.2**	☊
奉獻	**43.2**	☋
探索	**62.3**	☿
質變	**12.6**	♀
警惕	**27.6**	♂
無人是孤島	**17.5**	♃
吸引力	**49.6▼**	♄
定格	**2.6**	♅
過渡	**36.3**	♆
果斷	**60.2**	♇

7月

62.4　苦行主義

♀ ▲ 以苦行的方式撤離，這是完美的方式回歸和諧與簡單。當外界的危險消失了，才有充裕的時間細細思索，追求內在的意義。
所謂的細節，需要花時間，經歷抽離與反思的過程，才能真實表達出來。

♇ ▼ 為了對抗既定的價值觀，想要有所行動，卻受限於環境因素，於是轉為退縮，以等待時機。
靜待細節彙整完畢，而孤立其實是策略，靜待表達的正確時機。

♂24 ░   ☽55 ░   ♀15 ░   ☽37 ░
14:47   16:31   22:42   01:48

Sunday, July 17th
midnight

14   16   18   20   22   4   6

17.07
2022

62.5

處理細節的優勢
質變

2022/07/17 09:48 TWN

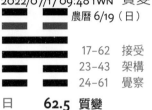

農曆 6/19（日）

17-62	接受
23-43	架構
24-61	覺察

日	**62.5**	質變
地	▼**61.5**	影響
月	**37.6**	目的
北交	**23.2**	自我防衛
南交	**43.2**	奉獻
水	**62.5**	質變
金	▲**15.1**	職責
火	**24.1**	疏忽之罪
木	**17.5**	無人是孤島
土	▼**49.6**	吸引力
天	**2.6**	定格
海	**36.3**	過渡
冥	**60.2**	果斷

7月

62.5 質變

　　當卓越已達成，行動是必須。

☽ ▲ 向外延伸，與人分享，以月亮為象徵，起始是黑暗，最後能好好分享光亮。
　　理解到唯有整體細節都完備了，才能付諸行動，或表達出來。

♆ ▼ 經歷質變的過程，傾向透過戲劇化的呈現，來博得好評。
　　將細節整理好之後，需要吸引注意力，所以必須表達。

☽63 11:12
☽22 20:44
☿56 03:28
☽36 06:24

17.07
2022

Monday, July 18th
midnight

14   16   18   20   22   4   6

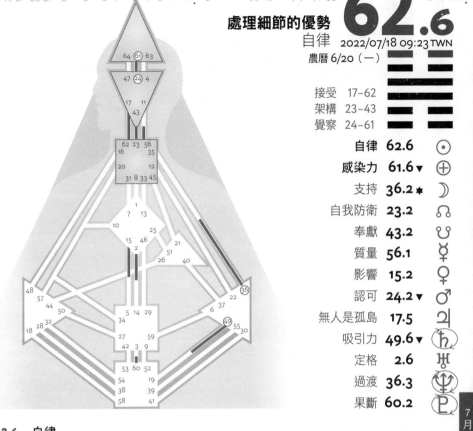

處理細節的優勢

62.6

自律　2022/07/18 09:23 TWN
農曆 6/20 (一)

接受	17-62	
架構	23-43	
覺察	24-61	

自律	**62.6**	☉
感染力	**61.6▼**	⊕
支持	**36.2★**	☽
自我防衛	**23.2**	☊
奉獻	**43.2**	☋
質量	**56.1**	☿
影響	**15.2**	♀
認可	**24.2▼**	♂
無人是孤島	**17.5**	♃
吸引力	**49.6▼**	♄
定格	**2.6**	♅
過渡	**36.3**	♆
果斷	**60.2**	♇

62.6　自律

♄ ▲ 省一分錢就是賺一分錢。細節是途徑，通往物質層面的成功。
　　若要在物質層面取得成功，取決於細節的展現。

☿ ▼ 成功來自技巧，而非紀律。
　　完成必要的細節才會成功，這是天賦，而非紀律。

☽25 16:13
Tuesday, July 19th
midnight

☽17 02:10

56.1

尋道者
質量

2022/07/19 08:58 TWN

農曆 6/21（二）

23–43　架構

日	**56.1**	**質量**
地	**60.1**	**接受**
月	**17.5**	無人是孤島
北交	**23.2**	自我防衛
南交	**43.2**	奉獻
水	▲**56.3**	疏離
金	**15.4**	壁花
火	▼**24.2**	認可
木	**17.5**	無人是孤島
土	▼**49.6**	吸引力
天	**2.6**	定格
海	**36.3**	過渡
冥	▼**60.2**	果斷

7月

56.1　質量

》 ▲ 從務實面考量，即使短期的行動，也應有其價值。
　　 表達有用又有價值的點子。

♂ ▼ 若為了證明自己，就會誤用能量，刻意為了讓人印象深刻，而追求枝微末節。
　　 只想帶來刺激，以至於任何點子，不管多麼微不足道都不放過。

尋道者 **56.2**
連結 2022/07/20 08:33 TWN
農曆 6/22（三）

架構 23-43

連結	**56.2**	☉
果斷	**60.2▼**	⊕
分割	**51.6**	☽
自我防衛	**23.2**	☊
奉獻	**43.2**	☋
吸引注意力	**56.5**	☿
敏感性	**15.5**	♀
上癮者	**24.3**	♂
菩薩	**17.6▼**	♃
吸引力	**49.6▼**	♄
定格	**2.6**	♅
過渡	**36.3**	♆
果斷	**60.2▼**	♇

7月

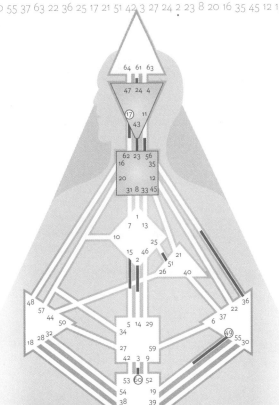

56.2 連結

♅ ▲ 孤立的天才，終將獲得關注與支持，得以延續。
　　帶來啟發的天才，經由歲月的淬鍊而成熟，需要眾人肯定。

☽ ▼ 空有其表，原本眾所矚目，卻無法滿足期待，最終被迫另做打算。
　　具備溝通的天賦，但深度不足。

☽42 ☷　☽3 ☴　☿31 ☴　　　　　　☽27 ☴
08:57　　　19:30 19:32　　　　　　06:12

Thursday, July 21ᵗʰ
midnight

12　　14　　16　　18　20　　　　2　　4

21.07
2022

56.3

尋道者
疏離

2022/07/21 08:08 TWN

農曆 6/23（四）

23-43　架構

日	▲56.3	疏離
地	60.3	保守主義
月	▲27.2	自給自足
北交	23.2	自我防衛
南交	43.2	奉獻
水	▼31.2	傲慢
金	▼15.6	自我防衛
火	24.4	隱士
木	▼17.6	菩薩
土	▼49.6	吸引力
天	2.6	定格
海	36.3	過渡
冥	▼60.2	果斷

56.3　疏離

下定決心自給自足。

⊙ ▲ 強大的意志與自大傾向，常被當成是蠻橫霸道，所以一直被孤立。基於太陽在此，代表
內在動力，所以能被接受。
掌控的動力，成為表達的焦點。

♀ ▼ 反向的美學，常冒犯他人，導致孤立無援。
強力控制表達的型態，反而無法帶來啟發。

7
月

21.07
2022

♀52 ⚏ 14:35　☽24 ⚏ 17:02　☽2 ⚏ 03:59

Friday, July 22ᵗʰ
midnight

12　14　16　18　20　22　　4

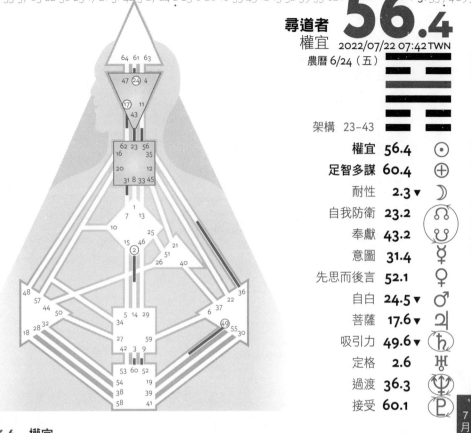

尋道者
權宜 **56.4**
2022/07/22 07:42 TWN

農曆 6/24（五）

架構 23-43

權宜	**56.4**	☉
足智多謀	**60.4**	⊕
耐性	**2.3** ▼	☽
自我防衛	**23.2**	☊
奉獻	**43.2**	☋
意圖	**31.4**	☿
先思而後言	**52.1**	♀
自白	**24.5** ▼	♂
菩薩	**17.6** ▼	♃
吸引力	**49.6** ▼	♄
定格	**2.6**	♅
過渡	**36.3**	♆
接受	**60.1**	♇

7月

56.4　權宜

☽ ▲ 膚淺的個性也很完美，必要的時候，能掩蓋真實的感受，保護自己，確保安全。
　　天生就能帶來啟發，也適合扮演這樣的角色，因而獲得保護。

☿ ▼ 權衡輕重，選擇利己，而代價就是常常會處於緊繃的狀態下，緊張、焦慮，時時警戒，擔憂會失去已經獲得的一切。
　　現實的角色，害怕沉默，害怕被揭露。

☽23䷜
15:03

Saturday, July 23ᵗʰ
midnight

☽8䷜
02:12

23.07
2022

0　　12　　14　　16　　18　　20　　2　　4

56.5

尋道者
吸引注意力

2022/07/23 07:16 TWN

農曆 6/25（六）大暑

23-43　架構

日		**56.5**	吸引注意力
地		**60.5**	領導力
月	▲	**8.3**	虛假
北交		**23.2**	自我防衛
南交		**43.2**	奉獻
水		**31.6**	應用
金	▼	**52.3**	控制
火	▼	**24.5**	自白
木	▼	**17.6**	菩薩
土		**49.5**	組織
天		**2.6**	定格
海		**36.3**	過渡
冥		**60.1**	接受

7月

56.5　吸引注意力

♅ ▲ 不尋常、改革與創新，有時極為天才，將獲得關注與支持。
　　帶來創新且不尋常的刺激。

♂ ▼ 刻意吸引注意力，反倒弄巧成拙。
　　引發刺激與挑釁，帶來刺激的能量。

☿33 　 ☽20 　　　　　 ☽16

13:21 　 13:26 　　　　　 00:44

Sunday, July 24th
midnight

8　　12　　14　　16　　18　　20　　　　2　　4

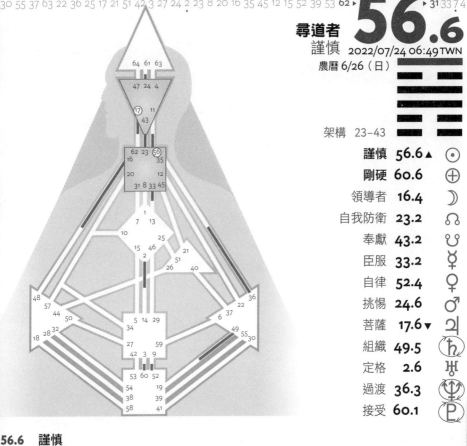

尋道者 謹慎 2022/07/24 06:49 TWN

56.6

農曆 6/26（日）

架構 23-43

謹慎	56.6 ▲	☉
剛硬	60.6	⊕
領導者	16.4	☽
自我防衛	23.2	☊
奉獻	43.2	☋
臣服	33.2	☿
自律	52.4	♀
挑惕	24.6	♂
菩薩	17.6 ▼	♃
組織	49.5	♄
定格	2.6	♅
過渡	36.3	♆
接受	60.1	♇

7月

56.6 謹慎

☉ ▲ 態度謹慎，因為建立連結之後，承諾就要履行，根基才不會動搖。
　　誠實表達，言出必行。

♇ ▼ 無自覺的浪子，對外渴求認同，卻無意識流露出需索的能量，卻總是被拒絕。若沒沒無
　　名，又無法以想像的方式來取得認同，就會處境艱難。
　　遊蕩一生，不斷以各種方式來展現自己，卻找不到此生的志業。

☽ 35 ☰　　　　　　　♂ 2 ☰　☽ 45 ☰
12:06　　　　　　23:24　23:30

Monday, July 25th
midnight

25.07
2022

10　　12　　14　　16　　18　　20　　　　2

31.1

2022/07/25 06:23 TWN

影響力
顯化

農曆 6/27（一）

23-43　架構

日	▲	**31.1**	顯化
地		**41.1**	合理
月		**45.4**	方向
北交		**23.2**	自我防衛
南交		**43.2**	奉獻
水		**33.4**	尊嚴
金		**52.5**	解釋
火	▼	**2.1**	直覺
木	▼	**17.6**	菩薩
土		**49.5**	組織
天		**2.6**	定格
海		**36.3**	過渡
冥		**60.1**	接受

7月

31.1　顯化

真空狀態，影響力無法顯現。

⊙ ▲ 太陽不會也不能隱匿光芒，其存在會影響每個生命。
　　自然展現的領導力。

⊕ ▼ 吸收光，在黑暗中只能顯化。
　　非自然展現的領導力。

☽12 ䷀
10:55

☽15 ䷀
22:21

Tuesday, July 26th
midnight

25.07
2022

10　　12　　14　　16　　18　　20　　　　　　2

影響力 **31.2**

傲慢　2022/07/26 05:56 TWN

農曆 6/28（二）

架構　23-43

傲慢	**31.2**	☉
謹慎	**41.2**	⊕
壁花	**15.4**	☾
自我防衛	**23.2**	☊
奉獻	**43.2**	☋
離異	**33.6**	☿
平和	**52.6**▲	♀
直覺	**2.1**▼	♂
菩薩	**17.6**▼	♃
組織	**49.5**	♄
定格	**2.6**	♅
過渡	**36.3**	♆
接受	**60.1**	♇

7月

31.2　傲慢

獨立行動，缺乏指引。

♃ ▲ 致力於更高的原則，無法等待共識產生。
　　無法等待取得共識的領導型態。

♀ ▼ 有理的傲慢，往往因為神經緊繃而倉促開槍，導致擦槍走火。
　　等不及，迫不及待要表態，對其領導力造成損害。

2:39

6:09

♀7

09:30
☾52

09:47

☾39

21:12

Wednesday, July 27th
midnight

10　　12　　14　　16　　18　　20　　　　2

27.07
2022

31.3

影響力
選擇性

2022/07/27 05:28 TWN

農曆 6/29（三）

| 7-31 | 創始者 |
| 23-43 | 架構 |

日	▲ **31.3**	**選擇性**
地	**41.3**	**效率**
月	**39.5**	專心致志
北交	**23.1**	傳教
南交	**43.1**	耐性
水	▼ **7.2**	民主主義者
金	▲ **39.2**	對抗
火	▼ **2.2**	天才
木	▼ **17.6**	菩薩
土	**49.5**	組織
天	**2.6**	定格
海	**36.3**	過渡
冥	**60.1**	接受

7月

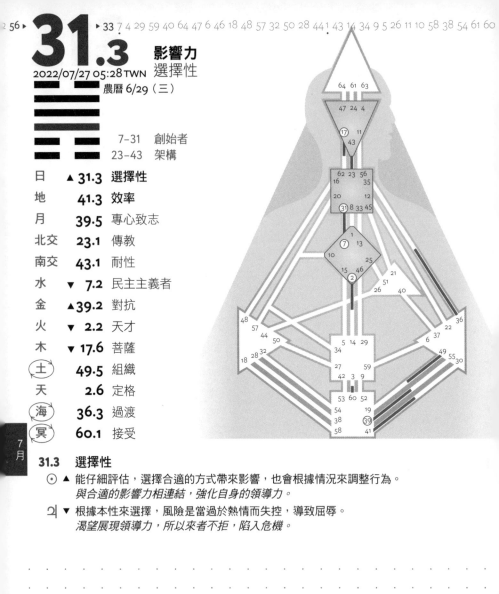

31.3 選擇性

⊙ ▲ 能仔細評估，選擇合適的方式帶來影響，也會根據情況來調整行為。
與合適的影響力相連結，強化自身的領導力。

♁ ▼ 根據本性來選擇，風險是當過於熱情而失控，導致屈辱。
渴望展現領導力，所以來者不拒，陷入危機。

☽ 53 ⊞ 08:36

☽ 62 ⊞ 19:58

Thursday, July 28th
midnight

27.07
2022

8 10 12 14 16 18 20 2

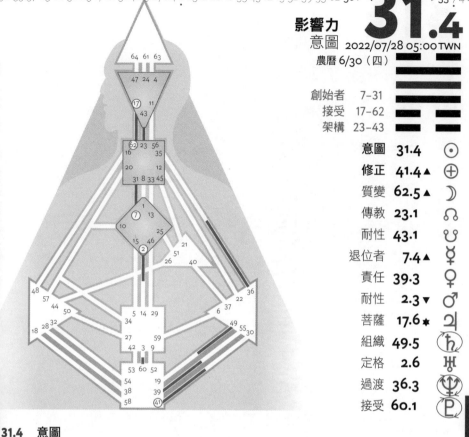

影響力
31.4
意圖 2022/07/28 05:00 TWN
農曆 6/30（四）

創始者	7–31
接受	17–62
架構	23–43

意圖	31.4	⊙
修正	41.4▲	⊕
質變	62.5▲	☽
傳教	23.1	☊
耐性	43.1	☋
退位者	7.4▲	☿
責任	39.3	♀
耐性	2.3▼	♂
菩薩	17.6★	♃
組織	49.5	♄
定格	2.6	♅
過渡	36.3	♆
接受	60.1	♇

7月

31.4　意圖
影響力的成功與否，取決於人們的看法。

☽ ▲ 獲得大眾贊同的影響力，帶來滋養與保護。
外界對其影響力，保持著正面肯定的態度。

♂ ▼ 過度強調自我，意圖操控。
外界對其影響力，帶有負面的投射。

☽56 ䷿
07:19

☽31 ䷞
18:37
Friday, July 29th
midnight

29.07
2022

8　　10　　12　　14　　16　　18　　20

31.5

影響力
自以為是

2022/07/29 04:32 TWN

農曆 7/1（五）

7–31　創始者
23–43　架構

日	▼ **31.5**	自以為是
地	**41.5**	授權
月	★ **31.6**	應用
北交	**23.1**	傳教
南交	**43.1**	耐性
水	▲ **7.6**	管理者
金	**39.4**	節制
火	▼ **2.3**	耐性
木	▼ **17.6**	菩薩
土	**49.5**	組織
天	**2.6**	定格
海	**36.3**	過渡
冥	**60.1**	接受

7月

31.5　自以為是

所抱持的態度，缺乏對外的影響力。

♇ ▲ 在天生專精的領域，只能獨自發展，而學成後，要拓展影響力卻極度困難，幾乎是不可能的任務。
　　其專業要求自我領導。

☽ ▼ 深入聚焦在自我實驗，為此感到滿足，沒有向外的野心。
　　缺乏抱負，能夠引領自己，已經感到滿足。

☽33　☿4　☽7

05:53　08:27　17:06

29.07　2024
8　10　12　14　16　18　20

Saturday, July 30th
midnight

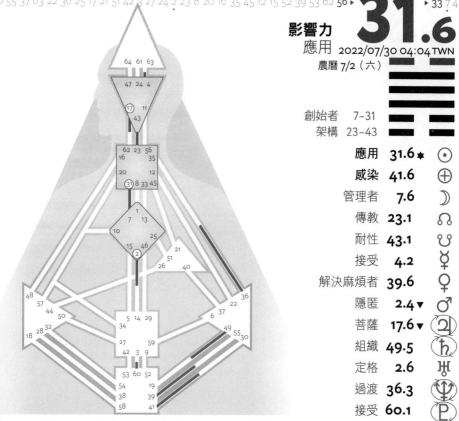

影響力

31.6

應用 2022/07/30 04:04 TWN
農曆 7/2（六）

| 創始者 | 7–31 |
| 架構 | 23–43 |

應用	**31.6**★	⊙
感染	**41.6**	⊕
管理者	**7.6**	☽
傳教	**23.1**	☊
耐性	**43.1**	☋
接受	**4.2**	☿
解決麻煩者	**39.6**	♀
隱匿	**2.4**▼	♂
菩薩	**17.6**▼	♃
組織	**49.5**	♄
定格	**2.6**	♅
過渡	**36.3**	♆
接受	**60.1**	♇

7月

31.6　應用

⊙ ▲ 言行一致，保證會成功。
　　言行一致的領導力。

☽ ▼ 在應用上流於表面，近於偽善，只求合理相對應。
　　只說不做，虛偽的領導模式。

4▤　　　　　　　　☽29▤　　♀53▤　　　　☽59▤
4:16　　　　　　　15:22　　21:27　　　　02:26

Sunday, July 31th
midnight

31.07
2022

8　　10　　12　　14　　16　　18　　20

33.1

隱退

逃避

2022/07/31 03:36 TWN

農曆 7/3（日）

	19–49	整合綜效	
	23–43	架構	

日	▲33.1	逃避
地	19.1	相互依存
月	59.1	先發制人
北交	23.1	傳教
南交	43.1	耐性
水	4.4	騙子
金	▼53.1	累積
火	2.5	靈活應用
木	▼17.6	菩薩
土	49.5	組織
天	2.6	定格
海	36.3	過渡
冥	60.1	接受

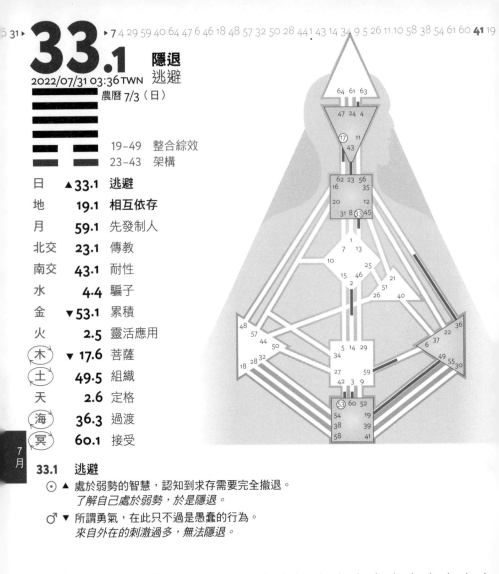

33.1 逃避

⊙ ▲ 處於弱勢的智慧，認知到求存需要完全撤退。
了解自己處於弱勢，於是隱退。

♂ ▼ 所謂勇氣，在此只不過是愚蠢的行為。
來自外在的刺激過多，無法隱退。

7月

☊ 2
☋ 1

03:50

☽ 40
13:26

☽ 64
00:22

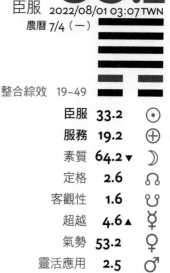

隱退 **33.2**
臣服 2022/08/01 03:07 TWN
農曆 7/4（一）

整合綜效　19-49

臣服	**33.2**	⊙
服務	**19.2**	⊕
素質	**64.2**▼	☽
定格	**2.6**	☊
客觀性	**1.6**	☋
超越	**4.6**▲	☿
氣勢	**53.2**	♀
靈活應用	**2.5**	♂
菩薩	**17.6**▼	♃
組織	**49.5**	♄
定格	**2.6**	♅
過渡	**36.3**	♆
接受	**60.1**	♇

8月

33.2　臣服

所抱持的態度，缺乏對外的影響力。

♃ ▲ 若能臣服更高力量，才有機會擴展個人力量，最終會獲得勝利。
　　接納強大的力量，為未來的勝利奠定根基。

♆ ▼ 與上述偏重合理，已經計算過的投降不同，在此是更深層、個人內在層面的臣服。感覺原
　　本的位置是幻覺一場，才會認為強權是公理。
　　公開接納各種強大的勢力，私下卻心生怨懟。

☿29 ䷀　☽47 ䷀　　　　　　　☽6 ䷀
10:43　　11:14　　　　　　　22:03

Tuesday, August 2ⁿᵈ
midnight

6　　8　　10　　12　　14　　16　　18　　20

33.3 隱退
精神

2022/08/02 02:38 TWN

農曆 7/5（二）

19–49　整合綜效

日	**33.3**	**精神**
地	**19.3**	**奉獻**
月	**6.3**	忠誠
北交	**2.6**	定格
南交	**1.6**	客觀性
水	**29.2**	評定
金	**53.3**	實際
火	**2.6**	定格
木 ▼	**17.6**	菩薩
土	**49.5**	組織
天	**2.6**	定格
海	**36.3**	過渡
冥	**60.1**	接受

8月

33.3　精神

以退為進的態度。

♃ ▲ 有所保留，所以選擇負責任，有原則地隱退，雖然隱退，卻仍然保有堅持的決心。
　　保有隱私是成功之道。

♂ ▼ 不負責任地隱退，過河拆橋。
　　為保有隱私，衝動之下，瞬間切斷關係。

☽46▦
08:46

♂23▦
14:03

☽18▦
19:26

Wednesday, August 3
midnight

隱退 **33.4**
尊嚴 2022/08/03 02:08 TWN
農曆 7/6（三）

整合綜效	19-49	
尊嚴	**33.4**	⊙
團隊合作	**19.4**	⊕
無能	18.4	☽
定格	2.6	☊
客觀性	1.6	☋
直接	29.4	☿
主張	53.5	♀
傳教	23.1 ▼	♂
菩薩	17.6 ▼	♃
組織	49.5	♄
定格	2.6	♅
過渡	36.3	♆
接受	60.1	♇

8月

33.4　尊嚴

退隱，混亂不再。

♇ ▲ 底層對復甦的信念，深信不疑，將退隱視為機會，得以革新並再生。
　　為了再生，退隱是健康的。

♆ ▼ 若缺乏指引之光，無法復甦，不可避免將崩毀，就此衰退。
　　被迫撤退，無法看見內在更新的那一面。

☽48 ☰
06:00

☽57 ☰
16:30
Thursday, August 4th
midnight

6　　8　　10　　12　　14　　16　　18　　20

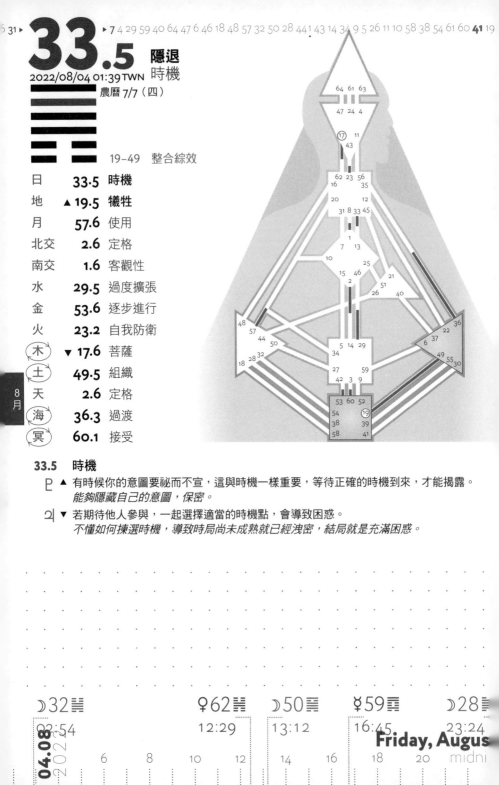

33.5

隱退
時機

2022/08/04 01:39 TWN

農曆 7/7（四）

19-49　整合綜效

日	33.5	時機
地	▲ 19.5	犧牲
月	57.6	使用
北交	2.6	定格
南交	1.6	客觀性
水	29.5	過度擴張
金	53.6	逐步進行
火	23.2	自我防衛
木	▼ 17.6	菩薩
土	49.5	組織
天	2.6	定格
海	36.3	過渡
冥	60.1	接受

8月

33.5 時機

♇ ▲ 有時候你的意圖要祕而不宣，這與時機一樣重要，等待正確的時機到來，才能揭露。
能夠隱藏自己的意圖，保密。

♃ ▼ 若期待他人參與，一起選擇適當的時機點，會導致困惑。
不懂如何揀選時機，導致時局尚未成熟就已經洩密，結局就是充滿困惑。

☽32 02:54

♀62 12:29

☽50 13:12

☿59 16:45

☽28 23:24

04.08 2022

Friday, Augus
midni

6　　8　　10　　12　　14　　16　　18　　20

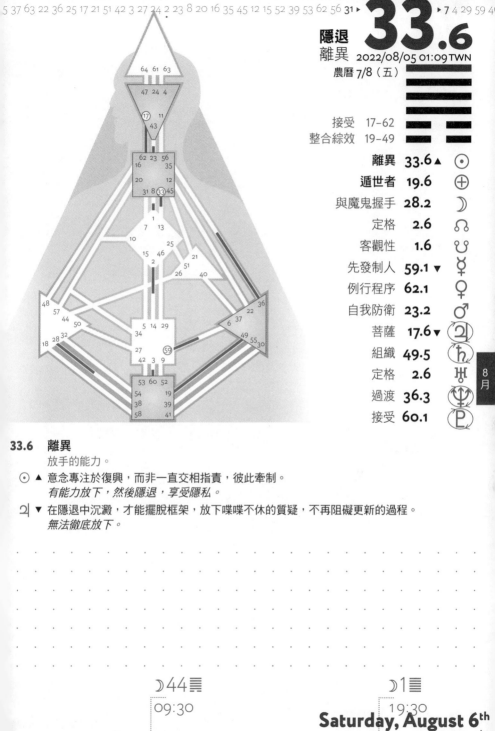

隱退 **33**.**6**
離異 2022/08/05 01:09 TWN
農曆 7/8（五）

接受 17-62
整合綜效 19-49

離異	**33.6** ▲	☉
遁世者	**19.6**	⊕
與魔鬼握手	**28.2**	☽
定格	**2.6**	☊
客觀性	**1.6**	☋
先發制人	**59.1** ▼	☿
例行程序	**62.1**	♀
自我防衛	**23.2**	♂
菩薩	**17.6** ▼	♃
組織	**49.5**	♄
定格	**2.6**	♅
過渡	**36.3**	♆
接受	**60.1**	♇

8月

33.6 **離異**
　　放手的能力。

☉ ▲ 意念專注於復興，而非一直交相指責，彼此牽制。
　　有能力放下，然後隱退，享受隱私。

♃ ▼ 在隱退中沉澱，才能擺脫框架，放下喋喋不休的質疑，不再阻礙更新的過程。
　　無法徹底放下。

☽44
09:30

☽1
19:30
Saturday, August 6th
midnight

4　　6　　8　　10　　12　　14　　16　　18　　20

7.1

2022/08/06 00:39 TWN

軍隊
獨裁主義者

農曆 7/9（六）

17-62　接受

日	**7.1**	**獨裁主義者**
地	**13.1**	同理
月	**1.4**	孤獨為創造力之媒介
北交	**2.6**	定格
南交	**1.6**	客觀性
水	**59.3**	開放
金	**62.2**	抑制
火	**23.3**	個體性
木	▼ **17.6**	菩薩
土	**49.4**	平台
天	**2.6**	定格
海	**36.3**	過渡
冥	**60.1**	接受

8月

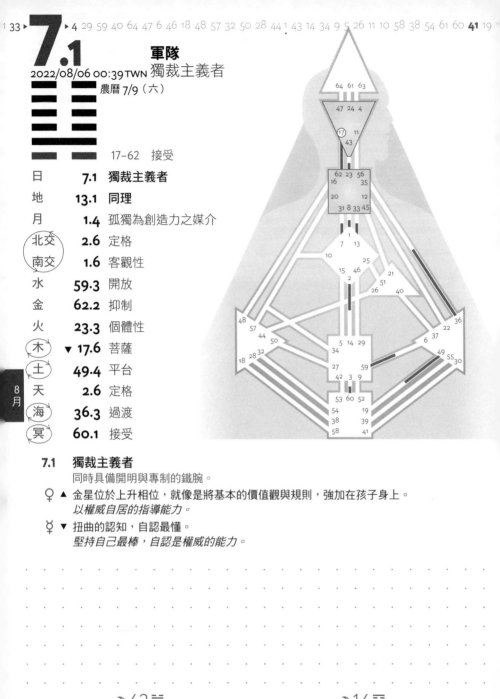

7.1　獨裁主義者

同時具備開明與專制的鐵腕。

♀ ▲ 金星位於上升相位，就像是將基本的價值觀與規則，強加在孩子身上。
以權威自居的指導能力。

☿ ▼ 扭曲的認知，自認最懂。
堅持自己最棒，自認是權威的能力。

☽ 43 ䷦
05:24

☽ 14 ䷍
15:11

Sunday, Aug

06.08
2022

4　　6　　8　　10　　12　　14　　16　　18　　20　mi

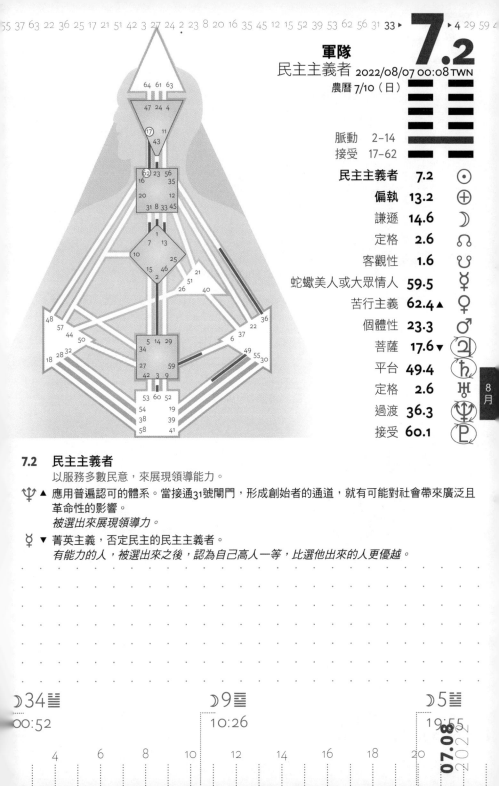

軍隊
民主主義者 2022/08/07 00:08 TWN
農曆 7/10（日）

脈動 2-14	
接受 17-62	

民主主義者	**7.2**	⊙
偏執	**13.2**	⊕
謙遜	14.6	☽
定格	2.6	☊
客觀性	1.6	☋
蛇蠍美人或大眾情人	59.5	☿
苦行主義	62.4▲	♀
個體性	23.3	♂
菩薩	17.6▼	♃
平台	49.4	♄
定格	2.6	♅
過渡	36.3	♆
接受	60.1	♇

8月

7.2　民主主義者
以服務多數民意，來展現領導能力。

♆ ▲　應用普遍認可的體系。當接通31號閘門，形成創始者的通道，就有可能對社會帶來廣泛且革命性的影響。
　　被選出來展現領導力。

☿ ▼　菁英主義，否定民主的民主主義者。
　　有能力的人，被選出來之後，認為自己高人一等，比選他出來的人更優越。

☽34䷗
00:52

☽9䷭
10:26

☽5䷂
19:55

4　6　8　10　12　14　16　18　20

07.08
2022

7.3

軍隊
無政府主義者

2022/08/07 23:37 TWN
農曆 7/10（日）立秋

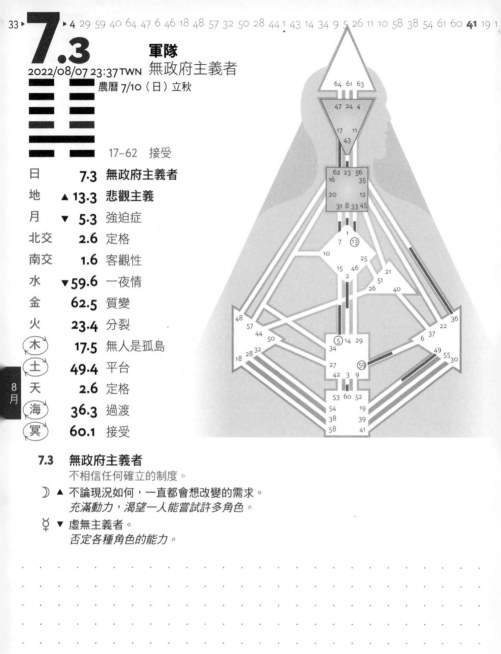

17-62　接受

日	**7.3**	**無政府主義者**
地	▲ **13.3**	**悲觀主義**
月	▼ **5.3**	強迫症
北交	**2.6**	定格
南交	**1.6**	客觀性
水	▼**59.6**	一夜情
金	**62.5**	質變
火	**23.4**	分裂
木	**17.5**	無人是孤島
土	**49.4**	平台
天	**2.6**	定格
海	**36.3**	過渡
冥	**60.1**	接受

8月

7.3　無政府主義者

不相信任何確立的制度。

☽ ▲ 不論現況如何，一直都會想改變的需求。
　　充滿動力，渴望一人能嘗試許多角色。

☿ ▼ 虛無主義者。
　　否定各種角色的能力。

☿40 ☰☰ ☽26 ☰☰　　　　　☽11 ☰☰
03:08　05:18　　　　　　　14:35

Monday, August 8th

midnight　　4　　6　　8　　10　　12　　14　　16　　18　　20

軍隊
退位者 2022/08/08 23:06 TWN
農曆 7/11（一）

7.4

接受　17-62

退位者	**7.4**▲	☉
疲累	**13.4**	⊕
適應力	11.6	☽
定格	2.6	☊
客觀性	1.6	☋
堅定	40.2	☿
自律	62.6	♀
同化	23.5	♂
無人是孤島	17.5	♃
平台	49.4	♄
定格	2.6	♅
過渡	36.3	♆
接受	60.1	♇

8月

7.4　退位者

願意接受群眾公評，或法律裁定。

☉ ▲ 考量整體利益，優雅轉身，選擇下台的智慧。
　　接受他人評斷的雅量。

♅ ▼ 一面倒的反對聲浪，被迫釋出權力。
　　拒絕接受他人的評斷。

7.5

軍隊
將軍

2022/08/09 22:35 TWN
農曆 7/12（二）

日	**7.5**	將軍
地	**13.5**	救世主
月	**38.4**	調查
北交	**2.6**	定格
南交	**1.6**	客觀性
水	**40.4**	組織
金	**56.2**	連結
火	**23.5**	同化
木	**17.5**	無人是孤島
土	**49.4**	平台
天	**2.6**	定格
海	**36.3**	過渡
冥	**60.1**	接受

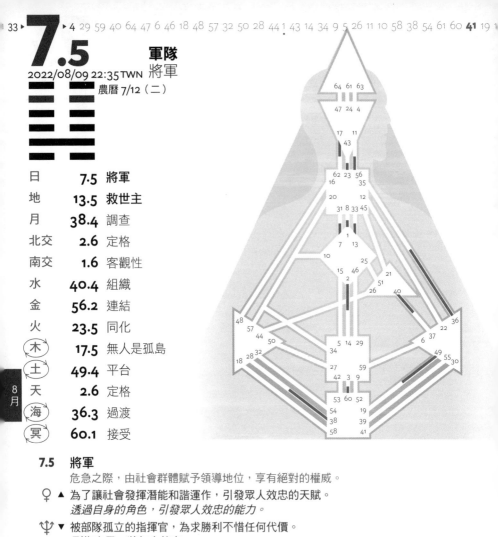

7.5　將軍

危急之際，由社會群體賦予領導地位，享有絕對的權威。

♀ ▲ 為了讓社會發揮潛能和諧運作，引發眾人效忠的天賦。
　　透過自身的角色，引發眾人效忠的能力。

♆ ▼ 被部隊孤立的指揮官，為求勝利不惜任何代價。
　　剛愎自用，將無人效忠。

☽54䷂
03:03

☽61䷂
12:02

☽60䷂
20:59

Wednesday, August 10th

midnight　　4　　6　　8　　10　　12　　14　　16　　18　　2

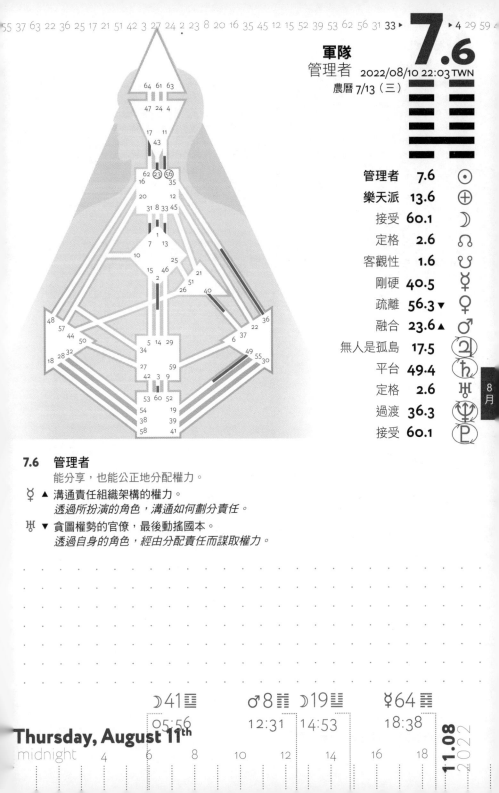

軍隊
管理者　2022/08/10 22:03 TWN
農曆7/13（三）

7.6

管理者	7.6	☉
樂天派	13.6	⊕
接受	60.1	☽
定格	2.6	☊
客觀性	1.6	☿
剛硬	40.5	♀
疏離	56.3 ▼	♂
融合	23.6 ▲	♃
無人是孤島	17.5	♄
平台	49.4	♅
定格	2.6	♆
過渡	36.3	♇
接受	60.1	

8月

7.6　管理者
能分享，也能公正地分配權力。

☿ ▲ 溝通責任組織架構的權力。
　　透過所扮演的角色，溝通如何劃分責任。

♅ ▼ 貪圖權勢的官僚，最後動搖國本。
　　透過自身的角色，經由分配責任而謀取權力。

☽41☷ 05:56　　♂8☷ 12:31　　☽19☷ 14:53　　☿64☷ 18:38

Thursday, August 11th
midnight　　4　　6　　8　　10　　12　　14　　16　　18

11.08
2022

4.1

2022/08/11 21:31 TWN

血氣方剛的愚者
愉悅

農曆 7/14（四）

		1–8	啟發
		19–49	整合綜效

日	**4.1**	愉悅
地	**49.1**	必要性法則
月	▲ **19.5**	犧牲
北交	**2.5**	靈活應用
南交	▲ **1.5**	吸引社會大眾的能量
水	**64.1**	制約
金	**56.4**	權宜
火	**8.1**	誠實
木	**17.5**	無人是孤島
土	**49.4**	平台
天	**2.6**	定格
海	**36.3**	過渡
冥	**60.1**	接受

8月

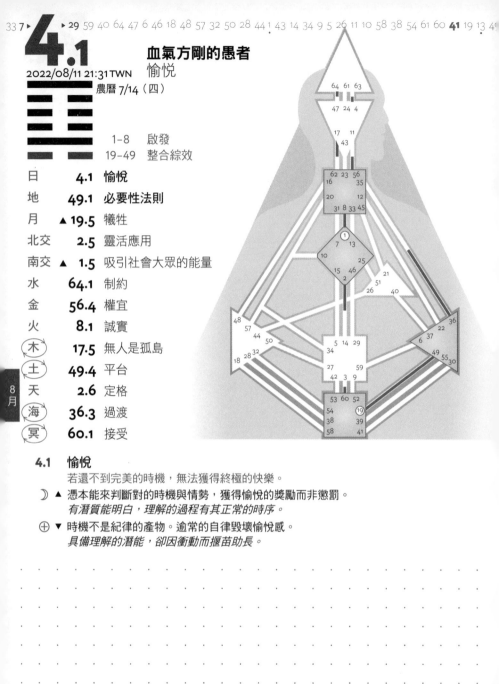

4.1 愉悅

若還不到完美的時機，無法獲得終極的快樂。

☽ ▲ 憑本能來判斷對的時機與情勢，獲得愉悅的獎勵而非懲罰。
有潛質能明白，理解的過程有其正常的時序。

⊕ ▼ 時機不是紀律的產物。逾常的自律毀壞愉悅感。
具備理解的潛能，卻因衝動而揠苗助長。

☽13 ䷀
23:50
Friday, August 12th
midnight   4   6   8

☽49 ䷜
08:50
10   12   14   16   18

☽30 ䷝
17:52

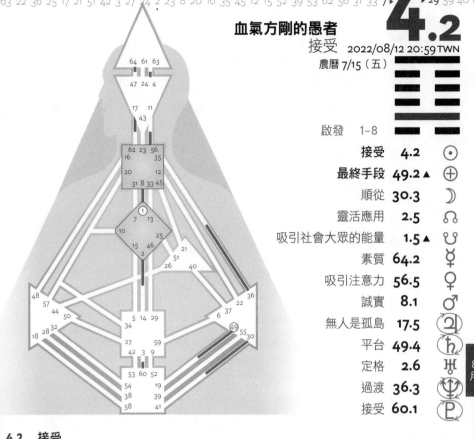

血氣方剛的愚者

接受　2022/08/12 20:59 TWN

農曆 7/15（五）

4.2

啟發	1-8	
接受	**4.2**	☉
最終手段	**49.2▲**	⊕
順從	30.3	☽
靈活應用	2.5	☊
吸引社會大眾的能量	1.5▲	☋
素質	64.2	☿
吸引注意力	56.5	♀
誠實	8.1	♂
無人是孤島	17.5	♃
平台	49.4	♄
定格	2.6	♅
過渡	36.3	♆
接受	60.1	♇

8月

4.2　接受

理解自己與他人皆有限制，寬容以待，暫不評斷。

☽ ▲ 讚頌情感，面對誤入歧途的孩子，永遠懷抱寬容的母親。
　　或許能認知到「不是每個人都能理解」。

♂ ▼ 以別人的失敗為例，做出自以為是的斷言。
　　利用他人的無知，有可能因此而獲得好處。

☽55 ☵　02:57

☽37 ☵　12:06　　♀31 ☵　17:47

Saturday, August 13th
midnight　　4　　6　　8　　10　　12　　14　　16

13.08
2022

4.3

血氣方剛的愚者
不負責任

2022/08/13 20:26 TWN

農曆 7/16（六）

1-8　啟發

日	**4.3**	不負責任	
地	**49.3**	民怨	
月	**37.6**	目的	
北交	**2.5**	靈活應用	
南交 ▲	**1.5**	吸引社會大眾的能量	
水	**64.4**	信念	
金	**31.1**	顯化	
火	**8.2**	服務	
木	**17.5**	無人是孤島	
土	**49.4**	平台	
天	**2.6**	定格	
海	**36.3**	過渡	
冥	**60.1**	接受	

8月

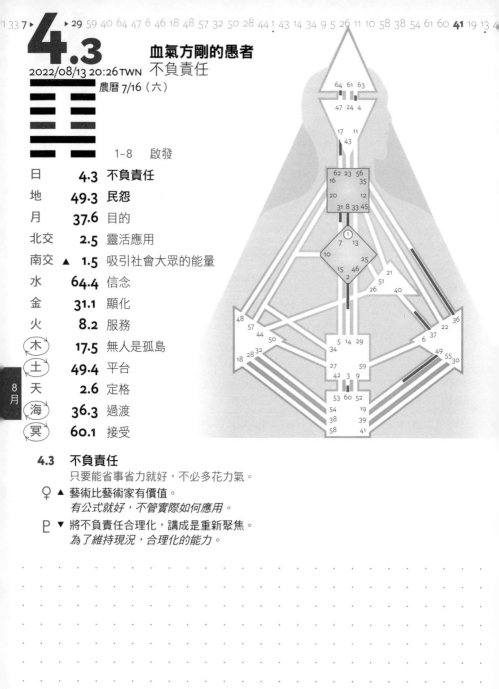

4.3　不負責任
只要能省事省力就好，不必多花力氣。

♀ ▲ 藝術比藝術家有價值。
有公式就好，不管實際如何應用。

♇ ▼ 將不負責任合理化，講成是重新聚焦。
為了維持現況，合理化的能力。

☽63　　　　　☽22　　☊23　　☽36

21:21　　　　　06:41　　10:07　　16:09

13.08
2022

Sunday, August 14th
midnight　　4　　6　　8　　10　　12　　14　　16

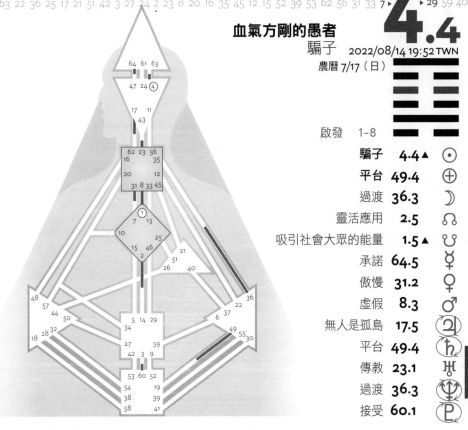

血氣方剛的愚者

4.4

騙子　　2022/08/14 19:52 TWN

農曆 7/17（日）

啟發	1-8	
騙子	**4.4** ▲	☉
平台	**49.4**	⊕
過渡	36.3	☽
靈活應用	2.5	☊
吸引社會大眾的能量	1.5 ▲	☋
承諾	64.5	☿
傲慢	31.2	♀
虛假	8.3	♂
無人是孤島	17.5	♃
平台	49.4	♄
傳教	23.1	♅
過渡	36.3	♆
接受	60.1	♇

8月

4.4　騙子

將角色扮演當成藝術表現。演員。

☉ ▲ 不論如何被誤導，只要能幻想，就能保有使命感與理由。
透過幻想，尋找延伸公式的可能。

♄ ▼ 時間總是帶來恥辱。
將幻想當成事實，就是隱藏的危機。

☽25 ☰　　　　　☽17 ☰　☿47 ☰
01:43　　　　　11:25　16:26

Monday, August 15th
midnight　　4　　6　　8　　10　　12　　14　　16

15.08
2022

4.5

血氣方剛的愚者
誘惑

2022/08/15 19:18 TWN

農曆 7/18（一）

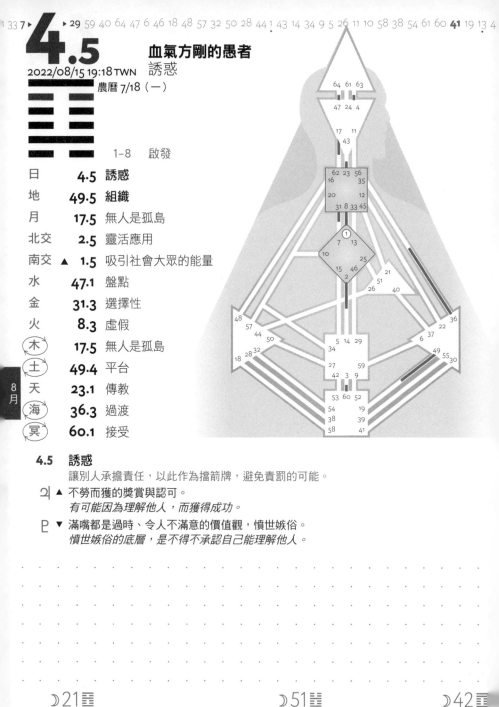

1–8　　啟發

日	**4.5**	**誘惑**
地	**49.5**	**組織**
月	**17.5**	無人是孤島
北交	**2.5**	靈活應用
南交 ▲	**1.5**	吸引社會大眾的能量
水	**47.1**	盤點
金	**31.3**	選擇性
火	**8.3**	虛假
木	**17.5**	無人是孤島
土	**49.4**	平台
天	**23.1**	傳教
海	**36.3**	過渡
冥	**60.1**	接受

4.5　誘惑

讓別人承擔責任，以此作為擋箭牌，避免責罰的可能。

♃ ▲ 不勞而獲的獎賞與認可。
　　有可能因為理解他人，而獲得成功。

♇ ▼ 滿嘴都是過時、令人不滿意的價值觀，憤世嫉俗。
　　憤世嫉俗的底層，是不得不承認自己能理解他人。

15.08
2022

☽21 21:16
☽51 07:15
☽42 17:23

Tuesday, August 16th
midnight　　4　　6　　8　　10　　12　　14　　16

8月

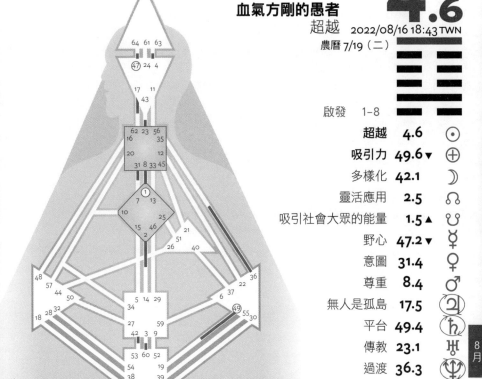

血氣方剛的愚者
超越　　2022/08/16 18:43 TWN
農曆 7/19（二）

4.6

啟發	1-8	
超越	**4.6**	☉
吸引力	**49.6**▾	⊕
多樣化	**42.1**	☽
靈活應用	**2.5**	☊
吸引社會大眾的能量	**1.5**▴	☿
野心	**47.2**▾	♀
意圖	**31.4**	♂
尊重	**8.4**	♃
無人是孤島	**17.5**	♄
平台	**49.4**	♅
傳教	**23.1**	♆
過渡	**36.3**	♇
接受	**60.1**	

8月

4.6　超越

重複明知故犯，將無法逃脫懲戒。

☿ ▴ 透過技術所累積的經驗，進而發展，實現自我約束。
　　邏輯推演的過程蘊藏潛能，必須要能區辨是否完全理解，若尚未理解，要有耐性等待過程走完。

♂ ▾ 就算接受懲罰，也有膽識去承受，這就是超越的代價。
　　已經認知到這一切並不完整，卻對過程缺乏耐性。

☽3 ䷂
03:40

☽27 ䷂
14:06

Wednesday, August 17ᵗʰ
midnight

17.08
2022

22　　　　　　4　　　6　　　8　　　10　　　12　　　14

29.1

2022/08/17 18:08 TWN

深淵
徵召

農曆 7/20（三）

1-8　啟發

日	29.1	徵召
地	30.1	沉著
月	27.3	貪婪
北交	2.5	靈活應用
南交 ▲	1.5	吸引社會大眾的能量
水	47.3	自我壓抑
金	31.6	應用
火	8.5	達摩
木	17.5	無人是孤島
土	49.4	平台
天	23.1	傳教
海	36.3	過渡
冥	60.1	接受

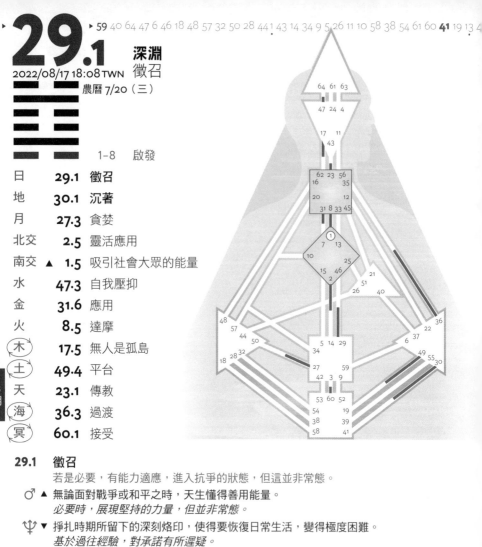

29.1　徵召

若是必要，有能力適應，進入抗爭的狀態，但這並非常態。

♂ ▲ 無論面對戰爭或和平之時，天生懂得善用能量。
　　必要時，展現堅持的力量，但並非常態。

♆ ▼ 掙扎時期所留下的深刻烙印，使得要恢復日常生活，變得極度困難。
　　基於過往經驗，對承諾有所遲疑。

8月

☽24 00:41　　♀33 08:02　　☽2 11:25

17.08
2022

Thursday, August 18th
midnight　　4　　6　　8　　10　　12　　14

22

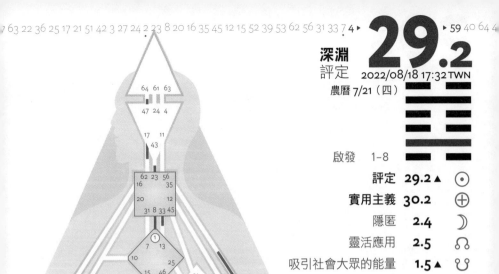

深淵 **29**.2
評定 2022/08/18 17:32 TWN
農曆 7/21（四）

啟發	1-8	
評定	**29.2** ▲	⊙
實用主義	**30.2**	⊕
隱匿	**2.4**	☽
靈活應用	**2.5**	☊
吸引社會大眾的能量	**1.5** ▲	☋
聖人	**47.5**	☿
逃避	**33.1**	♀
達摩	**8.5**	♂
無人是孤島	**17.5**	♃
民怨	**49.3**	♄
傳教	**23.1**	♅
過渡	**36.3**	♆
接受	**60.1**	♇

29.2 評定

能否堅持，謹慎以對。

⊙ ▲ 持續的力量，宛如指路明燈。
　　允諾，堅持的力量。

♀ ▼ 過度謹慎的傾向，當堅持被認定為多餘，又無法為不和諧的狀態劃下句點。
　　堅持引發更多不和諧，對於是否要答應，更加謹慎小心。

29.3

深淵
評估

2022/08/19 16:56 TWN

農曆 7/22（五）

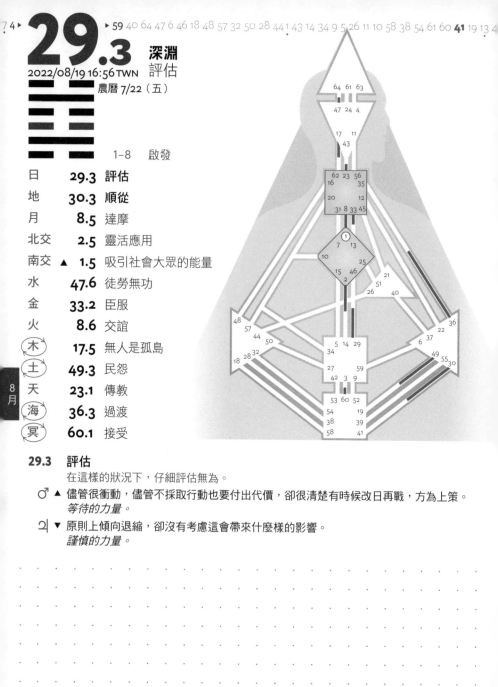

		1–8	啟發
日	**29.3**	評估
地	**30.3**	順從
月	**8.5**	達摩
北交	**2.5**	靈活應用
南交	▲ **1.5**	吸引社會大眾的能量
水	**47.6**	徒勞無功
金	**33.2**	臣服
火	**8.6**	交誼
木	**17.5**	無人是孤島
土	**49.3**	民怨
天	**23.1**	傳教
海	**36.3**	過渡
冥	**60.1**	接受

8月

29.3 評估

在這樣的狀況下，仔細評估無為。

♂ ▲ 儘管很衝動，儘管不採取行動也要付出代價，卻很清楚有時候改日再戰，方為上策。
等待的力量。

♃ ▼ 原則上傾向退縮，卻沒有考慮這會帶來什麼樣的影響。
謹慎的力量。

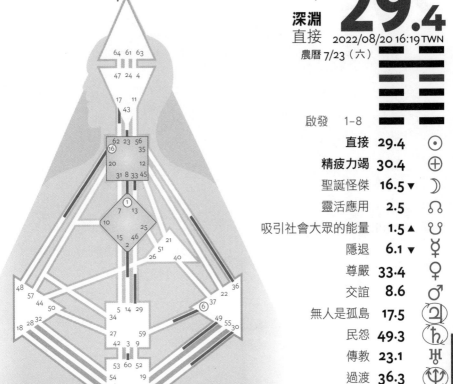

深淵 **29.4**
直接 2022/08/20 16:19 TWN
農曆 7/23（六）

啟發	1-8	
直接	**29.4**	☉
精疲力竭	**30.4**	⊕
聖誕怪傑	16.5 ▼	☽
靈活應用	2.5	☊
吸引社會大眾的能量	1.5 ▲	☋
隱退	6.1 ▼	☿
尊嚴	33.4	♀
交誼	8.6	♂
無人是孤島	17.5	♃
民怨	49.3	♄
傳教	23.1	♅
過渡	36.3	♆
接受	60.1	♇

8月

29.4   直接

兩點之間最短的距離是一條直線。

♄ ▲ 運用智慧，以最簡捷直接的方式來解決困難。
　　力量來自於投注一己之力，運用在最簡單、最直接的流程。

♀ ▼ 簡單和直接，往往被視為不和諧，在美學層面極粗糙。
　　直白的力量，常常冒犯他人。

☽35▦ ♂20▦   ☽45▦
18:49 21:04   06:09

Sunday, August 21th
midnight

20   22   midnight   4   6   8   10   12

21.08
2022

29.5

深淵
過度擴張

2022/08/21 15:41 TWN

農曆 7/24（日）

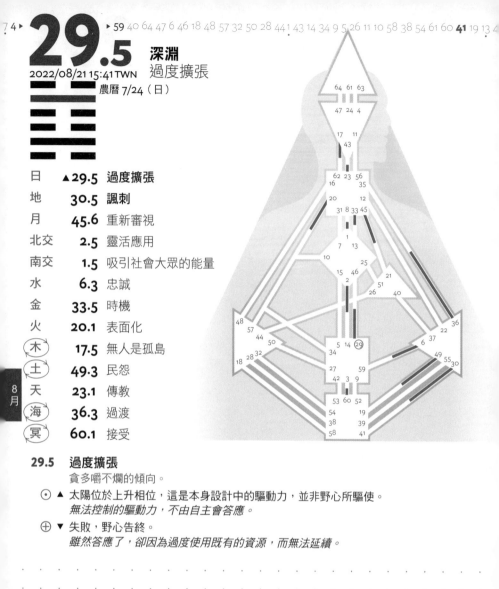

日	▲29.5	過度擴張
地	30.5	諷刺
月	45.6	重新審視
北交	2.5	靈活應用
南交	1.5	吸引社會大眾的能量
水	6.3	忠誠
金	33.5	時機
火	20.1	表面化
木	17.5	無人是孤島
土	49.3	民怨
天	23.1	傳教
海	36.3	過渡
冥	60.1	接受

8月

29.5 過度擴張

貪多嚼不爛的傾向。

⊙ ▲ 太陽位於上升相位，這是本身設計中的驅動力，並非野心所驅使。
無法控制的驅動力，不由自主會答應。

⊕ ▼ 失敗，野心告終。
雖然答應了，卻因為過度使用既有的資源，而無法延續。

☾ 12 ䷀ 17:32

☾ 15 ䷂ 04:56

Monday, August 22th
midnight

21.08 2022

20   22   midnight   4   6   8   10   12

深淵
困惑

29.6

2022/08/22 15:02 TWN

農曆 7/25（一）

困惑	**29.6**	☉
強制	**30.6**	⊕
自我防衛	**15.6**	☽
靈活應用	**2.5**	☊
吸引社會大眾的能量	**1.5**	☋
勝利	**6.4**	☿
離異	**33.6**	♀
獨斷者	**20.2**	♂
無人是孤島	**17.5**	♃
民怨	**49.3**	♄
傳教	**23.1**	♅
過渡	**36.3**	♆
接受	**60.1**	♇

29.6　困惑

存在的狀態，局勢蒙蔽了覺知。

♂ ▲ 火星帶來能量與決心，形成盲目的驅動力，往往莫名帶來好運。
　　堅持的力量毫無意義。

♃ ▼ 在混亂中傾向抽離，而非接受制約，並且持續堅持下去。
　　能在混亂中保持警覺，而非說出承諾。

☽52　16:22　　♀7　22:00　　☽39　03:47

Tuesday, August 23th

midnight

18　　20　　22　　　　4　　6　　8　　10

59.1

分散
先發制人

2022/08/23 14:23 TWN

農曆 7/26（二）處暑

6-59　親密
39-55　情緒

日	★**59.1**	先發制人
地	**55.1**	合作
月	▲**39.6**	解決麻煩者
北交	**2.4**	隱匿
南交	**1.4**	孤獨為創造力之媒介
水	**6.5**	仲裁
金	▲ **7.1**	獨裁主義者
火	**20.2**	獨斷者
木	**17.5**	無人是孤島
土	**49.3**	民怨
天	**23.1**	傳教
海	**36.3**	過渡
冥	**60.1**	接受

8月

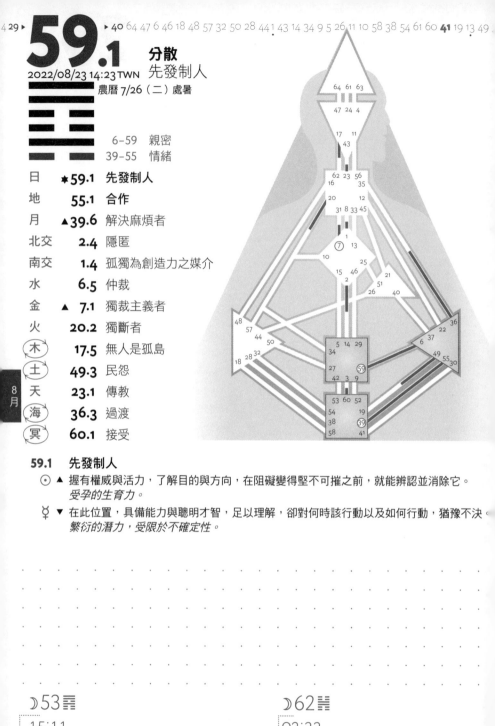

59.1　先發制人

⊙ ▲ 握有權威與活力，了解目的與方向，在阻礙變得堅不可摧之前，就能辨認並消除它。
受孕的生育力。

☿ ▼ 在此位置，具備能力與聰明才智，足以理解，卻對何時該行動以及如何行動，猶豫不決。
繁衍的潛力，受限於不確定性。

☽53 ䷀

☽62 ䷀

15:11

02:33

23.08
2022

Wednesday, August 24ᵗʰ

18　　　20　　　22　　　midnight　　　4　　　6　　　8　　　10

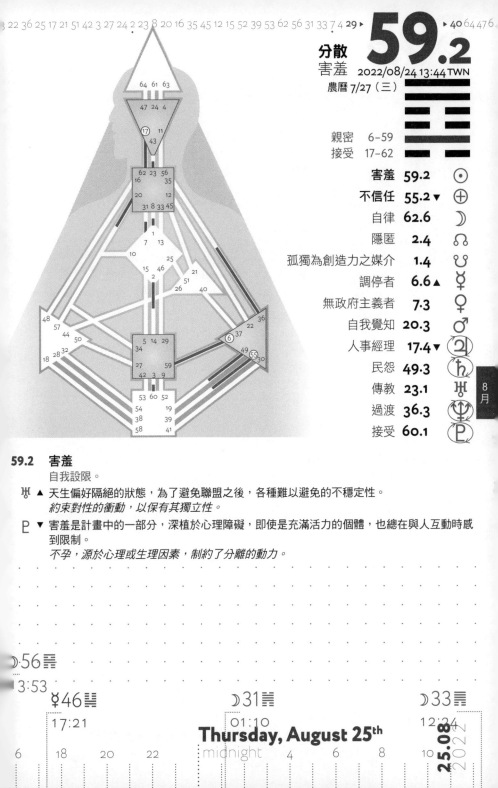

分散 **59.2**

害羞 2022/08/24 13:44 TWN

農曆 7/27（三）

| 親密 | 6-59 |
| 接受 | 17-62 |

害羞	**59.2**	☉
不信任	**55.2**▼	⊕
自律	**62.6**	☽
隱匿	**2.4**	☊
孤獨為創造力之媒介	**1.4**	☋
調停者	**6.6**▲	☿
無政府主義者	**7.3**	♀
自我覺知	**20.3**	♂
人事經理	**17.4**▼	♃
民怨	**49.3**	♄
傳教	**23.1**	♅
過渡	**36.3**	♆
接受	**60.1**	♇

8月

59.2　害羞

自我設限。

♅ ▲ 天生偏好隔絕的狀態，為了避免聯盟之後，各種難以避免的不穩定性。
　　約束對性的衝動，以保有其獨立性。

♇ ▼ 害羞是計畫中的一部分，深植於心理障礙，即使是充滿活力的個體，也總在與人互動時感到限制。
　　不孕，源於心理或生理因素，制約了分離的動力。

☽ 56

3:53

♀ 46

17:21

☽ 31

01:10

☽ 33

12:24

Thursday, August 25th

midnight

6　　18　　20　　22　　　　4　　6　　8　　10

25.08 2022

59.3

分散
開放

2022/08/25 13:03 TWN

農曆 7/28（四）

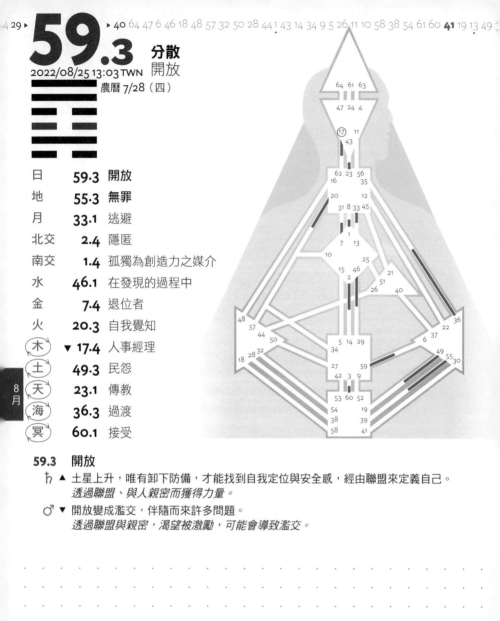

日	**59.3**	開放	
地	**55.3**	**無罪**	
月	**33.1**	逃避	
北交	**2.4**	隱匿	
南交	**1.4**	孤獨為創造力之媒介	
水	**46.1**	在發現的過程中	
金	**7.4**	退位者	
火	**20.3**	自我覺知	
木 ▼	**17.4**	人事經理	
土	**49.3**	民怨	
天	**23.1**	傳教	
海	**36.3**	過渡	
冥	**60.1**	接受	

8月

59.3　開放

♄ ▲ 土星上升，唯有卸下防備，才能找到自我定位與安全感，經由聯盟來定義自己。
　　透過聯盟、與人親密而獲得力量。

♂ ▼ 開放變成濫交，伴隨而來許多問題。
　　透過聯盟與親密，渴望被激勵，可能會導致濫交。

25.08
2022

☽7 ䷀
23:34
midnight

☽4 ䷁
10:40

Friday, August 26th

16　18　20　22　　4　6　8　10

分散 59.4

手足情誼 2022/08/26 12:22 TWN

農曆 7/29（五）

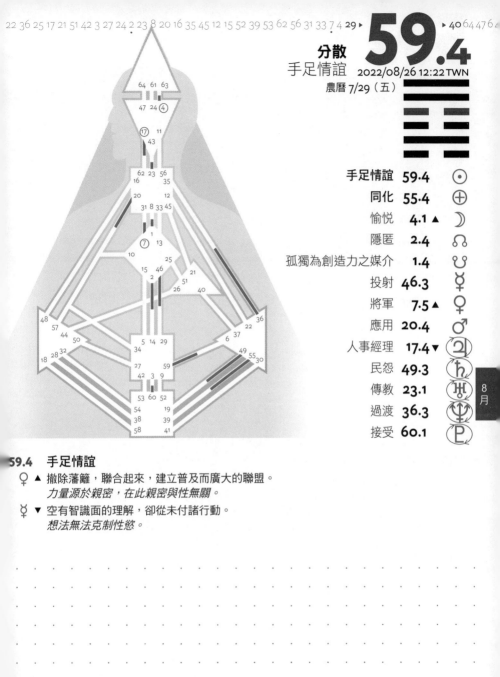

手足情誼	59.4	☉
同化	55.4	⊕
愉悅	4.1 ▲	☽
隱匿	2.4	☊
孤獨為創造力之媒介	1.4	☋
投射	46.3	☿
將軍	7.5 ▲	♀
應用	20.4	♂
人事經理	17.4 ▼	♃
民怨	49.3	♄
傳教	23.1	♅
過渡	36.3	♆
接受	60.1	♇

8月

59.4 手足情誼

♀ ▲ 撤除藩籬，聯合起來，建立普及而廣大的聯盟。
力量源於親密，在此親密與性無關。

☿ ▼ 空有智識面的理解，卻從未付諸行動。
想法無法克制性慾。

☽29 ䷗
21:42

☽59 ䷗
08:40

Saturday, August 27ᵗʰ

midnight   4   6   8

27.08
2022

16   18   20   22

59.5

分散
蛇蠍美人或大眾情人

2022/08/27 11:41 TWN

農曆 8/1（六）

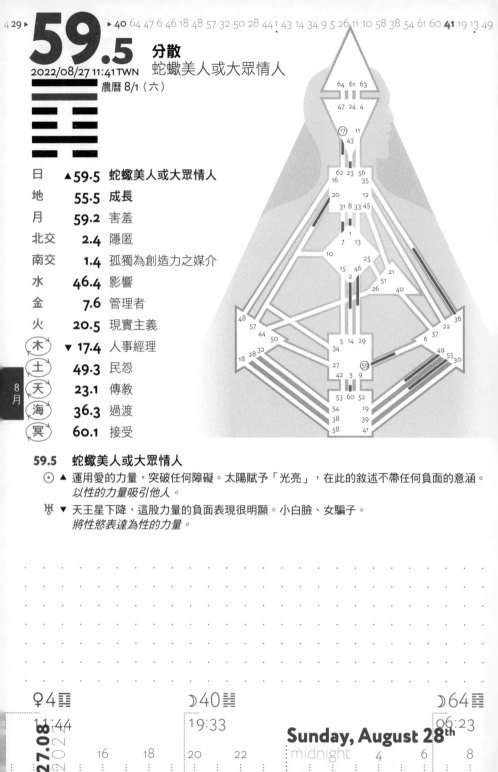

日	▲59.5	蛇蠍美人或大眾情人
地	55.5	成長
月	59.2	害羞
北交	2.4	隱匿
南交	1.4	孤獨為創造力之媒介
水	46.4	影響
金	7.6	管理者
火	20.5	現實主義
木	▼17.4	人事經理
土	49.3	民怨
天	23.1	傳教
海	36.3	過渡
冥	60.1	接受

8月

59.5 蛇蠍美人或大眾情人

⊙ ▲ 運用愛的力量，突破任何障礙。太陽賦予「光亮」，在此的敘述不帶任何負面的意涵。
以性的力量吸引他人。

♅ ▼ 天王星下降，這股力量的負面表現很明顯。小白臉、女騙子。
將性慾表達為性的力量。

♀ 4

11:44

27.08

2024

☽ 40

19:33

16　　18　　20　　22

Sunday, August 28th

midnight

☽ 64

06:23

4　　6　　8

分散

59.6

一夜情　2022/08/28 10:59 TWN
農曆 8/2（日）

一夜情	**59.6** ⊙
自私	**55.6** ⊕
過度膨脹	**64.3** ▾ ☽
耐性	**2.3** ☊
持續創作的能量	**1.3** ☋
步調	**46.5** ☿
接受	**4.2** ♀
現實主義	**20.5** ♂
人事經理	**17.4** ▾ ♃
民怨	**49.3** ♄
傳教	**23.1** ♅
過渡	**36.3** ♆
接受	**60.1** ♇

8月

59.6　一夜情

基於個性或環境因素，傾向接受短暫的結盟，否則關係可能無法繼續，甚至帶來危險。

♀ ▲ 不論是瞬間或永恆，都是完美的關係。
　　親密的力量，超越條件。

☿ ▾ 最基本的動力，就是繼續下去，尋求短暫的關係，視為理所當然，對環境因素不做回應。
　　對多元化的性與親密關係，興緻勃勃。

☽47 17:09

☽6 03:50

Monday, August 29th midnight

14　16　18　20　　　2　4　6

29.08 2022

40.1

遞送
休養

2022/08/29 10:16 TWN

農曆 8/3（一）

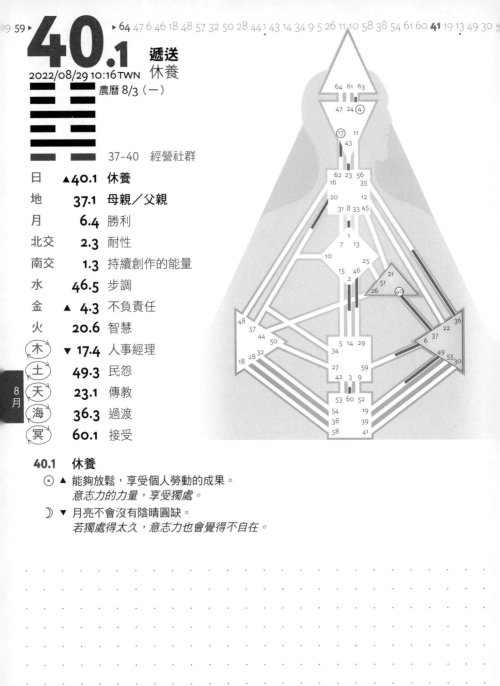

37-40　經營社群

日	▲	**40.1**	**休養**
地		**37.1**	**母親／父親**
月		**6.4**	勝利
北交		**2.3**	耐性
南交		**1.3**	持續創作的能量
水		**46.5**	步調
金	▲	**4.3**	不負責任
火		**20.6**	智慧
木	▼	**17.4**	人事經理
土		**49.3**	民怨
天		**23.1**	傳教
海		**36.3**	過渡
冥		**60.1**	接受

8月

40.1　休養

☉ ▲ 能夠放鬆，享受個人勞動的成果。
　　意志力的力量，享受獨處。

☽ ▼ 月亮不會沒有陰晴圓缺。
　　若獨處得太久，意志力也會覺得不自在。

29.08 2022

☽46 14:28

☽18 01:01

Tuesday, August 30
midnight

14　16　18　20　22　　4　6

遞送
堅定 # 40.2

2022/08/30 09:33 TWN

農曆 8/4（二）

經營社群 37-40

堅定	**40.2** ▲	⊙
責任	**37.2**	⊕
治療	**18.5**	☽
耐性	**2.3**	☊
持續創作的能量	**1.3**	☋
誠信	**46.6**	☿
騙子	**4.4**	♀
智慧	**20.6**	♂
人事經理	**17.4** ▼	♃
民怨	**49.3**	♄
傳教	**23.1**	♅
過渡	**36.3**	♆
接受	**60.1**	♇

8月

40.2　堅定

⊙ ▲ 從獨處中獲得力量與權威，徹底擺脫自由的元素。
　　經由獨處而得到力量，因而認知到他人的重要性，也體認到他們所帶來的影響，頗具破壞性。

☽ ▼ 於獨處中回歸本性的平和，基於同情而試圖滋養，反而阻擋了自由。
　　孤獨的力量遮蔽了意志力，對於他人可能帶來的破壞，視而不見。

☽48
1:31

☿18　　　　♂16　　　　☽57　　　　　　　　☽32
12:57　　　20:01　　　21:56　　　　　　　08:18

Wednesday, August 31ᵗʰ
midnight

31.08.2022

2　　14　　16　　18　　20　　　　　　2　　4　　6

40.3

遞送
謙遜

2022/08/31 08:49 TWN

農曆 8/5（三）

37-40　經營社群

日	**40.3**	**謙遜**
地	**37.3**	**平等對待**
月	**32.1**	保存
北交	**2.3**	耐性
南交	**1.3**	持續創作的能量
水	**18.1**	保守主義
金	**4.6**	超越
火	**16.1**	妄想
⟳木	▼ **17.4**	人事經理
⟳土	**49.2**	最終手段
⟳天	**23.1**	傳教
⟳海	▲**36.2**	支持
⟳冥	**60.1**	接受

8月

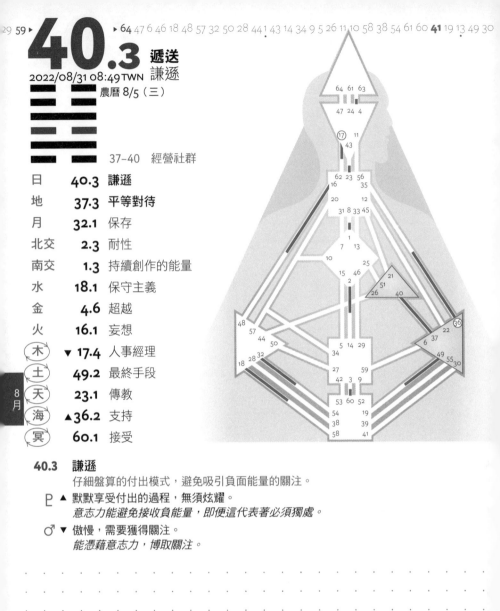

40.3　謙遜

仔細盤算的付出模式，避免吸引負面能量的關注。

♇ ▲ 默默享受付出的過程，無須炫耀。
　　意志力能避免接收負能量，即便這代表著必須獨處。

♂ ▼ 傲慢，需要獲得關注。
　　能憑藉意志力，博取關注。

☽50 18:36　♀29 01:14　☽28 04:49

Thursday, September 1st

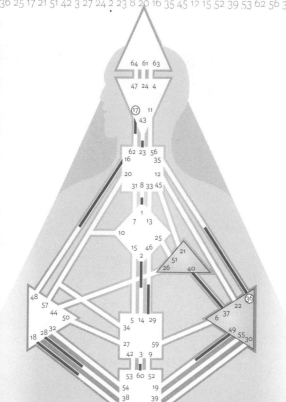

遞送
組織

40.4

2022/09/01 08:04 TWN

農曆 8/6（四）

經營社群　37–40

組織	**40.4**	☉
以身作則	**37.4**	⊕
與魔鬼握手	**28.2**	☽
耐性	**2.3**	☊
持續創作的能量	**1.3**	☋
絕症	**18.2**	☿
徵召	**29.1**	♀
妄想	**16.1**	♂
人事經理	**17.4▼**	♃
最終手段	**49.2**	♄
傳教	**23.1**	♅
支持	**36.2▲**	♆
接受	**60.1**	♇

9月

40.4　組織

♅ ▲ 蛻變的力量，為了持續供給，運以直覺的智慧，選擇並管理。
　　意志力的力量來自於全權管理，同時又能保有機動性，適時抽離。

♂ ▼ 無法控制其熱忱，大量投注支持，卻忽略了支持的品質，以至於長期累積下來，供需極易
　　失衡。
　　經由管理組織他人，賦予自己力量。

☽44
14:59

Friday, September 2nd
midnight

☽1
01:04

02.09
2022

12　　14　　16　　18　　20　　　　　2　　4

40.5

遞送
剛硬

2022/09/02 07:19 TWN

農曆 8/7（五）

37-40　經營社群

日	▼	**40.5**	剛硬
地		**37.5**	愛
月		**1.4**	孤獨為創造力之媒介
北交		**2.3**	耐性
南交		**1.3**	持續創作的能量
水		**18.3**	狂熱分子
金	▼	**29.2**	評定
火		**16.2**	憤世嫉俗的人
木	▼	**17.4**	人事經理
土		**49.2**	最終手段
天		**23.1**	傳教
海	▲	**36.2**	支持
冥		**60.1**	接受

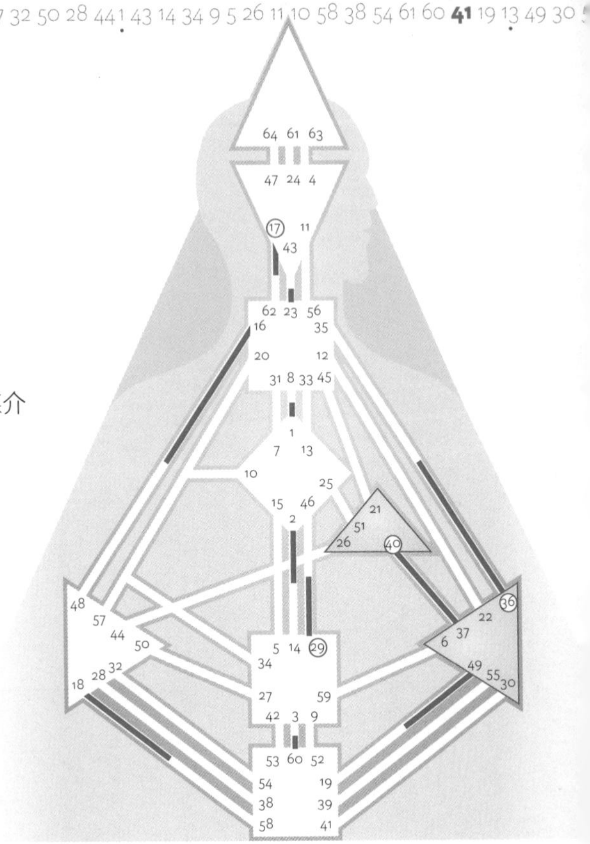

40.5　剛硬

若要解脫，所有負面力量都必須排除。

�× × ▲ 要求絕對勝利的革命者。
拒絕與負面的關係接觸，意志力的力量才能持續。

⊕ ▼ 較能接受在革命的過程中，必然會出現相當程度的偏差，而這些偏差往後都能成功清除
意志力的弱點在於孤單時，為求保全，無法對負面的關係說不。

☽43 ☰ 11:05

☽14 ☰ 21:01

Saturday, September 3ᵗʰ

midnight

02.09 2022

10　12　14　16　18　20　2　4

遞送 40.6
撤職 2022/09/03 06:34 TWN
農曆 8/8（六）

脈動 2-14
經營社群 37-40

撤職	**40.6** ★	⊙
目的	**37.6**	⊕
謙遜	**14.6**	☽
耐性	**2.3**	☊
持續創作的能量	**1.3**	☋
狂熱分子	**18.3**	☿
評估	**29.3**	♀
憤世嫉俗的人	**16.2**	♂
理解	**17.3**	♃
最終手段	**49.2**	♄
傳教	**23.1**	♅
支持	**36.2** ▲	♆
接受	**60.1**	♇

9
月

40.6 撤職

解放之前，對手握權力的低等勢力，進行摧毀。

⊙ ▲ 權威中帶有寬厚，只針對需激烈對待之人，撤除他們的力量。
以正當防衛群體為前提，以意志力為權威，拒絕某些特定的個體。

⊕ ▼ 以法國大革命的恐怖行為為例，將誰罪有應得的想法，殘酷地擴展到整個階級。
透過權力與權威，扭曲自我。

☽34
6:53

☽9
16:40
Sunday, September 4th
midnight

☽5
03:23
04.09
2023

10   12   14   16   18   20   2

64.1

完成之前
制約

2022/09/04 05:48 TWN

農曆 8/9（日）

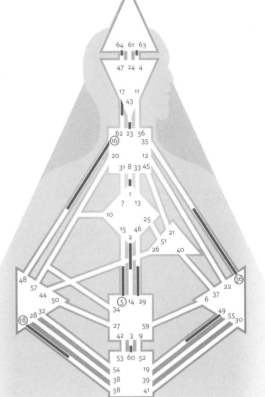

日	**64.1**	制約
地	**63.1**	沉著
月	▼ **5.3**	強迫症
北交	**2.3**	耐性
南交	**1.3**	持續創作的能量
水	▼ **18.4**	無能
金	**29.5**	過度擴張
火	▼ **16.3**	獨立
木	**17.3**	理解
土	**49.2**	最終手段
天	**23.1**	傳教
海	▲ **36.2**	支持
冥	**60.1**	接受

64.1　制約

♀ ▲ 滲透核心，體會在失序中存活，和諧是必要注入的元素。
在迷惘中要找到重點，相對困難。

♂ ▼ 轉變出現時，散發強大誘惑，導致倉促行動。
自認已解開謎團，會有衝動想即刻行動。

♅ 2 ▦　☽ 26 ▦
09:05　12:02

☽ 11 ▦
21:36

Monday, September 5th
midnight

04.09
2022

10　12　14　16　18　20　2

完成之前
素質

64.2

2022/09/05 05:01 TWN
農曆 8/10（一）

素質	**64.2** ☉
結構	**63.2** ⊕
慈善家	**11.5** ▲ ☽
耐性	**2.3** ▼ ☊
持續創作的能量	**1.3** ☋
無能	**18.4** ▼ ☿
困惑	**29.6** ♀
領導者	**16.4** ▼ ♂
理解	**17.3** ♃
最終手段	**49.2** ♄
定格	**2.6** ♅
支持	**36.2** ▲ ♆
接受	**60.1** ♇

9月

64.2　素質

♀ ▲ 發展內在，了解若要超越，有些特質不可或缺，察覺若缺乏內在素質，行動只會失敗。
　　發展內在才能終結困惑，明白一切有其道理。

☽ ▼ 若不斷採取行動，只不過是耗損，同時也浪費未來所需資源。
　　在困惑中迷失，加重心理負荷。

☽10 ☷　　P61 ☷　　♀59 ☷ ☽58 ☷　　　　☽38 ☷
07:06　　　　14:02　　　14:31　16:33　　　　01:55

Tuesday, September 6th

8　　　10　　　12　　　14　　　16　　　18　　　20　　midnight

06.09
2022

64.3
完成之前
過度膨脹

2022/09/06 04:14 TWN

農曆 8/11（二）

日	**64.3**	過度膨脹
地	**63.3**	持續
月	▼**38.2**	彬彬有禮
北交	▼ **2.3**	耐性
南交	**1.3**	持續創作的能量
水	**18.5**	治療
金	**59.1**	先發制人
火	▼**16.4**	領導者
木	**17.3**	理解
土	**49.2**	最終手段
天	**2.6**	定格
海	▲**36.2**	支持
冥	▲**61.6**	感染力

9 月

64.3 過度擴張

ħ ▲ 有足夠的智慧，認知到當一個人缺乏必需的資源，將無法完成轉換，如此即時的察覺力，可能就此帶來機會，得以尋求支持。
有智慧，能接受困惑是暫時的，隨著時間或透過他人，將即時獲得解決。

☽ ▼ 對於膚淺又自滿的個性，其風險就是，當轉變的過程結束之後，無人可求援。
過度自信，認為命運將仁慈以待。

☽54 11:15

☽61 20:31

Wednesday, September 7th
midnight

完成之前 64.4

信念   2022/09/07 03:26 TWN

農曆 8/12（三）白露

信念	**64.4**	☉
記憶	**63.4**	⊕
影響	**61.5**	☽
耐性	**2.3 ▼**	☊
持續創作的能量	**1.3**	☋
治療	**18.5**	☿
開放	**59.3**	♀
聖誕怪傑	**16.5**	♂
理解	**17.3**	♃
最終手段	**49.2**	♄
定格	**2.6**	♅
支持	**36.2 ▲**	♆
感染力	**61.6 ▲**	♇

9月

64.4 信念

☽ ▲ 如同月亮有其圓缺，是週期也是必經的轉變過程，深信將贏得成功。
困惑是過程，最終會帶來理解的結果。

♂ ▼ 單靠力量與能量，無法戰勝疑慮。
困惑如此強烈，就算確認再三，依舊無法緩解。

☽60䷁
05:45

☽41䷂
14:58

☽19䷓
00:09

Thursday, September 8th
midnight

6   8   10   12   14   16   18   20

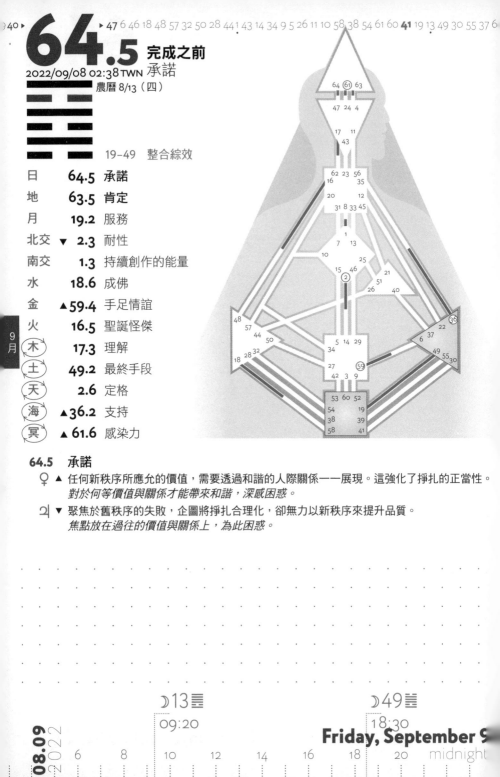

64.5

完成之前
承諾

2022/09/08 02:38 TWN

農曆 8/13（四）

19-49　整合綜效

日		**64.5**	承諾
地		**63.5**	肯定
月		**19.2**	服務
北交	▼	**2.3**	耐性
南交		**1.3**	持續創作的能量
水		**18.6**	成佛
金	▲	**59.4**	手足情誼
火		**16.5**	聖誕怪傑
木		**17.3**	理解
土		**49.2**	最終手段
天		**2.6**	定格
海	▲	**36.2**	支持
冥	▲	**61.6**	感染力

9月

64.5　承諾

♀ ▲ 任何新秩序所應允的價值，需要透過和諧的人際關係一一展現。這強化了掙扎的正當性。
對於何等價值與關係才能帶來和諧，深感困惑。

♃ ▼ 聚焦於舊秩序的失敗，企圖將掙扎合理化，卻無力以新秩序來提升品質。
焦點放在過往的價值與關係上，為此困惑。

☽13☰
09:20

☽49☰
18:30

Friday, September 9
midnight

完成之前 **64.6**

勝利

2022/09/09 01:49 TWN

農曆 8/14（五）

勝利	**64.6**	☉
懷舊之情	**63.6**	⊕
組織	**49.5▲**	☽
耐性	**2.3▼**	☊
持續創作的能量	**1.3**	☋
成佛	**18.6**	☿
蛇蠍美人或大眾情人	**59.5**	♀
輕信	**16.6**	♂
理解	**17.3**	♃
最終手段	**49.2**	♄
定格	**2.6**	♅
支持	**36.2▲**	♆
感染力	**61.6▲**	♇

9月

64.6　勝利

☿ ▲ 理智上確認勝利在望，感受勝利的甜美，無須更多理由。
　　智識層面的天賦，享受困惑，能經手多樣化的資訊。

♀ ▼ 就像木馬屠城記的故事，慶祝到得意忘形很危險，會讓人放鬆戒備，並失去洞察力。
　　面對大量多元化的資料，容易模糊觀點。

☽30

03:42

☽55

12:55

☽37

22:10

Saturday, September 10th

midnight

6　　8　　10　　12　　14　　16　　18　　20

47.1

壓抑
盤點

2022/09/10 01:00 TWN

農曆 8/15（六）

日	**47.1**	盤點
地	**22.1**	次等艙
月	**37.2**	責任
北交	**2.2**	天才
南交	**1.2**	愛是光
水	**18.6**	成佛
金	▲**59.6**	一夜情
火	**16.6**	輕信
木	**17.3**	理解
土	**49.2**	最終手段
天	**2.6**	定格
海	▲**36.2**	支持
冥	▲**61.6**	感染力

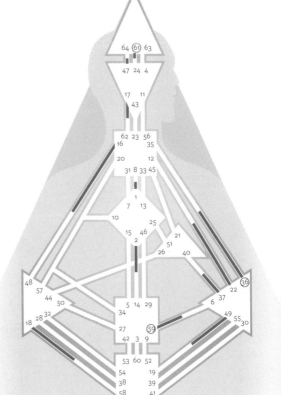

47.1　盤點

♄ ▲ 面對困難時，能先聚焦在排除那些，令人備感壓迫的負面因素。
　　了解負面思想必須被連根拔起。

♆ ▼ 出現幻覺，認為壓迫感來自外在的種種現象，最後導致災難的結果。
　　認為全世界都跟你作對。

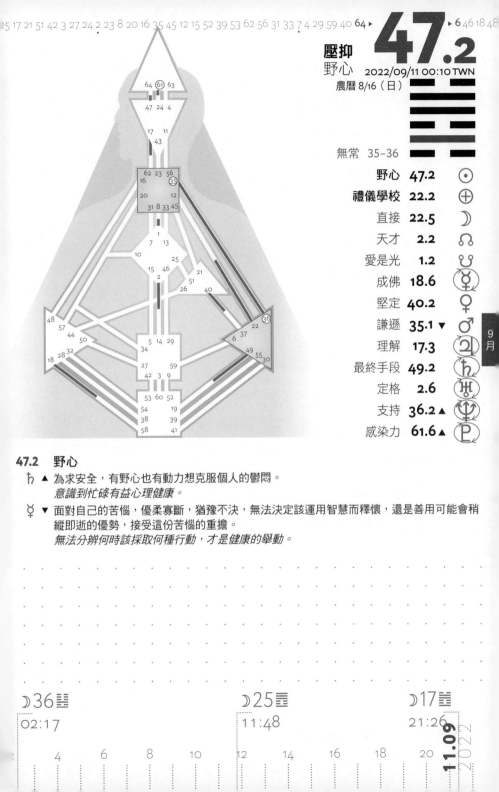

壓抑
47.2
野心
2022/09/11 00:10 TWN
農曆 8/16（日）

無常 35–36

野心	**47.2**	☉
禮儀學校	**22.2**	⊕
直接	**22.5**	☽
天才	**2.2**	☊
愛是光	**1.2**	☿
成佛	**18.6**	☿
堅定	**40.2**	♀
謙遜	**35.1** ▼	♂
理解	**17.3**	♃
最終手段	**49.2**	♄
定格	**2.6**	♅
支持	**36.2** ▲	♆
感染力	**61.6** ▲	♇

9月

47.2　野心

♄ ▲ 為求安全，有野心也有動力想克服個人的鬱悶。
　　意識到忙碌有益心理健康。

☿ ▼ 面對自己的苦惱，優柔寡斷，猶豫不決，無法決定該運用智慧而釋懷，還是善用可能會稍縱即逝的優勢，接受這份苦惱的重擔。
　　無法分辨何時該採取何種行動，才是健康的舉動。

☽36　02:17　　☽25　11:48　　☽17　21:26

47.3

壓抑
自我壓抑

2022/09/11 23:19 TWN

農曆 8/16（日）

35–36　無常

日	**47.3**	自我壓抑
地	**22.3**	魔法師
月	▼ **17.2**	歧視
北交	**2.2**	天才
南交	**1.2**	愛是光
水	**18.6**	成佛
金	**40.3**	謙遜
火	▼**35.1**	謙遜
木	▼ **17.2**	歧視
土	**49.2**	最終手段
天	**2.6**	定格
海	▲**36.2**	支持
冥	▲ **61.6**	感染力

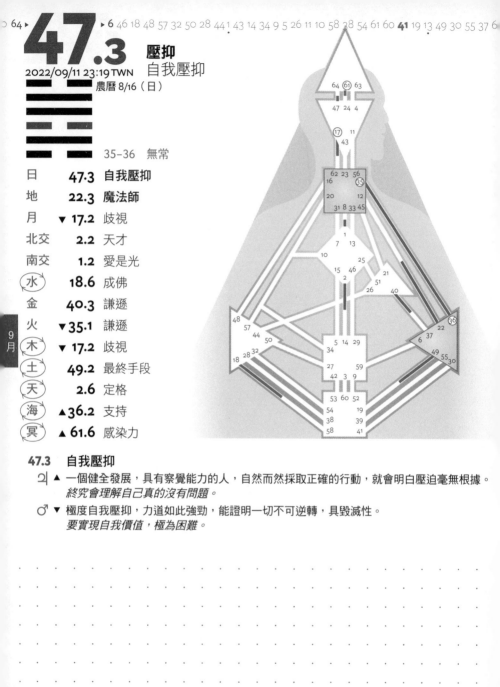

47.3　自我壓抑

♃ ▲ 一個健全發展，具有察覺能力的人，自然而然採取正確的行動，就會明白壓迫毫無根據。
終究會理解自己真的沒有問題。

♂ ▼ 極度自我壓抑，力道如此強勁，能證明一切不可逆轉，具毀滅性。
要實現自我價值，極為困難。

☽21 ☰ 07:10

☽51 ☰ 17:01

Monday, September 12th

midnight   4   6   8   10   12   14   16   18   20

9月

壓抑
鎮壓

47.4

2022/09/12 22:28 TWN

農曆 8/17（一）

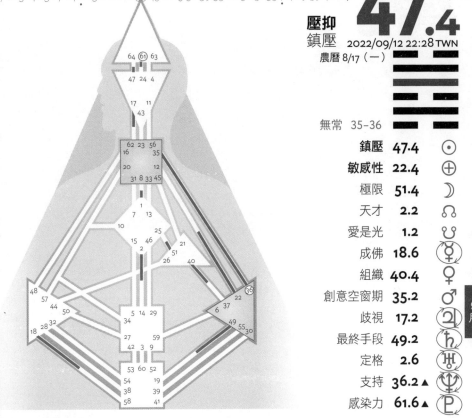

無常 35–36		
鎮壓	**47.4**	☉
敏感性	**22.4**	⊕
極限	**51.4**	☽
天才	**2.2**	☊
愛是光	**1.2**	☋
成佛	**18.6**	☿
組織	**40.4**	♀
創意空窗期	**35.2**	♂
歧視	**17.2**	♃
最終手段	**49.2**	♄
定格	**2.6**	♅
支持	**36.2▲**	♆
感染力	**61.6▲**	♇

9月

47.4 鎮壓

約束來自外在的壓迫。

♄ ▲ 有力人士，即使面對最強大的壓迫，也能保有資源，在一定程度上，為了他人的利益，更要確保自身生存無虞。
儘管外在存有制約，還是對於自己的身分有認同感。

☽ ▼ 若失去光亮，宛如月亮退隱於暗夜，勉強能滋養自己，無暇顧及他人。
外在的制約，壓制其身分與定位。

☽42 ☷
02:59

☽3 ☷
13:05

Tuesday, September 13th
midnight   4   6   8   10   12   14   16   18

13.09
2022

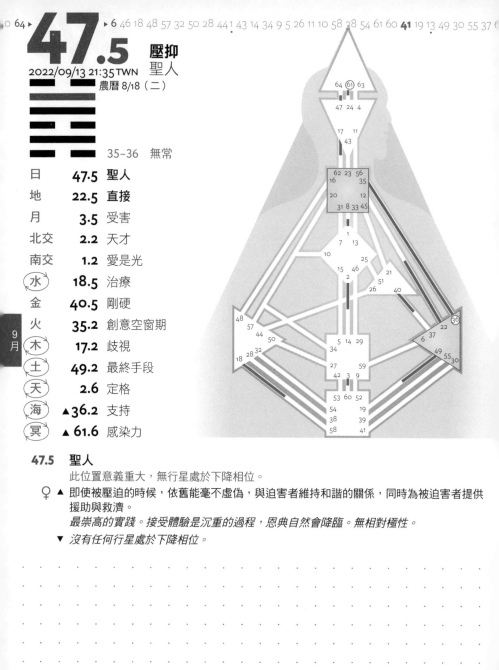

47.5

壓抑
聖人

2022/09/13 21:35 TWN
農曆 8/18（二）

35–36　無常

日	**47.5**	**聖人**
地	**22.5**	**直接**
月	**3.5**	受害
北交	**2.2**	天才
南交	**1.2**	愛是光
水	**18.5**	治療
金	**40.5**	剛硬
火	**35.2**	創意空窗期
木	**17.2**	歧視
土	**49.2**	最終手段
天	**2.6**	定格
海	▲**36.2**	支持
冥	▲**61.6**	感染力

9月

47.5　聖人

此位置意義重大，無行星處於下降相位。

♀ ▲ 即使被壓迫的時候，依舊能毫不虛偽，與迫害者維持和諧的關係，同時為被迫害者提供援助與救濟。
最崇高的實踐。接受體驗是沉重的過程，恩典自然會降臨。無相對極性。

▼ *沒有任何行星處於下降相位。*

🌙27▦
23:19
Wednesday, September 14th
midnight　4　6　8

🌙24▦
09:41
10　12

♀64▦
16:31
14　16

🌙2
20:1
18

47.6

壓抑
徒勞無功   2022/09/14 20:42 TWN
農曆 8/19（三）

無常 35–36
抽象 47–64

徒勞無功	**47.6** ▼	☉
成熟	**22.6**	⊕
直覺	**2.1**	☽
天才	**2.2**	☊
愛是光	**1.2**	☋
治療	**18.5**	☿
制約	**64.1** ▲	♀
合作	**35.3**	♂
歧視	**17.2**	♃
必要性法則	**49.1**	♄
定格	**2.6**	♅
支持	**36.2** ▲	♆
感染力	**61.6** ▲	♇

9月

47.6   **徒勞無功**

困難的位置，無上升相位。

▲ *無相對極性。*

☉ ▼ 也許單靠意志力，就能找到適應及生存的方法，但對於克服抑鬱，全然無望。
人生是一場考驗，蛻去表面，帶來不同層次的體悟。

☽23 ♒   ☽8 ♒
06:51   17:37

Thursday, September 15th
midnight   4   6   8   10   12   14   16

15.09
2022

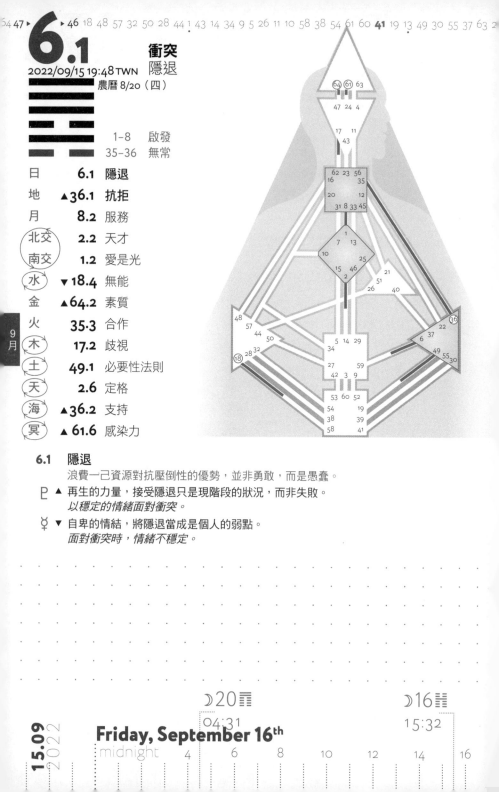

6.1

衝突
隱退

2022/09/15 19:48 TWN
農曆 8/20（四）

1–8	啟發
35–36	無常

日	**6.1**	隱退
地	▲**36.1**	抗拒
月	**8.2**	服務
北交	**2.2**	天才
南交	**1.2**	愛是光
水	▼**18.4**	無能
金	▲**64.2**	素質
火	**35.3**	合作
木	**17.2**	歧視
土	**49.1**	必要性法則
天	**2.6**	定格
海	▲**36.2**	支持
冥	▲ **61.6**	感染力

9
月

6.1 隱退

浪費一己資源對抗壓倒性的優勢，並非勇敢，而是愚蠢。

♇ ▲ 再生的力量，接受隱退只是現階段的狀況，而非失敗。
以穩定的情緒面對衝突。

☿ ▼ 自卑的情結，將隱退當成是個人的弱點。
面對衝突時，情緒不穩定。

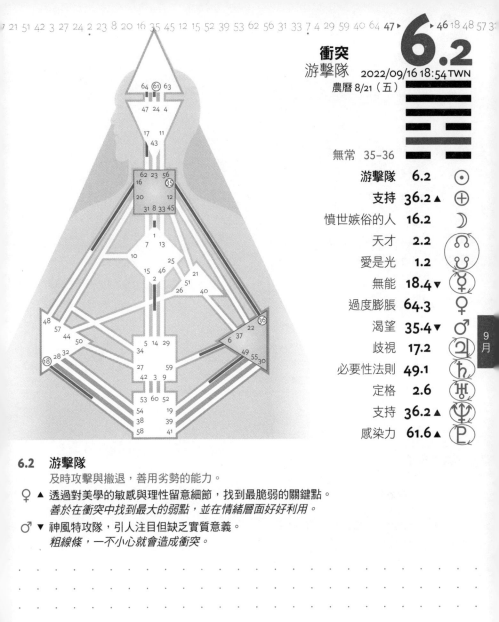

衝突 **6.2**
游擊隊　2022/09/16 18:54 TWN
農曆 8/21（五）

無常	35–36	
游擊隊	**6.2**	☉
支持	**36.2▲**	⊕
憤世嫉俗的人	**16.2**	☾
天才	**2.2**	☊
愛是光	**1.2**	☋
無能	**18.4▼**	☿
過度膨脹	**64.3**	♀
渴望	**35.4▼**	♂
歧視	**17.2**	♃
必要性法則	**49.1**	♄
定格	**2.6**	♅
支持	**36.2▲**	♆
感染力	**61.6▲**	♇

9月

6.2　游擊隊

及時攻擊與撤退，善用劣勢的能力。

♀ ▲ 透過對美學的敏感與理性留意細節，找到最脆弱的關鍵點。
善於在衝突中找到最大的弱點，並在情緒層面好好利用。

♂ ▼ 神風特攻隊，引人注目但缺乏實質意義。
粗線條，一不小心就會造成衝突。

. . . .

☾35 ☷
02:39

☾45 ☷
13:51

Saturday, September 17th
midnight

22　　　　4　　6　　8　　10　　12　　14

17.09
2022

6.3

2022/09/17 17:58 TWN

衝突
忠誠

農曆 8/22（六）

35–36　無常

日	**6.3**	**忠誠**
地	**36.3**	**過渡**
月	**45.3**	排除在外
北交	**2.2**	天才
南交	**1.2**	愛是光
水	**18.3**	狂熱分子
金	▲**64.5**	承諾
火	▼**35.4**	渴望
木	**17.2**	歧視
土	**49.1**	必要性法則
天	**2.6**	定格
海	▲**36.2**	支持
冥	▲ **61.6**	感染力

9月

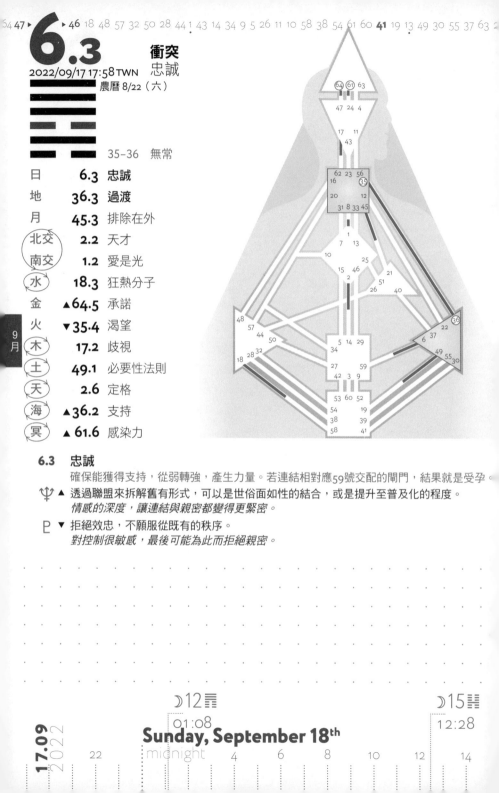

6.3　忠誠

確保能獲得支持，從弱轉強，產生力量。若連結相對應59號交配的閘門，結果就是受孕。

♆ ▲ 透過聯盟來拆解舊有形式，可以是世俗面如性的結合，或是提升至普及化的程度。
　　情感的深度，讓連結與親密都變得更緊密。

♇ ▼ 拒絕效忠，不願服從既有的秩序。
　　對控制很敏感，最後可能為此而拒絕親密。

☽12 ䷀
01:08
☽15 ䷀
12:28

17.09
2022

Sunday, September 18th
midnight

22　　　4　　　6　　　8　　　10　　　12　　　14

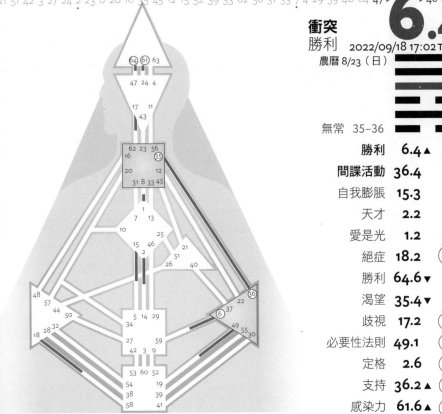

衝突 **6.4**
勝利　2022/09/18 17:02 TWN
農曆 8/23（日）

無常	35-36	
勝利	**6.4**▲	⊙
間諜活動	**36.4**	⊕
自我膨脹	15.3	☽
天才	2.2	☊
愛是光	1.2	☋
絕症	18.2	☿
勝利	64.6▼	♀
渴望	35.4▼	♂
歧視	17.2	♃
必要性法則	49.1	♄
定格	2.6	♅
支持	36.2▲	♆
感染力	61.6▲	♇

9月

6.4　勝利

天生具備不容挑戰的力量。

⊙ ▲ 慈善與智慧，必定將伴隨勝利及全新的視野而來。
　　 主宰關係的情緒力量。

♇ ▼ 征服者與肅清者。
　　 無法控制情感，遭致關係毀壞。

☽52 ♀47 ☽39
23:50 05:14 11:13
Monday, September 19th
midnight 4 6 8 10 12

19.09
2022

20　22

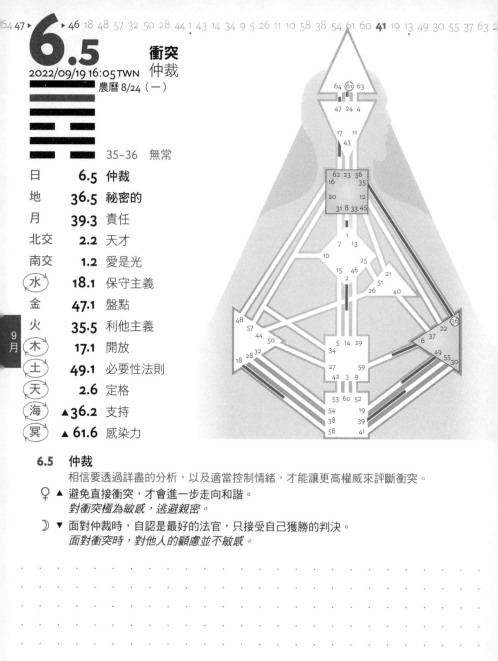

6.5

衝突

2022/09/19 16:05 TWN

仲裁

農曆 8/24（一）

35-36　無常

日	6.5	仲裁
地	36.5	祕密的
月	39.3	責任
北交	2.2	天才
南交	1.2	愛是光
水	18.1	保守主義
金	47.1	盤點
火	35.5	利他主義
木	17.1	開放
土	49.1	必要性法則
天	2.6	定格
海	▲36.2	支持
冥	▲61.6	感染力

9 月

6.5　仲裁

相信要透過詳盡的分析，以及適當控制情緒，才能讓更高權威來評斷衝突。

♀ ▲ 避免直接衝突，才會進一步走向和諧。
　　對衝突極為敏感，逃避親密。

☽ ▼ 面對仲裁時，自認是最好的法官，只接受自己獲勝的判決。
　　面對衝突時，對他人的顧慮並不敏感。

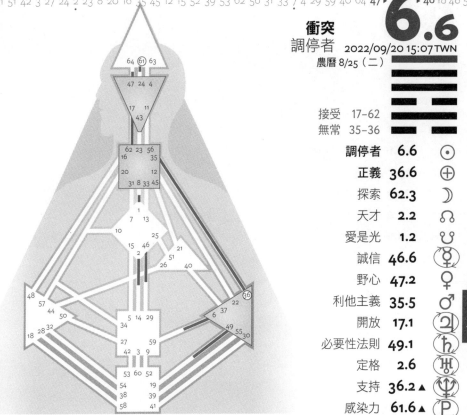

衝突
調停者　　2022/09/20 15:07 TWN
農曆 8/25（二）

接受　17–62
無常　35–36

調停者	**6.6**	☉
正義	**36.6**	⊕
探索	**62.3**	☽
天才	**2.2**	☊
愛是光	**1.2**	☋
誠信	**46.6**	☿
野心	**47.2**	♀
利他主義	**35.5**	♂
開放	**17.1**	♃
必要性法則	**49.1**	♄
定格	**2.6**	♅
支持	**36.2▲**	♆
感染力	**61.6▲**	♇

9月

6.6　調停者

透過更高位階的紀律與操守，單方面平息了衝突，容許敵方投降，留下活口。

☿ ▲ 生命是神聖的，這就是最崇高的理由。
　　感同身受，淬鍊成情緒的力量，終止衝突。

♀ ▼ 調停者，採取公正的行動，但所提出來的和解條件，難以接受。
　　先滿足條件，情感的力量才能終止衝突。

☽56　21:21
☽31　08:39
Wednesday, September 21th
midnight　4　6　8　10
18　20　22
21.09
2022

46.1

推進
在發現的過程中

2022/09/21 14:08 TWN

農曆 8/26（三）

		35–36	無常
日	**46.1**	在發現的過程中
地	**25.1**	無私
月	**31.3**	選擇性
北交	**2.2**	天才
南交	**1.2**	愛是光
水	**46.5**	步調
金	**47.4**	鎮壓
火	▼**35.6**	矯正
木	**17.1**	開放
土	**49.1**	必要性法則
天	**2.6**	定格
海	▲**36.2**	支持
冥	▲**61.6**	感染力

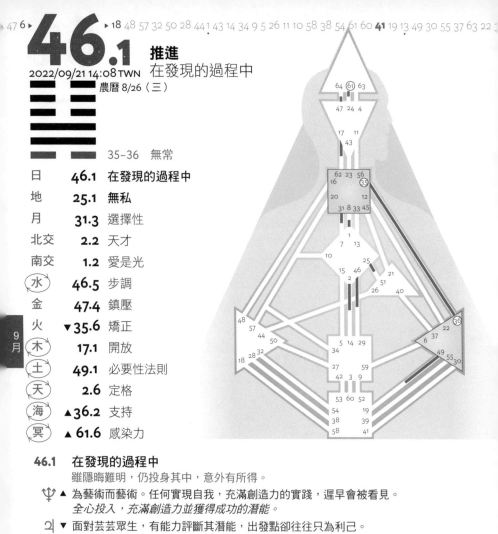

46.1　在發現的過程中

雖隱晦難明，仍投身其中，意外有所得。

Ψ ▲ 為藝術而藝術。任何實現自我，充滿創造力的實踐，遲早會被看見。
全心投入，充滿創造力並獲得成功的潛能。

♃ ▼ 面對芸芸眾生，有能力評斷其潛能，出發點卻往往只為利己。
辨識出他人的成功，並從中獲益的決心。

☽33 19:54

☽7 07:05

Thursday, September 22th

21.09 2022

18　　20　　22　　midnight　　4　　6　　8　　10

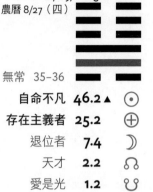

推進 **46.2**
自命不凡   2022/09/22 13:08 TWN
農曆 8/27（四）

無常 35-36

自命不凡	**46.2** ▲	☉
存在主義者	**25.2**	⊕
退位者	**7.4**	☽
天才	**2.2**	☊
愛是光	**1.2**	☋
影響	**46.4**	☿
聖人	**47.5** ▲	♀
矯正	**35.6** ▼	♂
開放	**17.1**	♃
必要性法則	**49.1**	♄
定格	**2.6**	♅
支持	**36.2** ▲	♆
感染力	**61.6** ▲	♇

9月

46.2　自命不凡

☉ ▲ 天生難搞苛求，但由於才華洋溢，不管行為如何，還是能獲得成功。
　　立志要成功的決心，容易得罪他人。

♂ ▼ 才能平庸卻又自我中心，攻勢猛烈，常有不切實際的要求。
　　在獲得認可之前，決心以成功者自居。

☽ 4   18:11

♂ 45   04:12

☽ 29   05:12

Friday, September 23th

16   18   20   22   midnight   4   6   8

23.09 2022

46.3

推進
投射

2022/09/23 12:08 TWN

農曆 8/28（五）秋分

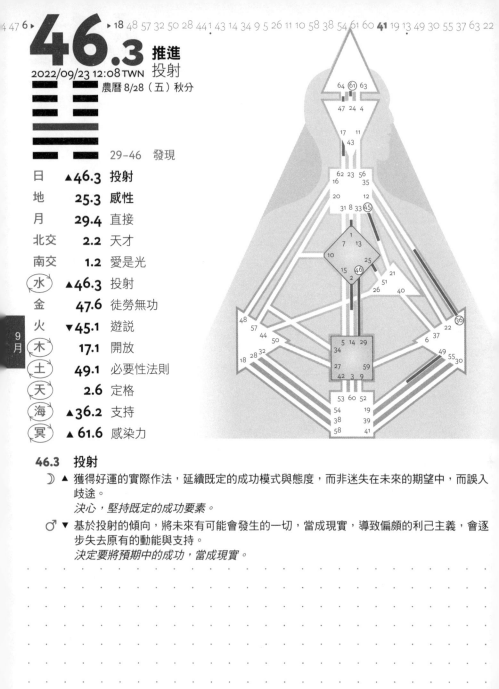

29-46　發現

日	▲**46.3**	**投射**
地	**25.3**	**感性**
月	**29.4**	直接
北交	**2.2**	天才
南交	**1.2**	愛是光
水	▲**46.3**	投射
金	**47.6**	徒勞無功
火	▼**45.1**	遊說
木	**17.1**	開放
土	**49.1**	必要性法則
天	**2.6**	定格
海	▲**36.2**	支持
冥	▲**61.6**	感染力

46.3　投射

☽ ▲ 獲得好運的實際作法，延續既定的成功模式與態度，而非迷失在未來的期望中，而誤入歧途。
　　決心，堅持既定的成功要素。

♂ ▼ 基於投射的傾向，將未來有可能會發生的一切，當成現實，導致偏頗的利己主義，會逐步失去原有的動能與支持。
　　決定要將預期中的成功，當成現實。

☽59　16:08
♀6　17:46
☽40　02:59

Saturday, September 24ᵗ
midnight

23.09.
2022
16　18　20　22　　4　6　8

影響	**46.4**	☉
生存	**25.4**	⊕
剛硬	**40.5**	☾
直覺	**2.1**	☊
創意獨立於意志之外	**1.1**	☋
自命不凡	**46.2 ▲**	☿
隱退	**6.1**	♀
遊說	**45.1 ▼**	♂
開放	**17.1**	♃
必要性法則	**49.1**	♄
定格	**2.6**	♅
支持	**36.2 ▲**	♆
感染力	**61.6 ▲**	♇

9
月

46.4　影響

⊕ ▲ 能力一旦被賞識，將迅速發揮影響力，自沒沒無名躍升為舉足輕重的地位。
　　決心帶來好運，最後必定能在對的地方與對的時間點，得到應得的肯定。

♇ ▼ 達成目的之後，傾向恩將仇報的反噬。
　　渴求成功，勢在必得，不顧曾經協助自己成功的人。

☽64
13:44
Sunday, September 25th
14　　16　　18　　20　　midnight

☽47
00:24
2　　4　　6

25.09
2022

46.5

推進
步調

2022/09/25 10:05 TWN
農曆 8/30（日）

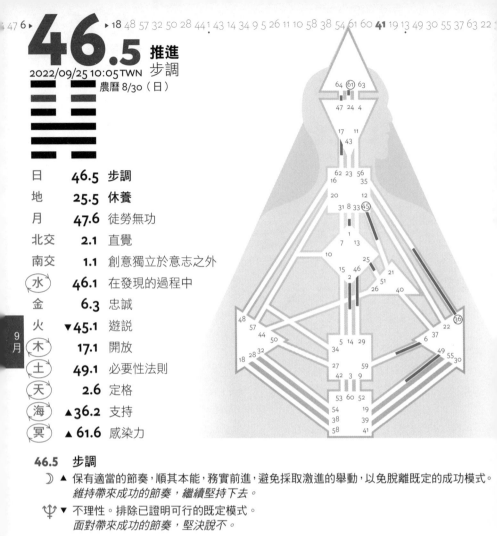

日	**46.5**	步調
地	**25.5**	休養
月	**47.6**	徒勞無功
北交	**2.1**	直覺
南交	**1.1**	創意獨立於意志之外
水	**46.1**	在發現的過程中
金	**6.3**	忠誠
火	▼**45.1**	遊說
木	**17.1**	開放
土	**49.1**	必要性法則
天	**2.6**	定格
海	▲**36.2**	支持
冥	▲**61.6**	感染力

46.5　步調

☽ ▲ 保有適當的節奏，順其本能，務實前進，避免採取激進的舉動，以免脫離既定的成功模式。
　　維持帶來成功的節奏，繼續堅持下去。

♆ ▼ 不理性。排除已證明可行的既定模式。
　　面對帶來成功的節奏，堅決說不。

☽6 ☿6　　☽25　　☽46　　☽18
10:59 12:22　　19:13　　21:28　　07:53

Monday, September 26th

25.09
14　　16　　18　　20　　midnight　　2　　4　　6

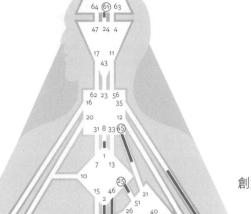

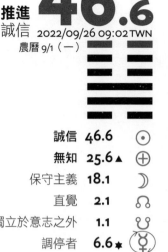

誠信	**46.6**	☉
無知	**25.6▲**	⊕
保守主義	**18.1**	☽
直覺	**2.1**	☊
創意獨立於意志之外	**1.1**	☋
調停者	**6.6★**	☿
勝利	**6.4**	♀
共識	**45.2▼**	♂
無知	**25.6▲**	♃
必要性法則	**49.1**	♄
定格	**2.6**	♅
支持	**36.2▲**	♆
感染力	**61.6▲**	♇

9月

46.6　誠信

♄ ▲ 伴隨承諾而來，是潛在的約束力，須審慎考量，保有自身誠信的智慧。
　　若承諾之後會帶來限制，堅決拒絕。

♆ ▼ 欺騙自己與他人，過度擴張其資源，最後迫不得已而背棄承諾。
　　渴望成功的強大動力，無法說不，最後卻打破承諾。

☾48▤
18:13

☾57▤
04:28

Tuesday, September 27ᵗʰ
midnight

27.09
2022

12　　14　　16　　18　　20　　　2　　4

18.1

找出錯誤之處
保守主義

2022/09/27 07:59 TWN

農曆 9/2（二）

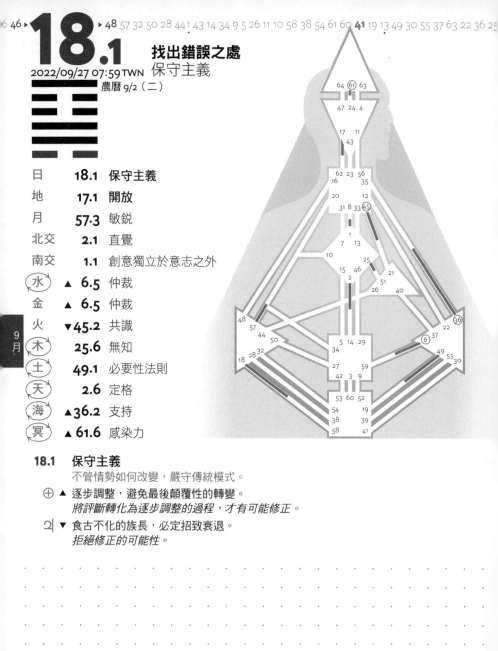

日	**18.1**	保守主義
地	**17.1**	開放
月	**57.3**	敏銳
北交	**2.1**	直覺
南交	**1.1**	創意獨立於意志之外
水	▲ **6.5**	仲裁
金	▲ **6.5**	仲裁
火	▼ **45.2**	共識
木	**25.6**	無知
土	**49.1**	必要性法則
天	**2.6**	定格
海	▲ **36.2**	支持
冥	▲ **61.6**	感染力

9月

18.1　保守主義

不管情勢如何改變，嚴守傳統模式。

⊕ ▲ 逐步調整，避免最後顛覆性的轉變。
　　將評斷轉化為逐步調整的過程，才有可能修正。

♀ ▼ 食古不化的族長，必定招致衰退。
　　拒絕修正的可能性。

☽32 ☵　　　☽50 ☵　　　♀46 ☵

14:39　　　00:46　　　06:08

找出錯誤之處

18.2

絕症　2022/09/28 06:55 TWN

農曆 9/3（三）

絕症	**18.2** ☉
歧視	**17.2** ⊕
腐敗	**50.4** ☽
直覺	**2.1** ☊
創意獨立於意志之外	**1.1** ☋
勝利	**6.4** ☿
在發現的過程中	**46.1** ♀
排除在外	**45.3**▼ ♂
無知	**25.6** ♃
必要性法則	**49.1** ♄
定格	**2.6** ♅
支持	**36.2**▲ ♆
感染力	**61.6**▲ ♇

9月

18.2　絕症

覆水難收，認知到崩毀難復回。

♇ ▲ 深信精神層面將獲得新生，接受並從中獲得力量。
　　接受已無糾正的可能。

☽ ▼ 憤怒對抗，徒勞無功。
　　拒絕接受，認為總有糾正的可能。

☽28
10:49

☽44
20:49

Thursday, September 29th

midnight

10　　12　　14　　16　　18　　20　　　　2

29.09
2022

46 ▸ ▸48 57 32 50 28 44 1 43 14 34 9 5 26 11 10 58 38 54 61 60 **41** 19 13 49 30 55 37 63 22 36 25

18.3

找出錯誤之處
狂熱分子

2022/09/29 05:50 TWN

農曆 9/4（四）

日	**18.3**	狂熱分子
地	▼ **17.3**	理解
月	**44.6**	超然
北交	**2.1**	直覺
南交	**1.1**	創意獨立於意志之外
水	**6.3**	忠誠
金	**46.2**	自命不凡
火	▼**45.3**	排除在外
木	**25.6**	無知
土	**49.1**	必要性法則
天	**2.6**	定格
海	▲**36.2**	支持
冥	▲ **61.6**	感染力

9月

18.3　狂熱分子

精力旺盛，對打掃房子充滿執念。

ψ ▲ 以可接受的代價，解散舊形式。
　　對於糾正，以及糾正所帶來的潛力，充滿痴迷。

♃ ▼ 嚴格評斷，造成的問題跟解決的一樣多。
　　熱中修改，永遠不會滿意。

☽1 ☰
06:45

☽43 ☷
16:39

☽14 ☰
02:29

Friday, September 30th

midnight

29.09
2024

10　　12　　14　　16　　18　　20　　　　2

找出錯誤之處

18.4

無能　2022/09/30 04:44 TWN

農曆 9/5（五）

脈動	2–14	
無能	**18.4**	☉
人事經理	**17.4**	⊕
管理	**14.2**	☽
直覺	**2.1**	☊
創意獨立於意志之外	**1.1**	☋
忠誠	**6.3**	☿
投射	**46.3**	♀
排除在外	**45.3▼**	♂
無知	**25.6**	♃
必要性法則	**49.1**	♄
定格	**2.6**	♅
支持	**36.2▲**	♆
感染力	**61.6▲**	♇

9月

18.4　無能

力有未逮，而導致困境，由於不足，而無法解決。

⊕ ▲ 在此是負面的相位，透過受苦而求存。
　　無能力糾正，為此而受苦。

☿ ▼ 無法決定，焦慮，陷入不幸無處可逃。
　　渴求糾正，衍生焦慮。

☽34 ䷜
12:17

☽9 ䷘
22:02

Saturday, October 1st
midnight

8　10　12　14　16　18　20

01.10
2022

18.5

找出錯誤之處

2022/10/01 03:38 TWN　治療

農曆 9/6（六）

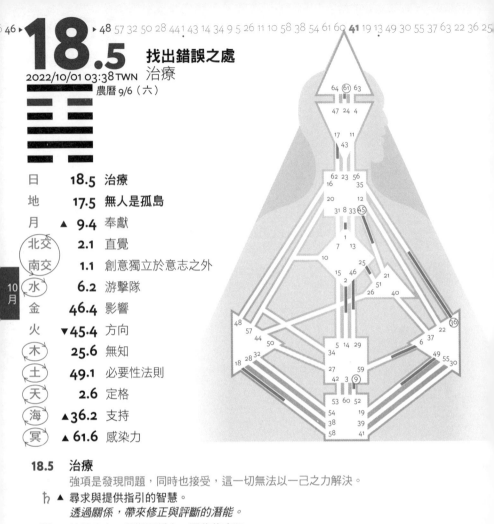

日		**18.5**	治療
地		**17.5**	無人是孤島
月	▲	**9.4**	奉獻
北交		**2.1**	直覺
南交		**1.1**	創意獨立於意志之外
水		**6.2**	游擊隊
金		**46.4**	影響
火	▼	**45.4**	方向
木		**25.6**	無知
土		**49.1**	必要性法則
天		**2.6**	定格
海	▲	**36.2**	支持
冥	▲	**61.6**	感染力

10月

18.5　治療

強項是發現問題，同時也接受，這一切無法以一己之力解決。

ħ ▲ 尋求與提供指引的智慧。
透過關係，帶來修正與評斷的潛能。

♅ ▼ 精神病人。長期不穩定，潛藏著瘋狂。
如何糾正精神層面隱藏的不穩定性，對人際關係並無助益。

☽5 ䷓　07:45

☽26 ䷓　17:25

Sunday, October 2ⁿᵈ

midnight

01.10
2022

8　　10　　12　　14　　16　　18　　20

找出錯誤之處

18.6

成佛

2022/10/02 02:31 TWN

農曆 9/7（日）

成佛	**18.6**	⊙
菩薩	**17.6**	⊕
權威	**26.6▾**	☽
直覺	**2.1**	☊
創意獨立於意志之外	**1.1**	☋
游擊隊	**6.2**	☿
誠信	**46.6**	♀
方向	**45.4▾**	♂
無知	**25.6**	♃
必要性法則	**49.1**	♄
定格	**2.6**	♅
支持	**36.2▲**	♆
感染力	**61.6▲**	♇

10月

18.6　成佛

最完善的形式。

♂ ▲ 佛性，永保赤子之心，避免停滯，尋找新視野的能量。
透過校正，成就最佳形式的潛能。

☽ ▾ 以世俗的方式應用，表現出上述特質。
深具潛力，能與別人分享糾正的價值。

11 ☰
3:03

☽10 ☰
12:39

♀18 ☰
18:23

☽58 ☰
22:13

Monday, October 3rd
midnight

6　　8　　10　　12　　14　　16　　18　　20

48.1

井
微不足道

2022/10/03 01:24 TWN

農曆 9/8（一）

18–58　批評
21–45　金錢線

日	**48.1**	微不足道
地	▲ **21.1**	**警告**
月	**58.2**	變態
北交	**2.1**	直覺
南交	**1.1**	創意獨立於意志之外
水	**6.2**	游擊隊
金	**18.1**	保守主義
火	▼**45.4**	方向
木	▼**25.5**	休養
土	**49.1**	必要性法則
天	**2.6**	定格
海	▲**36.2**	支持
冥	▲**61.6**	感染力

10月

48.1　微不足道

☽ ▲ 憑藉本能，區分出何者具實用價值，並值得關注。
懂得分辨何者具實用性，值得關注。

♂ ▼ 傾其意志，施力並關注微小的事物。
熱中於瑣事。

☽38☳
07:46

☽54☳
17:17

Tuesday, Octo

03.10
2022

4　6　8　10　12　14　16　18　20　mi

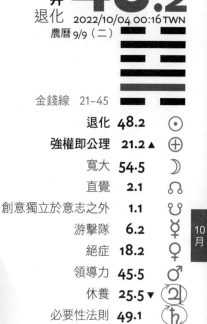

井 48.2
退化 2022/10/04 00:16 TWN
農曆 9/9（二）

金錢線	21–45	
退化	**48.2**	⊙
強權即公理	**21.2** ▲	⊕
寬大	**54.5**	☽
直覺	**2.1**	☊
創意獨立於意志之外	**1.1**	☋
游擊隊	**6.2**	☿
絕症	**18.2**	♀
領導力	**45.5**	♂
休養	**25.5** ▼	♃
必要性法則	**49.1**	♄
定格	**2.6**	♅
支持	**36.2** ▲	♆
感染力	**61.6** ▲	♇

10
月

48.2 退化

♇ ▲ 若要成功建立新模式，不能只顧著配合不利因素，而忽視了最正面的部分，如此只會導致一切惡化。
　　對自己的察覺力有信心，不會被不利因素所影響。

♀ ▼ 若誤入歧途，拚命追求，與不入流的價值並存，將退化至衰敗的地步。
　　若對自身的察覺缺乏自信，就會引來干預與衰敗。

♄13 ░
22:56

☽61 ░
02:46

☽60 ░
12:15

☽41 ░
21:43

48.3 井
單獨監禁

2022/10/04 23:07 TWN

農曆 9/9（二）

21-45　金錢線

日	**48.3**	**單獨監禁**
地	**21.3**	**無力**
月	**41.1**	合理
北交	**2.1**	直覺
南交	**1.1**	創意獨立於意志之外
水	**6.3**	忠誠
金	**18.3**	狂熱分子
火	**45.5**	領導力
木	▼**25.5**	休養
土	**13.6**	樂天派
天	**2.6**	定格
海	**36.1**	抗拒
冥	▲**61.6**	感染力

10月

48.3　單獨監禁

☽ ▲ 以「朔月」作為此階段的象徵，潛在光明尚不可識別、不可用、不可知。此階段轉瞬即逝，有其救贖的價值，能讓那些備受折磨的人，重新獲得力量。
品味與深度，來自於長期的養成。

☿ ▼ 若具有深度的智慧，就此散佚於荒野，將引發出深層的焦慮。
面對長期的過程（品味與深度的養成），感到焦慮的傾向。

☽19   ☽13

07:10   16:37

Wednesday, October 5th

midnight   4   6   8   10   12   14   16   18

井 48.4

重建 2022/10/05 21:57 TWN
農曆 9/10（三）

金錢線　21–45

重建	**48.4** ▲	☉
策略	**21.4** ▼	⊕
疲累	**13.4**	☽
直覺	**2.1**	☊
創意獨立於意志之外	**1.1**	☋
忠誠	**6.3**	☿
治療	**18.5**	♀
領導力	**45.5**	♂
休養	**25.5** ▼	♃
樂天派	**13.6**	♄
定格	**2.6**	♅
抗拒	**36.1**	♆
感染力	**61.6** ▲	♇

10
月

48.4　重建

☉ ▲ 良好的判斷力，善用短程活動，以有限的規模先行測試，評估情勢後做調整，如此就能為長期目標奠定基礎，有助於未來推行活動時，一切進展得更順利。
察覺深度本身，與其中蘊藏的各種可能，考慮到未來的限制，退而求其次，先執行短期計畫。

⊕ ▼ 對於在不確定下重整，心生抗拒，抱持著船到橋頭自然直的想法。
執行長期計畫，經歷限制而感到挫敗。

☽ 49 ☷　02:04

☽ 30 ☲　11:31

Thursday, October 6th
midnight　　4　　6　　8　　10　　12　　14　　16　　18

06.10
2022

48.5 井
行動

2022/10/06 20:47 TWN

農曆 9/11（四）

21–45　金錢線

日	**48.5**	**行動**	
地	**21.5**	**客觀性**	
月	▼**30.6**	強制	
北交	**2.1**	直覺	
南交	**1.1**	創意獨立於意志之外	
水	**6.4**	勝利	
金	**18.6**	成佛	
火	**45.6**	重新審視	
木	▼**25.5**	休養	
土	**13.6**	樂天派	
天	**2.6**	定格	
海	**36.1**	抗拒	
冥	▲**61.6**	感染力	

10月

48.5　行動

♂ ▲ 與生俱來的衝勁，渴望將能量化為具體行動。
熱愛採取行動。

☽ ▼ 極度需要被保護，對此過於依賴，導致面對社會變革時，往往執著於計畫的細節，未能採取行動。
對於自身是否具備足夠的深度，感到不安，因而裹足不前。

☽55䷖　　☽37䷴　♀48䷯　　　☽63䷾

21:00　　　　06:30　06:32　　　　16:02

06.10
2022

Friday, October 7th

midnight　　　4　　6　　　8　　　10　　　12　　　14　　　16

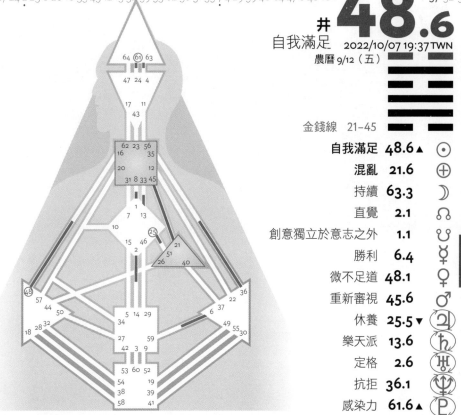

井 **48.6**
自我滿足　2022/10/07 19:37 TWN
農曆 9/12（五）

金錢線　21–45

自我滿足	48.6▲	☉
混亂	21.6	⊕
持續	63.3	☽
直覺	2.1	☊
創意獨立於意志之外	1.1	☋
勝利	6.4	☿
微不足道	48.1	♀
重新審視	45.6	♂
休養	25.5▼	♃
樂天派	13.6	♄
定格	2.6	♅
抗拒	36.1	♆
感染力	61.6▲	♇

10月

48.6　自我滿足
資源永不耗損。

♀ ▲ 重要的中心，給予的同時也接收，有來有往才能持續給予。
　　具備深度與潛在的天賦，為人帶來價值。

☽ ▼ 淺薄的傾向，即使天性慷慨，想培育更多人，但天生缺乏鼓舞人心的特質，而無法將其天
　　賦轉化為公眾利益。
　　深度有限，品味膚淺，影響潛在的天賦。

☽22䷂
01:37

Saturday, October 8th
midnight

☽36䷤
11:14

08.10
2022

22　　　　　4　　　6　　　8　　　10　　　12　　　14

57.1

溫和
困惑

2022/10/08 18:25 TWN

農曆 9/13（六）寒露

25-51　發起

日	**57.1**	困惑
地	**51.1**	參考
月	**36.5**	祕密的
北交	**2.1**	直覺
南交	**1.1**	創意獨立於意志之外
水	**6.5**	仲裁
金	▼**48.2**	退化
火	**45.6**	重新審視
木	▼**25.5**	休養
土	**13.6**	樂天派
天	**2.6**	定格
海	**36.1**	抗拒
冥	▲**61.6**	感染力

10月

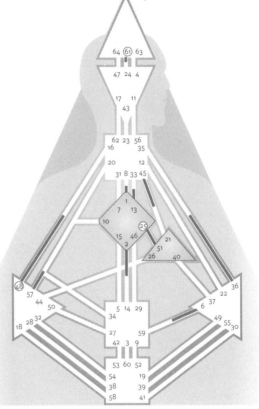

57.1　困惑

♀ ▲ 具有穿透內在意涵的天賦，確保及時行動。
　　直覺的滲透力，直達內在覺知的可能性。

☽ ▼ 月亮在下降相位，在此情感無法替代清晰，導致無法做出決定。
　　困惑可能過於強烈，遠勝直覺。

☽ 21　16:30

☽ 25　20:55　　☽ 17　06:40　　♂ 12　15:38

08.10
2022

Sunday, October 9th

midnight　　4　　6　　8　　10　　12　　14

22

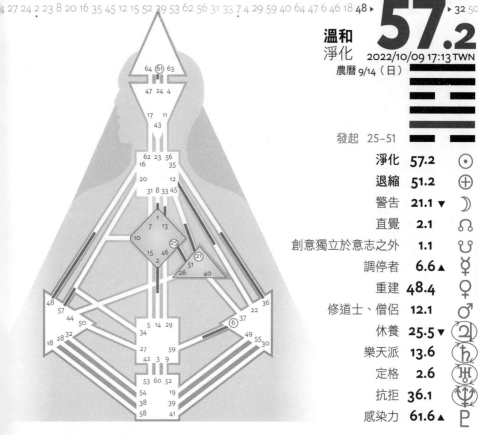

57.2

温和
淨化

2022/10/09 17:13 TWN
農曆 9/14（日）

發起　25–51

淨化	**57.2**	☉
退縮	**51.2**	⊕
警告	**21.1 ▼**	☽
直覺	**2.1**	☊
創意獨立於意志之外	**1.1**	☋
調停者	**6.6 ▲**	☿
重建	**48.4**	♀
修道士、僧侶	**12.1**	♂
休養	**25.5 ▼**	♃
樂天派	**13.6**	♄
定格	**2.6**	♅
抗拒	**36.1**	♆
感染力	**61.6 ▲**	♇

57.2　淨化

具備清晰度，建立適當的價值與理想，必須抱持破釜沉舟的決心，使一切得以延續。

♀ ▲ 透過內在的理解，完美的淨化。
經由直覺，可能會找到適當的價值與理念。

☽ ▼ 傾向將灰塵藏於地毯下，僅止於表面的淨化。
有可能將直覺的深度，視為膚淺。

☿46 ䷀
19:14

☽51 ䷀
02:25

☽42 ䷀
12:25

Monday, October 10th
midnight

20　　22　　　　4　　6　　8　　10　　12

10.10
2022

57.3

溫和
敏銳

2022/10/10 16:00 TWN

農曆 9/15（一）

25-51　發起

日	**57.3**	敏銳
地	▼ **51.3**	適應
月	▼**42.3**	嘗試錯誤
北交	**2.1**	直覺
南交	**1.1**	創意獨立於意志之外
水	**46.2**	自命不凡
金	**48.5**	行動
火	**12.1**	修道士、僧侶
木	▲**25.4**	生存
土	**13.6**	樂天派
天	**2.6**	定格
海	**36.1**	抗拒
冥	▲**61.6**	感染力

57.3　敏銳

☿ ▲ 臻於完美之聰明才智，清晰能消除疑惑，確保能顯現出來。
　　完美直覺的可能。

　　▼ *無行星在下降相位。*

10月

☽3 22:30
midnight

☽27 08:42

Tuesday, October 11th

10.10
2022

20　22　midnight　4　6　8　10　12

57.4

溫和
指導者

2022/10/11 14:47 TWN

農曆 9/16（二）

發起　25–51

指導者	**57.4**	☉
極限	**51.4**	⊕
慷慨	**27.4**	☽
直覺	**2.1**	☊
創意獨立於意志之外	**1.1**	☋
投射	**46.3**	☿
自我滿足	**48.6▲**	♀
修道士、僧侶	**12.1**	♂
生存	**25.4▲**	♃
樂天派	**13.6**	♄
定格	**2.6**	♅
抗拒	**36.1**	♆
感染力	**61.6▲**	♇

10月

57.4　指導者

♀ ▲ 處理關係的大師，具備清晰度，能將生產力極大化，同時也很敏感，確保關係和諧。
運用直覺的清晰，成為人際關係的大師。

♂ ▼ 在此位置傾向獨裁而非指引。
具備洞察力的天賦，擅長處理人際關係，有可能以直覺為依據，獨斷獨行。

♀57
18:35
☽24
19:01

☽2
05:26

Wednesday, October 12ᵗʰ
midnight

18　　20　　22　　　　4　　6　　8　　10

12.10
2022

57.5

溫和
進展

2022/10/12 13:33 TWN
農曆 9/17（三）

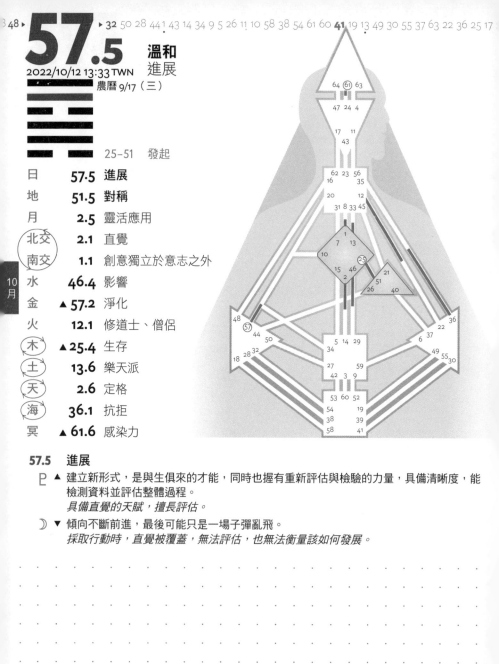

25–51　發起

日	**57.5**	**進展**
地	**51.5**	**對稱**
月	**2.5**	靈活應用
北交	**2.1**	直覺
南交	**1.1**	創意獨立於意志之外
水	**46.4**	影響
金 ▲	**57.2**	淨化
火	**12.1**	修道士、僧侶
木 ▲	**25.4**	生存
土	**13.6**	樂天派
天	**2.6**	定格
海	**36.1**	抗拒
冥 ▲	**61.6**	感染力

10月

57.5　進展

☿ ▲ 建立新形式，是與生俱來的才能，同時也握有重新評估與檢驗的力量，具備清晰度，能檢測資料並評估整體過程。
　　具備直覺的天賦，擅長評估。

☽ ▼ 傾向不斷前進，最後可能只是一場子彈亂飛。
　　採取行動時，直覺被覆蓋，無法評估，也無法衡量該如何發展。

☽23
15:58

☽8
02:37

Thursday, October 13th
midnight

12.10

16　　18　　20　　22　　　4　　6　　8　　10

57.6

溫和
使用　2022/10/13 12:17 TWN
農曆 9/18（四）

啟發	1–8
發起	25–51

使用	**57.6**	⊙
分割	**51.6**	⊕
交誼	**8.6**	☾
直覺	**2.1**	☊
創意獨立於意志之外	**1.1** ▲	☋
步調	**46.5**	☿
敏銳	**57.3**	♀
淨化	**12.2**	♂
生存	**25.4** ▲	♃
樂天派	**13.6**	♄
定格	**2.6**	♅
抗拒	**36.1**	♆
感染力	**61.6** ▲	♇

10
月

57.6　使用

♅ ▲ 接受清晰是一把雙面刃，有些情況就算理解，還是無法導正。在此天王星開創性的特質，總能在非常態的困境中，起死回生。
　　沒有解答。在困境中可能也只能，依靠直覺來做出最好的決定。

♂ ▼ 從原本清明的狀態，指出問題，卻因環境因素無法解決，而傾向憤怒與挫敗，接下來引發出更多徒勞無功的行動。
　　由於直覺可能無法解決每個問題，極有可能呈現出挫敗與憤怒的傾向。

☽ 20 ䷑
13:23

☽ 16 ䷑
00:15
midnight

☿ 18 ䷑
05:13

Friday, October 14th

16　18　20　22　　　4　6　8

14.10
2022

32.1

持久
保存

2022/10/14 11:01 TWN

農曆 9/19（五）

日	▲	**32.1**	保存
地		**42.1**	多樣化
月		**16.6**	輕信
北交		**2.1**	直覺
南交		**1.1**	創意獨立於意志之外
水		**18.1**	保守主義
金	▲	**57.4**	指導者
火		**12.2**	淨化
木	▲	**25.4**	生存
土		**13.6**	樂天派
天		**2.6**	定格
海		**36.1**	抗拒
冥	▲	**61.6**	感染力

10月

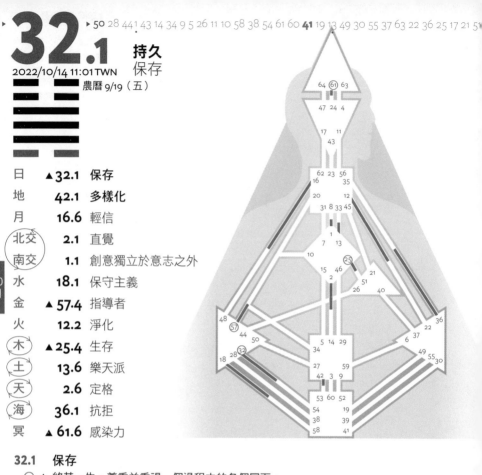

32.1　保存

⊙ ▲ 終其一生，尊重並重視一個過程中的各個層面。
　　鉅細靡遺關注整體過程，引發潛藏的本能。

♂ ▼ 過於心急而失控，省略必要因素，無可避免將中斷連續性。
　　恐懼自己欠缺潛力，應對沒有用心。

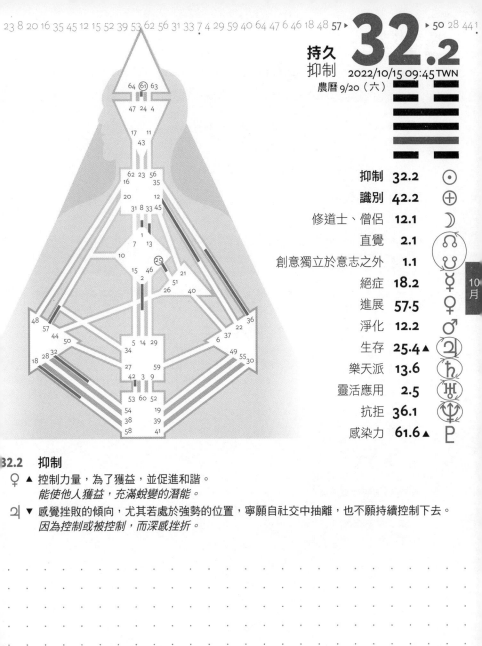

23 8 20 16 35 45 12 15 52 39 53 62 56 31 33 7 4 29 59 40 64 47 6 46 18 48 57 ▶ ▶ 50 28 44 1

持久
抑制

32.2

2022/10/15 09:45 TWN
農曆 9/20（六）

抑制	32.2	⊙
識別	42.2	⊕
修道士、僧侶	12.1	☽
直覺	2.1	☊
創意獨立於意志之外	1.1	☋
絕症	18.2	☿
進展	57.5	♀
淨化	12.2	♂
生存	25.4▲	♃
樂天派	13.6	♄
靈活應用	2.5	♅
抗拒	36.1	♆
感染力	61.6▲	♇

10月

32.2　抑制

♀ ▲ 控制力量，為了獲益，並促進和諧。
　　能使他人獲益，充滿蛻變的潛能。

♃ ▼ 感覺挫敗的傾向，尤其若處於強勢的位置，寧願自社交中抽離，也不願持續控制下去。
　　因為控制或被控制，而深感挫折。

☽52 ▤
07:58
♀32 ▤
06:32

☽15 ▤
20:41

Sunday, October 16th
midnight

16.10
2022

12　　14　　16　　18　　20　　2　　4

32.3

持久
缺乏連續性

2022/10/16 08:27 TWN

農曆 9/21（日）

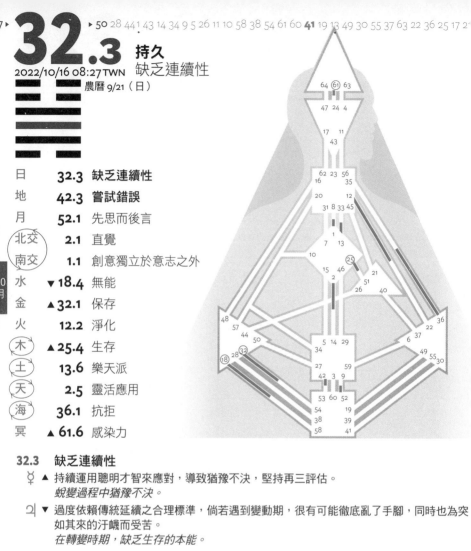

日	**32.3**	缺乏連續性
地	**42.3**	嘗試錯誤
月	**52.1**	先思而後言
北交	**2.1**	直覺
南交	**1.1**	創意獨立於意志之外
水	▼**18.4**	無能
金	▲**32.1**	保存
火	**12.2**	淨化
木	▲**25.4**	生存
土	**13.6**	樂天派
天	**2.5**	靈活應用
海	**36.1**	抗拒
冥	▲**61.6**	感染力

10 月

32.3　缺乏連續性

☿ ▲ 持續運用聰明才智來應對，導致猶豫不決，堅持再三評估。
　　蛻變過程中猶豫不決。

♃ ▼ 過度依賴傳統延續之合理標準，倘若遇到變動期，很有可能徹底亂了手腳，同時也為突
　　如其來的汙衊而受苦。
　　在轉變時期，缺乏生存的本能。

☽39☷
19:19

☽53☷
06:41

Monday, October 17th
midnight

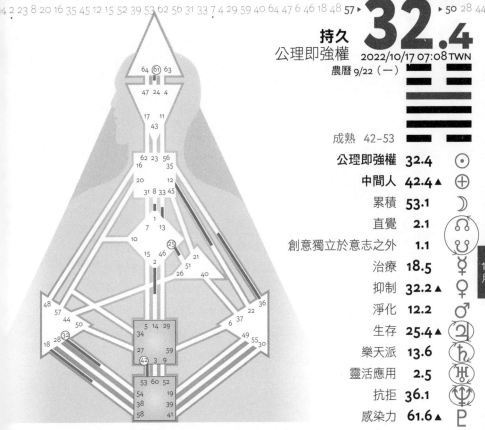

持久
公理即強權

32.4

2022/10/17 07:08 TWN
農曆 9/22（一）

成熟 42–53

公理即強權	**32.4**	☉
中間人	**42.4**▲	⊕
累積	**53.1**	☽
直覺	**2.1**	☊
創意獨立於意志之外	**1.1**	☋
治療	**18.5**	☿
抑制	**32.2**▲	♀
淨化	**12.2**	♂
生存	**25.4**▲	♃
樂天派	**13.6**	♄
靈活應用	**2.5**	♅
抗拒	**36.1**	♆
感染力	**61.6**▲	♇

10月

32.4 公理即強權

♃ ▲ 即便在變化的時代，特定的基本規則仍適用。
在變動時期，堅守個人原則的本能。

♄ ▼ 木星在此，將在更廣泛的社交領域，奠定正確的行動，土星只要不被外在所威脅，就能引發出內在的力量與持久力。
只要不危及個人安全，保有個人原則是天性。

☽62 ☿48 ☽56

18:03 21:19 05:26

Tuesday, October 18th
midnight

18.10.2022

10 12 14 16 18 20 2

32.5

▶ 50 28 44 1 43 14 34 9 5 26 11 10 58 38 54 61 60 **41** 19 13 49 30 55 37 63 22 36 25 17 21 51

持久
彈性

2022/10/18 05:49 TWN

農曆 9/23（二）

日	32.5	彈性
地	42.5	自我實現
月	▲56.1	質量
北交	2.1	直覺
南交	1.1	創意獨立於意志之外
水	48.1	微不足道
金	32.3	缺乏連續性
火	▼12.3	自白
木	25.3	感性
土	13.6	樂天派
天	2.5	靈活應用
海	36.1	抗拒
冥	▲61.6	感染力

10月

32.5　彈性

適應環境，不費吹灰之力。

☽ ▲ 若曖曖內含光，能使人適應當時的環境，就算是膚淺的表面功夫，也會成為有價值的工具。
在變動狀態下，適應環境的本能。

♂ ▼ 經由直接，並且通常是強烈的方式，迫切表達自己的立場，拒絕遵從。
面對變動時期，表示拒絕調整，也不再順從，這是本能。

☽31
16:47

☽33
04:06

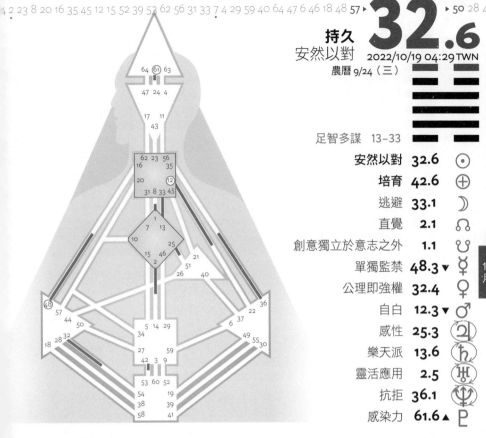

持久 32.6
安然以對

2022/10/19 04:29 TWN
農曆 9/24（三）

足智多謀　13-33

安然以對	**32.6**	☉
培育	**42.6**	⊕
逃避	**33.1**	☽
直覺	**2.1**	☊
創意獨立於意志之外	**1.1**	☋
單獨監禁	**48.3** ▼	☿
公理即強權	**32.4**	♀
自白	**12.3** ▼	♂
感性	**25.3**	♃
樂天派	**13.6**	♄
靈活應用	**2.5**	♅
抗拒	**36.1**	♆
感染力	**61.6** ▲	♇

10月

32.6　安然以對

面對無常，必須安然以對。

♇ ▲ 底層對改變抱持接受的態度，不管最後能否平靜。
　　出於本能的覺知，接受改變與蛻變。

♆ ▼ 以無常來證明這一切毫無意義，伴隨而來的表現是抑鬱、妄想，以及走入極端，自我毀滅。
　　若將改變的體驗視為無常，恐懼因而產生，有可能因而深陷沮喪之中。

☽7 ☷　　　　　　　　　　☽4 ☷
15:21　　　　　　　　　　02:33
Thursday, October 20th
midnight

8　　10　　12　　14　　16　　18　　20

50.1

熔爐
移民

2022/10/20 03:08 TWN

農曆 9/25（四）

日	**50.1**	移民
地	▲ **3.1**	綜合
月	▲ **4.1**	愉悅
北交	**2.1**	直覺
南交	**1.1**	創意獨立於意志之外
水	**48.4**	重建
金	**32.6**	安然以對
火	▼ **12.3**	自白
木	**25.3**	感性
土	**13.6**	樂天派
天	**2.5**	靈活應用
海	**36.1**	抗拒
冥	▲ **61.6**	感染力

10月

50.1　移民

對自己的出身抱持謙遜之心，這並非命定的限制，而是庇蔭。

♂ ▲ 對效率與成功的渴求，憑藉著最底層的實力，源自於本質，再逐步精進提升。
察覺會隨成長而精進，增進自我價值，將對這趟人生命定的旅程，帶來助益。

♀ ▼ 對其出身自慚形穢，同時（或）因而感到困窘，轉而精進自己，近乎偏執。
對出身的價值體系感到不滿，要求自己要更精進。

☽29 13:39　　♀50 18:24　　☽59 00:4

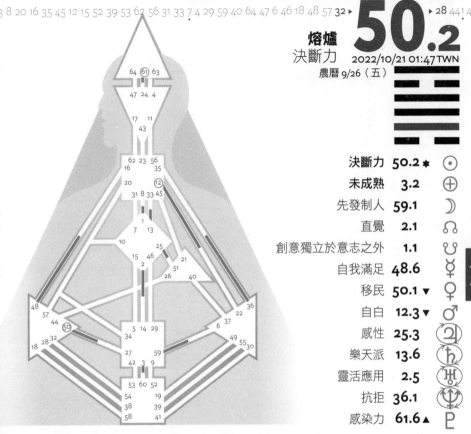

熔爐 50.2
決斷力 2022/10/21 01:47 TWN
農曆 9/26（五）

決斷力	**50.2** ★	⊙
未成熟	**3.2**	⊕
先發制人	**59.1**	☽
直覺	**2.1**	☊
創意獨立於意志之外	**1.1**	☋
自我滿足	**48.6**	☿
移民	**50.1** ▼	♀
自白	**12.3** ▼	♂
感性	**25.3**	♃
樂天派	**13.6**	♄
靈活應用	**2.5**	♅
抗拒	**36.1**	♆
感染力	**61.6** ▲	♇

10月

50.2　決斷力

⊙ ▲ 設定目標會帶來力量，享受克服逆境的過程，進而達標。
　　面對反對與制約時，仍保有自我的價值，就會從中獲得力量。

♀ ▼ 對逆境深感不安，決意退縮。
　　面對反對或制約，存在價值備感威脅，缺乏力量。

☿57 ䷝
07:32

☽40 ䷶
11:36

☽64 ䷿
22:24

Saturday, October 22ᵗʰ
midnight

4　　6　　8　　10　　12　　14　　16　　18　　20

50.3

熔爐
適應力

2022/10/22 00:24 TWN

農曆 9/27（六）

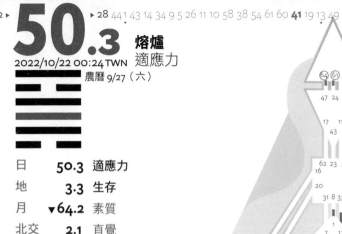

日	**50.3**	適應力
地	**3.3**	生存
月	▼**64.2**	素質
北交	**2.1**	直覺
南交	**1.1**	創意獨立於意志之外
水	**57.2**	淨化
金	★**50.2**	決斷力
火	▼**12.3**	自白
木	**25.3**	感性
土	**13.6**	樂天派
天	**2.5**	靈活應用
海	**36.1**	抗拒
冥	▲**61.6**	感染力

10月

50.3　適應力

☽　▲　當無法獨自完成時，自然會與滋養或保護的力量結盟。
　　　為了維護個人原則及價值，必須得到他人的支持。

☿　▼　當智識層面的天賦被漠視，為求生存被迫逢迎，而心生怨恨。
　　　令人不快卻不得不承認，無法只為個人原則而活。

☽47 ䷲
09:06

☽6 ䷅
19:42

4　　6　　8　　10　　12　　14　　16　　18　　20

熔爐 50.4

腐敗 2022/10/22 23:01TWN

農曆 9/27（六）

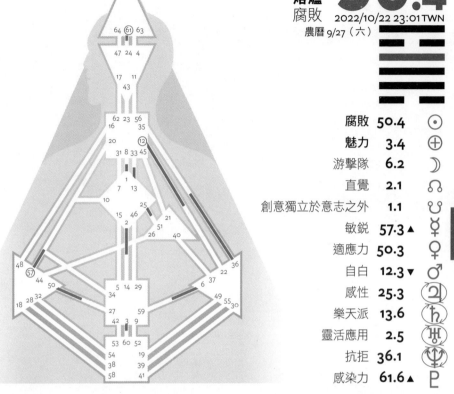

腐敗	**50.4**	☉
魅力	**3.4**	⊕
游擊隊	**6.2**	☽
直覺	**2.1**	☊
創意獨立於意志之外	**1.1**	☋
敏銳	**57.3**▲	☿
適應力	**50.3**	♀
自白	**12.3**▼	♂
感性	**25.3**	♃
樂天派	**13.6**	♄
靈活應用	**2.5**	♅
抗拒	**36.1**	♆
感染力	**61.6**▲	♇

50.4　腐敗

缺乏能讓人受惠的價值。

♄ ▲ 蘊含邪惡的天賦，能將原本處於劣勢的狀態大翻轉，從中獲得物質層面的成功。在此相位土星上升，其行動動輒得咎，會涉及自私與不道德，卻還不到犯罪的程度。
　　儘管握有的資源價值有限，還是能保有個人的力量。

♂ ▼ 擁有此能量，又缺乏傳統價值觀，可預見最糟的狀況。
　　若忽略價值體系，可能導致腐敗，或整體防禦系統瓦解。

☽46 06:10

☽18 16:32

50.5

熔爐
一致性

2022/10/23 21:37 TWN
農曆 9/28（日）霜降

日		**50.5**	一致性
地	▼	**3.5**	受害
月		**18.3**	狂熱分子
北交		**2.1**	直覺
南交		**1.1**	創意獨立於意志之外
水		**57.5**	進展
金		**50.5**	一致性
火	▼	**12.3**	自白
木		**25.3**	感性
土		**13.6**	樂天派
天		**2.5**	靈活應用
海		**36.1**	抗拒
冥	▲	**61.6**	感染力

50.5 一致性

一以貫之若是成功作法，就不該輕易捨棄。

ℏ ▲ 自律的保守主義者，避免不必要的改變。
保守的思維模式，基本原則不該輕易捨棄。

♂ ▼ 對既定的成功模式，特意反其道而行。
若出現強而有力的刺激，將衍生造反的驅動力，反抗基本的原則。

☽48▤
02:47

☽57▤　☿32▤
12:56　15:43

Monday, October 24th
midnight　　4　　6　　8　　10　　12　　14　　16

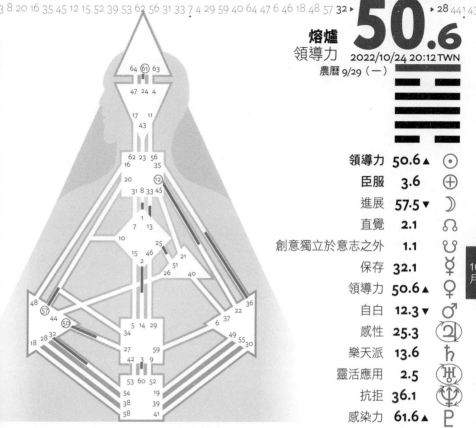

熔爐   # 50.6

領導力   2022/10/24 20:12 TWN

農曆 9/29（一）

領導力	**50.6**▲	⊙
臣服	**3.6**	⊕
進展	**57.5**▼	☾
直覺	**2.1**	☊
創意獨立於意志之外	**1.1**	☋
保存	**32.1**	☿
領導力	**50.6**▲	♀
自白	**12.3**▼	♂
感性	**25.3**	♃
樂天派	**13.6**	♄
靈活應用	**2.5**	♅
抗拒	**36.1**	♆
感染力	**61.6**▲	♇

10
月

50.6　領導力

♀ ▲ 即使環境嚴峻，仍能手握權力維持和諧，這就是天賦所在。
　　充滿力量，保有個人價值，活力四射，同時與他人維繫和諧的人際關係。

☾ ▼ 天性喜怒無常，以至於位處權力高位時，時而與人疏離，時而冒犯他人，因而影響整體效率。
　　有足夠力量能保有其價值，代價是，原有的和諧關係將不復以往。

☾32 ☰   ♀28 ☰   ☾50 ☰

22:59   06:11   08:57

Tuesday, October 25th

midnight   4   6   8   10   12   14   16

25.10
2022

28.1

偉大
準備

2022/10/25 18:47 TWN

農曆 10/1（二）

27-50　保存

日	▼**28.1**	準備
地	▼ **27.1**	**自私**
月	▼**50.6**	領導力
北交	**2.1**	直覺
南交	**1.1**	創意獨立於意志之外
水	▲**32.3**	缺乏連續性
金	▼**28.1**	準備
火	▼**12.3**	自白
木	**25.3**	感性
土	**13.6**	樂天派
天	**2.5**	靈活應用
海	**36.1**	抗拒
冥	▲**61.6**	感染力

10月

28.1　準備

♂ ▲ 渴望能有效彰顯能量，善用於細節上。
善用直覺的潛能，在細節上運用。

♀ ▼ 規畫得盡善盡美，專注計畫本身的美感，卻無法實際運用。
面對細節，充滿直覺，卻欠缺運用的潛能。

偉大 **28.2**

與魔鬼握手

2022/10/26 17:20 TWN

農曆 10/2（三）

與魔鬼握手	**28.2** ▲	☉
自給自足	**27.2**	⊕
愛是光	**1.2**	☽
直覺	**2.1**	☊
創意獨立於意志之外	**1.1** ▲	☋
公理即強權	**32.4**	☿
與魔鬼握手	**28.2** ▲	♀
先知	**12.4**	♂
感性	**25.3**	♃
樂天派	**13.6**	♄
靈活應用	**2.5**	♅
抗拒	**36.1**	♆
感染力	**61.6** ▲	♇

10月

28.2 與魔鬼握手

令人反感的聯盟。

☉ ▲ 就算手段令人厭惡，到最後一切皆合理化。
當遊戲變成掙扎，憑藉其本能，為了求勝可以接受任何結盟的可能。

♃ ▼ 無法保證成功時，犧牲更高原則將衍生焦慮。
無法保證勝利在望，犧牲原則有其風險。

☽43 23:59

Thursday, October 27th
midnight

☽14 09:35

27.10 2022

20　　22　　　　midnight　4　　6　　8　　10　　12

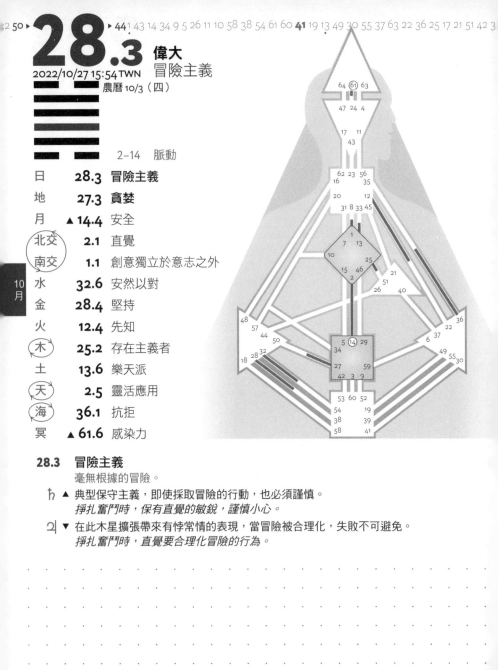

28.3

2022/10/27 15:54 TWN
農曆 10/3（四）

偉大
冒險主義

2-14　脈動

日	28.3	冒險主義
地	27.3	貪婪
月	▲ 14.4	安全
北交	2.1	直覺
南交	1.1	創意獨立於意志之外
水	32.6	安然以對
金	28.4	堅持
火	12.4	先知
木	25.2	存在主義者
土	13.6	樂天派
天	2.5	靈活應用
海	36.1	抗拒
冥	▲ 61.6	感染力

10月

28.3　冒險主義

毫無根據的冒險。

ħ ▲ 典型保守主義，即使採取冒險的行動，也必須謹慎。
　　掙扎奮鬥時，保有直覺的敏銳，謹慎小心。

♃ ▼ 在此木星擴張帶來有悖常情的表現，當冒險被合理化，失敗不可避免。
　　掙扎奮鬥時，直覺要合理化冒險的行為。

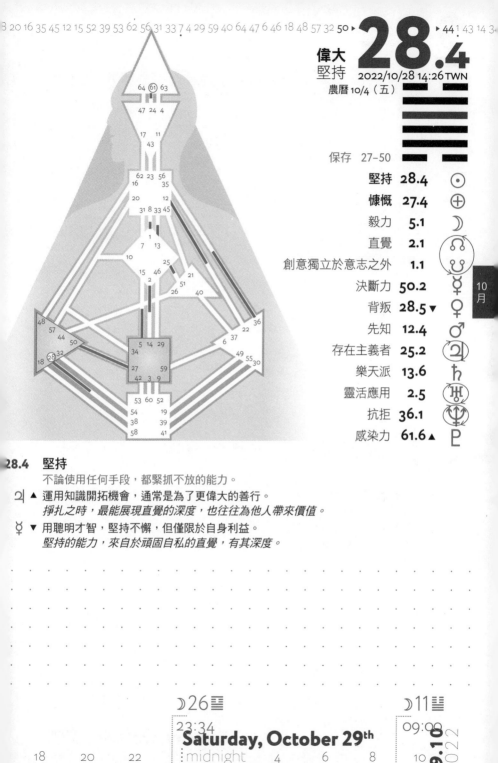

28 16 35 45 12 15 52 39 53 62 56 31 33 7 4 29 59 40 64 47 6 46 18 48 57 32 50 ▸ ▸ 44 1 43 14 34

偉大
堅持

28.4

2022/10/28 14:26 TWN

農曆 10/4（五）

保存　27–50

堅持	**28.4** ☉
慷慨	**27.4** ⊕
毅力	**5.1** ☽
直覺	**2.1** ☊
創意獨立於意志之外	**1.1** ☋
決斷力	**50.2** ☿
背叛	**28.5**▼ ♀
先知	**12.4** ♂
存在主義者	**25.2** ♃
樂天派	**13.6** ♄
靈活應用	**2.5** ♅
抗拒	**36.1** ♆
感染力	**61.6**▲ ♇

10月

28.4　堅持

不論使用任何手段，都緊抓不放的能力。

♃ ▲ 運用知識開拓機會，通常是為了更偉大的善行。
　　掙扎之時，最能展現直覺的深度，也往往為他人帶來價值。

☿ ▼ 用聰明才智，堅持不懈，但僅限於自身利益。
　　堅持的能力，來自於頑固自私的直覺，有其深度。

☽26☷

23:34
Saturday, October 29th
midnight　　4　　6　　8

☽11☷

09:00

29.10 2022

18　　　20　　　22

28.5

偉大
背叛

2022/10/29 12:58 TWN

農曆 10/5（六）

27-50　保存

日	▼28.5	背叛
地	27.5	執行者
月	11.3	現實主義者
北交	2.1	直覺
南交	1.1	創意獨立於意志之外
水	▼50.3	適應力
金	28.6	榮耀之光
火	12.4	先知
木	25.2	存在主義者
土	13.6	樂天派
天	2.5	靈活應用
海	36.1	抗拒
冥	▲61.6	感染力

28.5　變節

濫用信任。

Ρ ▲ 操弄群體，設局讓派系互鬥，不直接表態，不支持也不反對任何一方。
運用直覺，挑起眾人鬥爭的玩家。

☉ ▼ 與原先信任的聯盟分裂，和更強大的勢力結盟，顛覆既定局勢。
鬥爭之際，順應直覺的認知，清楚聯盟在何時必須崩盤，而接下來的動盪，將如何影響
他人。

10月

♀44 17:55　☽10 18:26　☽58 03:51

29.10
2022

16　18　20　22　midnight　4　6　8

Sunday, October 30th

28.6

偉大
榮耀之光   2022/10/30 11:29 TWN
農曆 10/6（日）

保存 27–50

榮耀之光	**28.6**	☉
警惕	**27.6**	⊕
防禦	**58.5** ▲	☽
直覺	**2.1**	☊
創意獨立於意志之外	**1.1**	☋
一致性	**50.5**	☿
制約	**44.1** ▼	♀
先知	**12.4**	♂
存在主義者	**25.2**	♃
樂天派	**13.6**	♄
靈活應用	**2.5**	♅
抗拒	**36.1**	♆
感染力	**61.6** ▲	♇

10月

28.6 榮耀之光

　　寧願犧牲，也不願投降於退化的法則。

♇ ▲ 為了再生與更新，不計代價。
　　來自直覺的深刻驅動力，不計代價就是要贏。

♆ ▼ 自我毀滅。
　　出於深層本能，恐懼被擊潰，尤其在掙扎的過程中，容易湧現深刻的絕望感。

☽61

♇38
3:17

☽54
22:42

Monday, October 31th

midnight

☿28
08:09
08:05

☋08:09

14   16   18   20   2   4   6

31.10
2022

44.1

聚合
制約

2022/10/31 10:00 TWN

農曆 10/7（一）

24-61　覺察

日	▼**44.1**	制約
地	**24.1**	疏忽之罪
月	▲ **61.2**	天生耀眼
北交	**2.1**	直覺
南交	**1.1**	創意獨立於意志之外
水	**28.1**	準備
金	**44.3**	干預
火	**12.4**	先知
木	**25.2**	存在主義者
土	**13.6**	樂天派
天	**2.5**	靈活應用
海	**36.1**	抗拒
冥	▲**61.6**	感染力

10月

44.1　制約

基於互動的結果，建立架構。

♇ ▲ 掌握群體，須針對其弱勢之處，建構約束的條件，並且具備執行的能力。
　　對於各種模式敏銳警覺，足以掌控群體。

♀ ▼ 極具吸引力的本質，與弱勢互動卻無法施加限制，恐將危及既定的和諧。
　　渴求人和，而未遵循其本能。

☽60 17:37

☽41 03:06

31.10
2022

Tuesday, November 1st

midnight

14　　16　　18　　20　　　　　　2　　4　　6

聚合 **44**.**2**
管理 2022/11/01 08:30 TWN
農曆 10/8（二）

覺察　24-61

管理	**44.2**	☉
認可	**24.2**	⊕
修正	**41.4**	☽
直覺	**2.1**	☊
創意獨立於意志之外	**1.1**	☋
與魔鬼握手	**28.2**	☿
誠實	**44.4▼**	♀
先知	**12.4**	♂
存在主義者	**25.2**	♃
樂天派	**13.6**	♄
靈活應用	**2.5**	♅
抗拒	**36.1**	♆
感染力	**61.6▲**	♇

11月

44.2　管理

♃ ▲ 管理，發展健全的集體結構，創建合作模式，處於劣勢的不良層面需要被管制，才能與蓬勃發展的優質動力相結合。
能敏銳地察覺各種運作模式，帶有管理的潛能。

♂ ▼ 傾向目標導向的管理模式，忽略其他非主流因素，造成重量不重質，不可避免最終數量達標，品質堪憂。
依循本能，找出相應的運作模式，直接省略發展管理能力的過程。

☽19 ䷀
12:36
☽13 ䷀
22:09
Wednesday, November 2nd
midnight
12　　14　　16　　18　　20　　　　　　2　　4
02.11
2022

44.3 聚合

干預

2022/11/02 06:59 TWN

農曆 10/9（三）

24–61　覺察

日	**44.3**	干預
地	**24.3**	上癮者
月	**13.6**	樂天派
北交	**2.1**	直覺
南交	**1.1**	創意獨立於意志之外
水	▼**28.4**	堅持
金	**44.5**	操作
火	**12.4**	先知
木	**25.2**	存在主義者
土	**13.6**	樂天派
天	**2.5**	靈活應用
海	**36.1**	抗拒
冥	▲ **61.6**	感染力

44.3　干預

基於環境因素，無法互動。

♂ ▲ 了解干預所帶來的威脅，面對所帶來的影響做好準備。
充滿警覺，憑藉本能來處理他人的我執。

♆ ▼ 面對干預，若以迷惑回應，易被投射所限，導致評價脫離現實，容易出錯。
來自直覺的本能，恐怕無法處理他人的我執。

☽49 ☽30 ☽55

07:43 17:20 03:00

Thursday, November 3ᵗʰ

02.11 midnight

2022

10 12 14 16 18 20 2

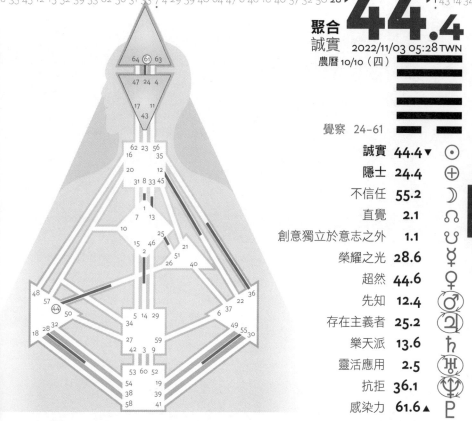

聚合 **44.4**

誠實 2022/11/03 05:28 TWN

農曆 10/10（四）

覺察 24-61

誠實	**44.4**▼	☉
隱士	**24.4**	⊕
不信任	**55.2**	☽
直覺	**2.1**	☊
創意獨立於意志之外	**1.1**	☋
榮耀之光	**28.6**	☿
超然	**44.6**	♀
先知	**12.4**	♂
存在主義者	**25.2**	♃
樂天派	**13.6**	♄
靈活應用	**2.5**	♅
抗拒	**36.1**	♆
感染力	**61.6**▲	♇

11月

44.4 **誠實**

拒絕虛偽的互動模式。

♇ ▲ 事不關己，以最符合邏輯的方式切割。
以本能與記憶為準則，冷漠的可能性。

☉ ▼ 若身處極端狀態下，為求維生，會期待能自過往的拒絕往來戶中，重新取得支援。真誠是最好的作法。
為了求存，不再冷漠。

♄21 ☽37 ☿44 ☽63

♄5:36   12:42   17:32   22:27

Friday, November 4ᵗʰ
midnight

8   10   12   14   16   18   20

04.11
2022

44.5

聚合
操作

2022/11/04 03:57 TWN

農曆 10/11（五）

24-61　覺察

日	**44.5**	操作
地	**24.5**	自白
月	**63.4**	記憶
北交	**2.1**	直覺
南交	**1.1**	創意獨立於意志之外
水	**44.1**	制約
金	▲ **1.2**	愛是光
火	**12.4**	先知
木	**25.2**	存在主義者
土	**13.6**	樂天派
天	**2.5**	靈活應用
海	**36.1**	抗拒
冥	▲ **61.6**	感染力

11月

44.5　操作

♅ ▲ 有能力轉化原本與弱勢力量的互動模式，以漸進的過程注入動能，並增添額外的好處，
以活化並轉換其處境，雖然若者恆弱，仍有其位置。
以本能來認定運作模式，也有可能因而操控他人。

♂ ▼ 操控形式中，帶有濫用與程度退化的傾向。
憑藉本能所認定的模式，可能會虐待他人。

☽22　08:15

☽36　18:07

Saturday, November 5th
midnight

04.11
2022

8　10　12　14　16　18　20

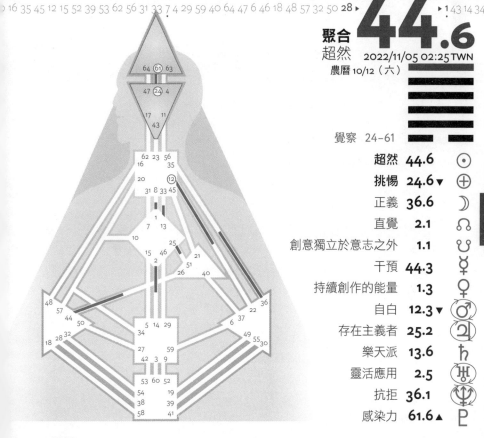

聚合 **44.6**
超然
2022/11/05 02:25 TWN
農曆 10/12（六）

11月

覺察　24-61

超然	**44.6**	☉
挑惕	**24.6** ▼	⊕
正義	**36.6**	☽
直覺	**2.1**	☊
創意獨立於意志之外	**1.1**	☋
干預	**44.3**	☿
持續創作的能量	**1.3**	♀
自白	**12.3** ▼	♂
存在主義者	**25.2**	♃
樂天派	**13.6**	♄
靈活應用	**2.5**	♅
抗拒	**36.1**	♆
感染力	**61.6** ▲	♇

44.6　超然

寧願犧牲，也不願投降於退化的法則。

♇ ▲ 拒絕並譴責既定框架，革新是建立新模式，使一切趨於完善。
　　對於各種模式如何運作，有所察覺，確保身心健康。

⊕ ▼ 無法忍受芸芸眾生，心生傲慢。
　　因了解模式，自覺高人一等，犧牲他人福祉。

☽25 ☰
04:02

☽17 ☰
14:00

☽21 ☰
00:03

Sunday, November 6th
midnight

6　　8　　10　　12　　14　　16　　18　　20

1.1

2022/11/06 00:52 TWN

創意
創意獨立於意志之外

農曆 10/13（日）

日	**1.1**	創意獨立於意志之外
地	**2.1**	直覺
月	▼ **21.1**	警告
北交	**2.1**	直覺
南交	**1.1**	創意獨立於意志之外
水	**44.5**	操作
金	**1.4**	孤獨為創造力之媒介
火	▼ **12.3**	自白
木	**25.2**	存在主義者
土	**13.6**	樂天派
天	▼ **2.5**	靈活應用
海	**36.1**	抗拒
冥	▲ **61.6**	感染力

1.1 創意獨立於意志之外

☽ ▲ 月亮位於上升相位，象徵適應。時間決定一切。
自我表達有其獨特的時間點。

♅ ▼ 不穩定導致扭曲，在此，耐心是美德，革命為惡行。
創意不會穩定，要有耐心。

☽ 51 ䷀
10:09

☽ 42 ䷏
20:20

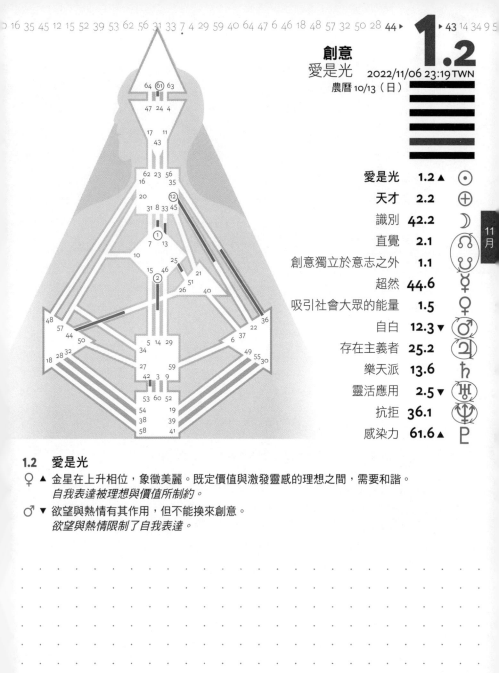

創意
1.2
愛是光 2022/11/06 23:19 TWN
農曆 10/13（日）

愛是光	**1.2** ▲	☉
天才	**2.2**	⊕
識別	**42.2**	☊
直覺	**2.1**	☋
創意獨立於意志之外	**1.1**	☿
超然	**44.6**	♀
吸引社會大眾的能量	**1.5**	♀
自白	**12.3** ▼	♂
存在主義者	**25.2**	♃
樂天派	**13.6**	♄
靈活應用	**2.5** ▼	♅
抗拒	**36.1**	♆
感染力	**61.6** ▲	♇

11月

1.2　愛是光

♀ ▲ 金星在上升相位，象徵美麗。既定價值與激發靈感的理想之間，需要和諧。
　　自我表達被理想與價值所制約。

♂ ▼ 欲望與熱情有其作用，但不能換來創意。
　　欲望與熱情限制了自我表達。

☿1 ☰　☽3 ☴　　　　　☽27 ☴　♀43 ☴
　　04:09　06:36　　　　16:56　17:17

nday, November 7th
night　　4　　6　　8　　10　　12　　14　　16　　18
07.11
2022

1.3

2022/11/07 21:45 TWN

創意
持續創作的能量

農曆 10/14（一）立冬

日	**1.3**	持續創作的能量
地	▼ **2.3**	耐性
月	**27.3**	貪婪
北交	**2.1**	直覺
南交	**1.1**	創意獨立於意志之外
水	**1.2**	愛是光
金	▼**43.1**	耐性
火	▼ **12.3**	自白
木	**25.2**	存在主義者
土	**13.6**	樂天派
天	**2.4**	隱匿
海	**36.1**	抗拒
冥	▲ **61.6**	感染力

11月

1.3　持續創作的能量

♂ ▲ 火星在上升相位，象徵自我表達的深刻需求。
　　自我表達的深刻需求。

⊕ ▼ 物質力量破壞創意，導致野心勃勃。
　　物質主義破壞創造力。

☽24 ☷　Q3:21

☽2 ☰　13:51

Tuesday, November 8ᵗʰ
midnight　4　6　8　10　12　14　16　18

1.4

創意
孤獨為創造力之媒介
2022/11/08 20:11 TWN
農曆 10/15（二）

孤獨為創造力之媒介	**1.4**	☉
隱匿	**2.4**	⊕
隱匿	**2.4**	☽
直覺	**2.1**	☊
創意獨立於意志之外	**1.1**	☋
持續創作的能量	**1.3**	☿
奉獻	**43.2**	♀
自白	**12.3 ▼**	♂
存在主義者	**25.2**	♃
樂天派	**13.6**	♄
隱匿	**2.4**	♅
抗拒	**36.1**	♆
感染力	**61.6 ▲**	♇

1.4   孤獨為創造力之媒介

內在之光的張力。

⊕ ▲ 地球在上升相位，象徵個人觀點彰顯於外，帶來影響力。
發展創意，不能去想影響力。

♃ ▼ 稀釋了靈感所潛藏的魔力。
基於對影響力的需求，不甘寂寞，因而限制其創造力。

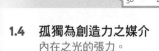

☽23 ▤
00:26

☽8 ▤
11:06

1.5

2022/11/09 18:36 TWN

創意
吸引社會大眾的能量

農曆 10/16（三）

1–8　　啟發

日		**1.5**	吸引社會大眾的能量
地	▼	**2.5**	靈活應用
月	▼	**8.5**	達摩
北交		**2.1**	直覺
南交	▲	**1.1**	創意獨立於意志之外
水		**1.5**	吸引社會大眾的能量
金		**43.3**	權宜
火	▼	**12.3**	自白
木		**25.1**	無私
土		**13.6**	樂天派
天		**2.4**	隱匿
海		**36.1**	抗拒
冥	▲	**61.6**	感染力

1.5　吸引社會大眾的能量

♂ ▲ 火星在上升相位，強大自我的頑強耐力。
　　 持續創作過程的力量與驅動力。

♅ ▼ 天王星在下降相位，怪癖阻礙了耐力。
　　 儘管怪癖吸睛，卻限制了動力。

☽20☷　21:52　　　　　☽16☲　08:42　　☿43　15:5

Thursday, November 10th

midnight　　4　　6　　8　　10　　12　　14

22

創意

客觀性

2022/11/10 17:00 TWN

農曆 10/17（四）

1.6

客觀性	**1.6**	☉
定格	**2.6**	⊕
聖誕怪傑	**16.5** ▼	☽
直覺	**2.1**	☊
創意獨立於意志之外	**1.1**	☋
耐性	**43.1** ▼	☿
死腦筋	**43.4** ▲	♀
自白	**12.3** ▼	♂
無私	**25.1**	♃
樂天派	**13.6**	♄
隱匿	**2.4**	♅
抗拒	**36.1**	♆
感染力	**61.6** ▲	♇

1.6 客觀性

⊕ ▲ 明確評估創意的價值。

　　創意過程中的清明。

♇ ▼ 主觀評價所帶來的風險是失望，結果就是創意受挫。

　　自我表達中的主觀意識，可能導致創意受挫。

♄49 ▤
↑8:54
☽35 ▤
↑9:38
♇60 ▤
21:13
☽45 ▤
06:39

Friday, November 11th

midnight　　4　　6　　8　　10　　12

20　　22　　　　　　　　　　　　　　　11.11 2022

43.1

突破
耐性

2022/11/11 15:24 TWN

農曆 10/18（五）

23–43　架構

日	▼**43.1**	耐性
地	**23.1**	傳教
月	**45.5**	領導力
北交	**2.1**	直覺
南交	**1.1**	創意獨立於意志之外
水	**43.2**	奉獻
金	▲**43.6**	突破
火	▼**12.3**	自白
木	**25.1**	無私
土	**49.1**	必要性法則
天	**2.4**	隱匿
海	**36.1**	抗拒
冥	**60.1**	接受

43.1　耐性

♇ ▲ 了解必須先消弭抗拒，才能建立嶄新的形式。
　　形成個人洞見，必須要有深度蘊藏其中。

♀ ▼ 若缺乏耐心，強摘的果子不甜，徒留酸味。
　　洞見本身帶來喜悅，卻缺乏建立洞見的深度。

11月

☽12 17:44

☽15 04:53　♀14 04:55

Saturday, November 12th

midnight

2022.11.11

突破
奉獻

43.2

2022/11/12 13:47 TWN

農曆 10/19（六）

脈動　2-14
架構　23-43

奉獻	**43.2**	☉
自我防衛	**23.2**	⊕
敏感性	**15.5**	☽
直覺	**2.1** ▲	☊
創意獨立於意志之外	**1.1**	☿
死腦筋	**43.4** ▲	♀
金錢非萬能	**14.1**	♂
淨化	**12.2**	♃
無私	**25.1**	♄
必要性法則	**49.1**	♅
隱匿	**2.4** ▲	♆
抗拒	**36.1**	
接受	**60.1**	♇

11月

43.2　奉獻

♇ ▲ 秉持特定的態度，引發突破。
　　獨特的心智習慣與思考過程，使洞見得以誕生。

☽ ▼ 致力於行動，在即將實現之際可能會掉以輕心。
　　急於表達，當機會來臨，反而捨棄了正常的程序。

☽52　16:07

☽39　03:24

Sunday, November 13th

midnight

16　18　20　22　　4　6　8

43.3

突破
權宜

2022/11/13 12:09 TWN

農曆 10/20（日）

2–14	脈動	
23–43	架構	

日	**43.3**	**權宜**
地	▲**23.3**	**個體性**
月	**39.5**	專心致志
北交	▲ **2.1**	直覺
南交	**1.1**	創意獨立於意志之外
水	**43.5**	進展
金	**14.2**	管理
火	**12.2**	淨化
木	**25.1**	無私
土	**49.1**	必要性法則
天	▲ **2.4**	隱匿
海	**36.1**	抗拒
冥	**60.1**	接受

43.3　權宜

♇ ▲ 強烈渴望新生的驅動力，當突破受到威脅，將無所不用其極，可以配合任何外來力量並忍受各種譴責，只求達標。
確信自己的覺知，明白可以承受譴責。

☽ ▼ 若對譴責過度敏感，為此可能排除合理的權宜之計，導致失敗。
面對譴責時，背棄個人洞見。

☽53☰ 14:43

☽62☷ 02:05　☿14☷ 04:48

Monday, November 14th

midnight

13.11 2022

16　18　20　22　　　4　6　8

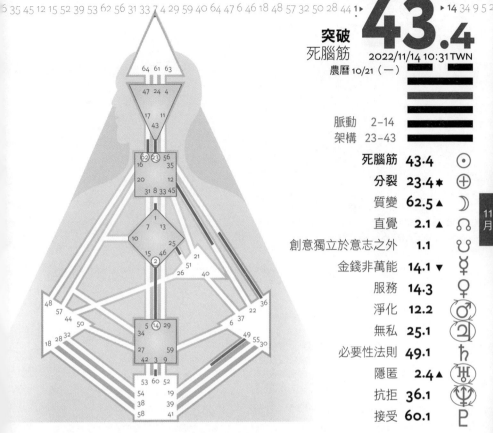

突破 **43.4**
死腦筋

2022/11/14 10:31 TWN
農曆 10/21（一）

脈動 2-14
架構 23-43

死腦筋	**43.4**	☉
分裂	**23.4**✸	⊕
質變	**62.5**▲	☽
直覺	**2.1**▲	☊
創意獨立於意志之外	**1.1**	☋
金錢非萬能	**14.1**▾	☿
服務	**14.3**	♀
淨化	**12.2**	♂
無私	**25.1**	♃
必要性法則	**49.1**	♄
隱匿	**2.4**▲	♅
抗拒	**36.1**	♆
接受	**60.1**	♇

11月

43.4 死腦筋

☿ ▲ 面對經常出現的阻礙，過度倚賴其心智的能力，頑固且執著。儘管水星在此賦予靈活的心智能力，也許會有成功的機會，雖然微乎其微。
堅持倚賴個人獨特的洞見，需要專注的心智能力，使概念得以完整成型。

♃ ▾ 儘管以有限的知識為基礎，卻深信已採取正確的行動，不接受建議。
缺乏深度卻試圖表現的自負。

☽56 13:28

Tuesday, November 15th

14 16 18 20 midnight

☽31 00:51

2 4 6

15.11
2022

43.5

突破
進展

2022/11/15 08:52 TWN
農曆 10/22（二）

2-14	脈動
23-43	架構

日	**43.5**	進展
地	**23.5**	同化
月	▼ **31.5**	自以為是
北交	▲ **2.1**	直覺
南交	**1.1**	創意獨立於意志之外
水	**14.2**	管理
金	▼ **14.5**	傲慢
火	**12.2**	淨化
木	**25.1**	無私
土	**49.1**	必要性法則
天	▲ **2.4**	隱匿
海	**36.1**	抗拒
冥	**60.1**	接受

11月

43.5 進展

☽ ▲ 若人際關係成為無法突破的障礙，會採取實際行動，逐步調整，才不會危及最終的成功。
知道如何有效掌握對的時間點，與人分享自己獨特的洞見，就是天賦所在。

♀ ▼ 傾向灌注心力以求人和，卻因此而強化了原本的約束力，無法獲得突破。
過度在意他人觀感，和諧的關係反倒成為制約，限制個人化的表達。

☽33 12:14
☽7 23:35

15.11
2022

Wednesday, November 16th

12   14   16   18   20   midnight   2   4

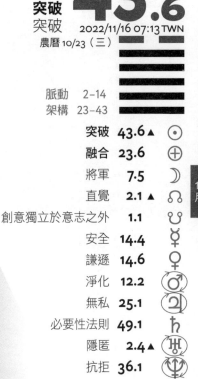

突破 43.6

突破
突破

2022/11/16 07:13 TWN

農曆 10/23（三）

脈動　2-14
架構　23-43

突破	**43.6** ▲	☉
融合	**23.6**	⊕
將軍	**7.5**	☽
直覺	**2.1** ▲	☊
創意獨立於意志之外	**1.1**	☋
安全	**14.4**	☿
謙遜	**14.6**	♀
淨化	**12.2**	♂
無私	**25.1**	♃
必要性法則	**49.1**	♄
隱匿	**2.4** ▲	♅
抗拒	**36.1**	♆
接受	**60.1**	♇

11
月

43.6 突破

☉ ▲ 突破是實現與回歸中心的過程，自然而然，於內於外同時建構全新秩序。
　　獨特的覺知，不論對個人與群體而言，極具價值。

♂ ▼ 關於突破，基於自我意識的傾向，看見次要因素也有存在的理由，轉化成新秩序。
　　覺知的價值，重要性遠遠超過生活中的其他層面。

☽4 ䷗
10:53

♀34 ䷗
16:32

☽29 ䷗
22:08

Thursday, November 17th
midnight

10　　12　　14　　16　　18　　20　　　　　2

17.11
2022

14.1

執著於衡量
金錢非萬能

2022/11/17 05:33 TWN

農曆 10/24（四）

| | 1–8 | 啟發 |
| 2–14 | 脈動 |

11月

日	▼ **14.1**	金錢非萬能
地	**8.1**	誠實
月	**29.4**	直接
北交	**2.1**	直覺
南交	**1.1**	創意獨立於意志之外
水	▲ **14.6**	謙遜
金	**34.1**	霸凌
火	**12.1**	修道士、僧侶
木	**25.1**	無私
土	**49.1**	必要性法則
天	**2.4**	隱匿
海	**36.1**	抗拒
冥	**60.1**	接受

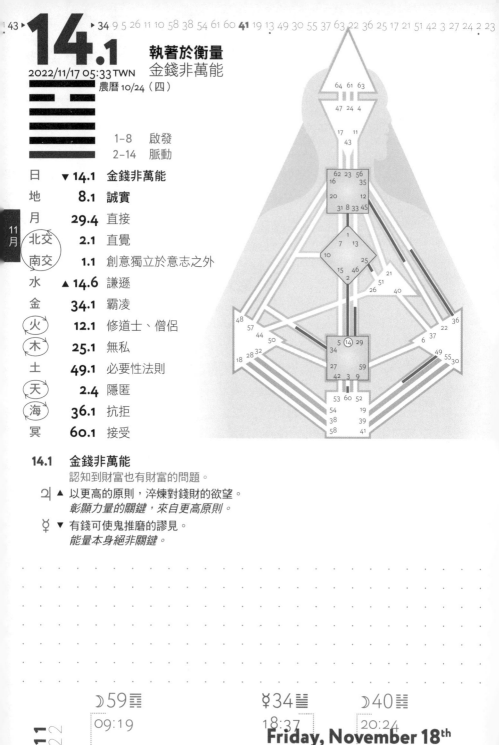

14.1　金錢非萬能

認知到財富也有財富的問題。

♃ ▲ 以更高的原則，淬煉對錢財的欲望。
彰顯力量的關鍵，來自更高原則。

☿ ▼ 有錢可使鬼推磨的謬見。
能量本身絕非關鍵。

☽59 ☿34 ☽40

09:19　　　18:37　　　20:24

Friday, November 18th
midnight

17.11
2022

8　　10　　12　　14　　16　　18　　20

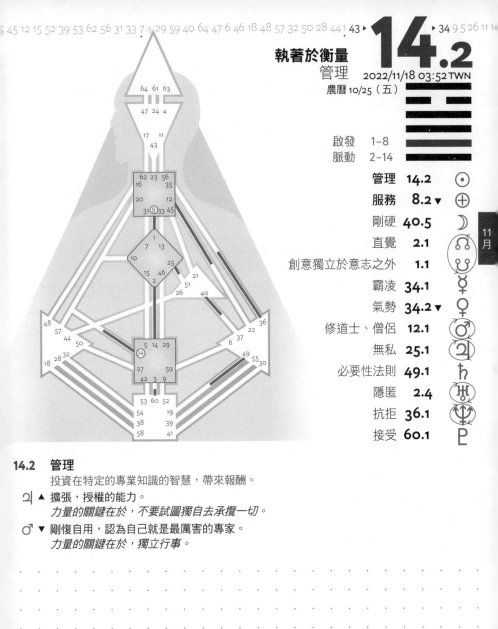

執著於衡量

14.2

管理

2022/11/18 03:52 TWN

農曆 10/25（五）

11月

| 啟發 | 1-8 |
| 脈動 | 2-14 |

管理	14.2	☉
服務	8.2 ▼	⊕
剛硬	40.5	☽
直覺	2.1	☊
創意獨立於意志之外	1.1	☋
霸凌	34.1	☿
氣勢	34.2 ▼	♀
修道士、僧侶	12.1	♂
無私	25.1	♃
必要性法則	49.1	♄
隱匿	2.4	♅
抗拒	36.1	♆
接受	60.1	♇

14.2　管理

投資在特定的專業知識的智慧，帶來報酬。

♃ ▲ 擴張，授權的能力。
力量的關鍵在於，不要試圖獨自去承攬一切。

♂ ▼ 剛愎自用，認為自己就是最厲害的專家。
力量的關鍵在於，獨立行事。

☽64▤
07:24

☽47▤
18:17

Saturday, November 19th
midnight

6   8   10   12   14   16   18   20

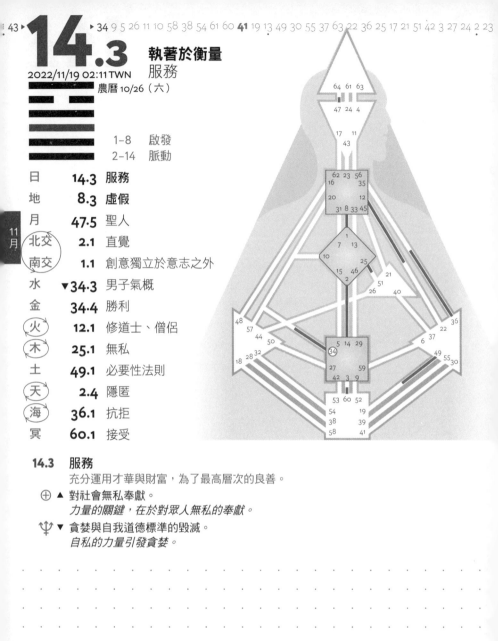

14.3

執著於衡量
服務

2022/11/19 02:11 TWN
農曆 10/26（六）

1–8	啟發
2–14	脈動

日	**14.3**	**服務**
地	**8.3**	**虛假**
月	**47.5**	聖人
北交	**2.1**	直覺
南交	**1.1**	創意獨立於意志之外
水	▼**34.3**	男子氣概
金	**34.4**	勝利
火	**12.1**	修道士、僧侶
木	**25.1**	無私
土	**49.1**	必要性法則
天	**2.4**	隱匿
海	**36.1**	抗拒
冥	**60.1**	接受

14.3 服務

充分運用才華與財富，為了最高層次的良善。

⊕ ▲ 對社會無私奉獻。
力量的關鍵，在於對眾人無私的奉獻。

♆ ▼ 貪婪與自我道德標準的毀滅。
自私的力量引發貪婪。

☾6 ☰ 05:03

☾46 ☷ 15:41

Sunday, November

19.11
2022

6   8   10   12   14   16   18   20   mid

執著於衡量

14.4

安全 　2022/11/20 00:29 TWN

農曆 10/27（日）

| 啟發 | 1-8 |
| 脈動 | 2-14 |

安全	**14.4**	☉
尊重	**8.4**	⊕
誠信	46.6	☽
直覺	2.1	☊
創意獨立於意志之外	1.1	☋
勝利	34.4	☿
殲滅	34.5	♀
修道士、僧侶	12.1	♂
無私	25.1	♃
必要性法則	49.1	♄
隱匿	2.4	♅
抗拒	36.1	♆
接受	60.1	♇

11月

14.4 安全

專注建立穩固的基礎。

☽ ▲ 為避免受到攻擊而防禦。
　　取得力量的關鍵在於發展技能，確保建立強大的基礎。

♂ ▼ 面對競爭與挑戰，過度自信，可能對最基本的安全造成威脅。
　　缺乏健全技能，無法保障安全。

14.5

執著於衡量
傲慢

2022/11/20 22:46 TWN

農曆 10/27（日）

| | 1–8 | 啟發 |
| | 2–14 | 脈動 |

日	▲ **14.5**	傲慢
地	**8.5**	達摩
月	▼**48.6**	自我滿足
北交	**2.1**	直覺
南交	**1.1**	創意獨立於意志之外
水	**34.6**	常識
金	**34.6**	常識
火	**45.6**	重新審視
木	**25.1**	無私
土	**49.1**	必要性法則
天	**2.4**	隱匿
海	**36.1**	抗拒
冥	**60.1**	接受

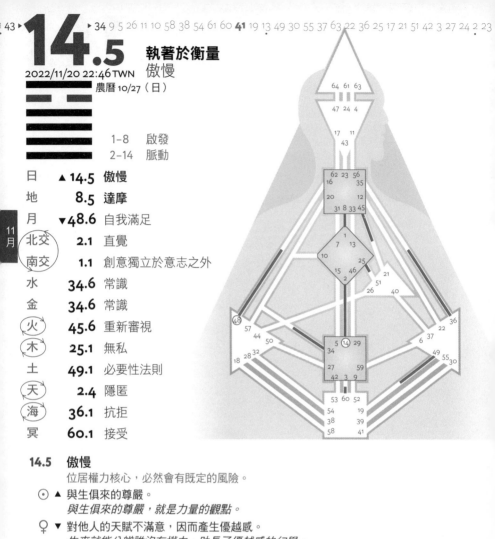

14.5 傲慢
位居權力核心，必然會有既定的風險。

⊙ ▲ 與生俱來的尊嚴。
與生俱來的尊嚴，就是力量的觀點。

♀ ▼ 對他人的天賦不滿意，因而產生優越感。
生來就能分辨誰沒有權力，助長了優越感的幻覺。

☽57 ♀9 ☽32 ☿9 ☽50

22:49 04:08 08:55 09:14 18:54

Monday, November 21ᵗʰ
midnight 4 6 8 10 12 14 16 18

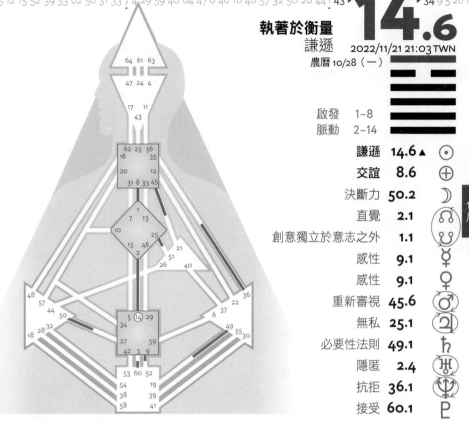

執著於衡量
14.6
謙遜
2022/11/21 21:03 TWN
農曆 10/28（一）

啟發　1-8
脈動　2-14

謙遜	**14.6 ▲**	⊙
交誼	**8.6**	⊕
決斷力	**50.2**	☽
直覺	**2.1**	☊
創意獨立於意志之外	**1.1**	☋
感性	**9.1**	☿
感性	**9.1**	♀
重新審視	**45.6**	♂
無私	**25.1**	♃
必要性法則	**49.1**	♄
隱匿	**2.4**	♅
抗拒	**36.1**	♆
接受	**60.1**	♇

11月

14.6　謙遜

處於巔峰的財富與力量。

⊙ ▲ 獲得啟迪，領悟能否獲得物質層面的成功，是天意。
　　靈性是關鍵，通往接納之路，也是力量的泉源。

⊕ ▼ 在此相位的所有具體展現，實質上都是正向的。地球代表存在層面的認知，認為物質層面
　　的成功是必然的，因為如此幸運，謙卑之心油然而生。
　　存在主義視接受為關鍵，力量為源頭。

☽ 28 ䷗
04:46

☽ 44 ䷿
14:30

Tuesday, November 22th
midnight　　4　　6　　8　　10　　12　　14　　16

22.11
2022

34.1

強大的能量
霸凌

2022/11/22 19:19 TWN

農曆 10/29（二）小雪

20-34　魅力

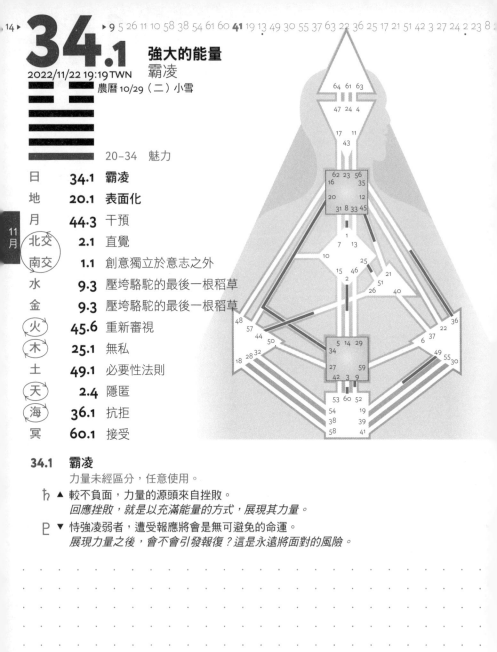

日	**34.1**	**霸凌**
地	**20.1**	**表面化**
月	**44.3**	干預
北交	**2.1**	直覺
南交	**1.1**	創意獨立於意志之外
水	**9.3**	壓垮駱駝的最後一根稻草
金	**9.3**	壓垮駱駝的最後一根稻草
火	**45.6**	重新審視
木	**25.1**	無私
土	**49.1**	必要性法則
天	**2.4**	隱匿
海	**36.1**	抗拒
冥	**60.1**	接受

11月

34.1　霸凌

力量未經區分，任意使用。

ħ ▲ 較不負面，力量的源頭來自挫敗。
回應挫敗，就是以充滿能量的方式，展現其力量。

♇ ▼ 恃強凌弱者，遭受報應將會是無可避免的命運。
展現力量之後，會不會引發報復？這是永遠將面對的風險。

☽1 00:08 midnight

☽43 09:40

Wednesday, November 23th

midnight　　4　　6　　8　　10　　12　　14

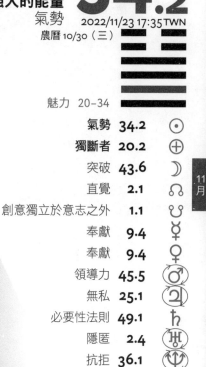

強大的能量
34.2
氣勢   2022/11/23 17:35 TWN
農曆 10/30（三）

魅力	20–34	
氣勢	**34.2**	⊙
獨斷者	**20.2**	⊕
突破	43.6	☾
直覺	2.1	☊
創意獨立於意志之外	1.1	☋
奉獻	9.4	☿
奉獻	9.4	♀
領導力	45.5	♂
無私	25.1	♃
必要性法則	49.1	♄
隱匿	2.4	♅
抗拒	36.1	♆
接受	60.1	♇

34.2　氣勢

♂ ▲ 就算勝利在望，也心有定見，不會得意忘形。
　　當勝利在望，愈發生出力量。

♀ ▼ 因小小的成功，就被情緒沖昏頭的傾向。
　　因缺乏耐性，而限制其成長的力量。

☽14☷   ☽34☷   ☽9☷

9:07   04:28   13:46

Thursday, November 24th

midnight   4   6   8   10   12

20   22

24.11
2022

34.3

強大的能量
男子氣概

2022/11/24 15:50 TWN

農曆 11/1（四）

20-34　魅力

日	**34.3**	男子氣概
地	★**20.3**	自我覺知
月	**9.2**	同病相憐
北交	**2.1**	直覺
南交	**1.1**	創意獨立於意志之外
水 ▲	**9.6**	感激
金	**9.5**	相信
火	**45.5**	領導力
木	**25.1**	無私
土	**49.1**	必要性法則
天	**2.4**	隱匿
海	**36.1**	抗拒
冥	**60.1**	接受

34.3　男子氣概

展現力量，無所差別。

ħ ▲ 若大男人主義依其本性，以既定方式展現出來，將造成極大的傷害。
以展示力量為主軸，來定義每一個角色。

☿ ▼ 合理並且仔細盤算過後，再展現，造謠。
為了賦予角色意義，以精心設計的方式來展現力量。

☽5 23:00

☿5 00:31

☽26 08:11

Friday, November 25th
midnight

20　　22　　4　　6　　8　　10

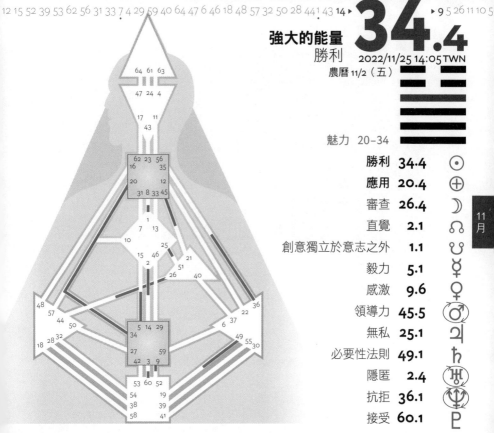

34.4

強大的能量
勝利
2022/11/25 14:05 TWN
農曆 11/2（五）

魅力　20-34

勝利	**34.4**	☉
應用	**20.4**	⊕
審查	**26.4**	☽
直覺	**2.1**	☊
創意獨立於意志之外	**1.1**	☋
毅力	**5.1**	♀
感激	**9.6**	☿
領導力	**45.5**	♂
無私	**25.1**	♃
必要性法則	**49.1**	♄
隱匿	**2.4**	♅
抗拒	**36.1**	♆
接受	**60.1**	♇

34.4　勝利

在絕對勝利的前提下，得以自由無限制地運用其力量。

♇ ▲ 面對勝利時，會刻意抑制，避免過度膨脹，以微妙且隱蔽的方式來展現力量。
可以巧妙運用其力量，天生的自信。

♂ ▼ 過度膨脹自我，肆無忌憚濫用力量，無可避免導致濫用。
沒有自信，可能會導致濫用力量。

5 ䷀ ☽11 ䷀   ☽10 ䷀   ☽58 ䷀

5:41 17:20   02:28   11:35

Saturday, November 26th
midnight

18   20   22   4   6   8

26.11.2022

34.5

強大的能量
殲滅

2022/11/26 12:19 TWN

農曆 11/3（六）

20-34　魅力

日	**34.5**	**殲滅**
地	**20.5**	**現實主義**
月	▼**58.1**	生命之愛
北交	**2.1**	直覺
南交	**1.1**	創意獨立於意志之外
水	**5.3**	強迫症
金	▲ **5.2**	內在的和平
火	▼**45.4**	方向
木	**25.1**	無私
土	**49.1**	必要性法則
天	**2.4**	隱匿
海	**36.1**	抗拒
冥	**60.1**	接受

34.5　殲滅

將阻力徹底排除。

♂ ▲ 徹底摧毀的力量，完成之後，能將這股力量，轉換成正常的用途。
　　除非必要，否則對釋放力量有所抗拒。

☽ ▼ 相當困難，面對阻力，要崩解已經建立的模式，是不同階段的象徵，沒有什麼能被永遠
　　消滅。
　　對於不時需要展現力量的狀態，並不自在。

☽38⚏
20:43

☽54⚏
05:59

強大的能量
常識

34.6

2022/11/27 10:33 TWN
農曆 11/4（日）

魅力　20–34

常識	**34.6** ▲	☉
智慧	**20.6**	⊕
啟蒙／無明	**54.4**	☽
直覺	**2.1**	☊
創意獨立於意志之外	**1.1**	☋
獵人	**5.4**	☿
強迫症	**5.3**	♀
方向	**45.4** ▼	♂
無私	**25.1**	♃
必要性法則	**49.1**	♄
隱匿	**2.4**	♅
抗拒	**36.1**	♆
接受	**60.1**	♇

11月

34.6　常識

知道適可而止。

⊕ ▲ 當承受過多，懂得如何捨棄的智慧。
　　無法維持、感覺後繼無力的時候，懂得管制並收回自身的力量。

♃ ▼ 熱心過頭，以致於無法判斷，不可避免將橫生枝節。
　　若不知節制，力量會耗損。

☊24
☋44

☽61　　　　　　　　　　☽60

15:00　　　16:07　　　　　　　　00:11

Monday, November 28th

midnight

14　　16　　18　　20　　　　　　2　　4　　6

28.11
2022

9.1

2022/11/28 08:46 TWN

處理細節的能力
感性

農曆 11/5（一）

日		**9.1**	感性
地	▲	**16.1**	妄想
月		**60.6**	剛硬
北交		**24.6**	挑惕
南交		**44.6**	超然
水		**5.6**	屈服
金		**5.4**	獵人
火	▼	**45.4**	方向
木		**25.1**	無私
土		**49.1**	必要性法則
天		**2.4**	隱匿
海		**36.1**	抗拒
冥		**60.1**	接受

11月

9.1 感性
以平衡與負責任的問題解決方式。

♇ ▲ 創造各種新的型態，避免挫敗的能力。
專注就會有力量，致力創造新的形態。

♂ ▼ 四處找得焦頭爛額，幾乎衝動得快破門而入，其實鑰匙就在你的口袋裡。
推進的動力常會失焦。

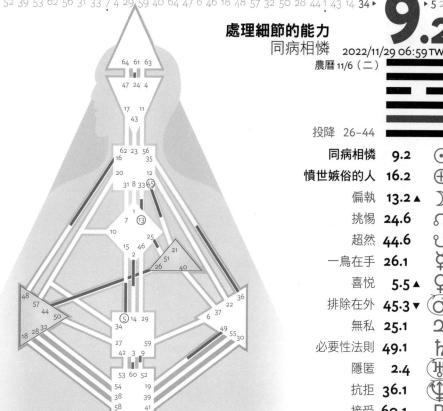

處理細節的能力
同病相憐

9.2

2022/11/29 06:59 TWN

農曆 11/6（二）

投降　26-44

同病相憐	9.2	☉
憤世嫉俗的人	16.2	⊕
偏執	13.2 ▲	☽
挑惕	24.6	☊
超然	44.6	☋
一鳥在手	26.1	☿
喜悅	5.5 ▲	♀
排除在外	45.3 ▼	♂
無私	25.1	♃
必要性法則	49.1	♄
隱匿	2.4	♅
抗拒	36.1	♆
接受	60.1	♇

9.2　同病相憐

♇ ▲ 與他人合作來撫平挫敗。
　　與人合作的力量，共同聚焦。

♃ ▼ 對於擴張的強烈需求，導致判斷錯誤、錯失良機而備感沮喪。
　　渴望合作的驅動力，導致錯失焦點。

☽49 13:26

☽30 22:55

♀26 03:15

Wednesday, November 30th
midnight

9.3

2022/11/30 05:12 TWN

處理細節的能力
壓垮駱駝的最後一根稻草

農曆 11/7（三）

26-44　投降

日	▼	**9.3**	壓垮駱駝的最後一根稻草
地		**16.3**	獨立
月		**30.4**	精疲力竭
北交		**24.6**	挑惕
南交		**44.6**	超然
水		**26.3**	影響
金		**26.1**	一鳥在手
火	▼	**45.3**	排除在外
木		**25.1**	無私
土		**49.1**	必要性法則
天		**2.4**	隱匿
海		**36.1**	抗拒
冥		**60.1**	接受

9.3　壓垮駱駝的最後一根稻草
忽略次要元素，可預見失敗的結果。

⊕ ▲ 施力來克服一時障礙。
無法專注，失去力量。

⊙ ▼ 執著的力道耗損其活力，小題大作。
將專注轉變為執迷的力量。

☽55 08:28

☽37 18:07

Thursday, December 1st
midnight

30.11
2022

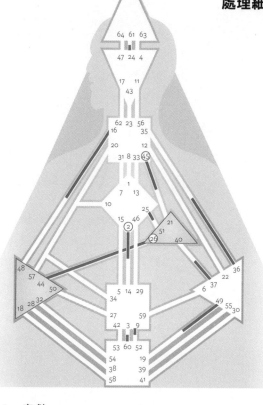

處理細節的能力

奉獻　2022/12/01 03:25 TWN
農曆 11/8（四）

9.4

投降　26-44

奉獻	**9.4**	☉
領導者	**16.4**	⊕
目的	**37.6**	☽
挑惕	**24.6**	☊
超然	**44.6**	☋
適應力	**26.5 ▼**	☿
歷史的教訓	**26.2**	♀
排除在外	**45.3 ▼**	♂
無私	**25.1**	♃
最終手段	**49.2**	♄
耐性	**2.3 ▼**	♅
抗拒	**36.1**	♆
接受	**60.1**	♇

12月

9.4　奉獻

無視於壓力或緊張，有紀律地關注細節。

☽ ▲ 採取正確行動，必能付諸實現。
將專注的潛力，付諸行動的力量。

♂ ▼ 一直想跳過基本步驟的衝動。
忽略細節、想付諸行動的驅動力。

63
3:50

☽22
13:39

☽36
23:34

Friday, December 2ⁿᵈ
midnight

6　　8　　10　　12　　14　　16　　18　　20

9.5

處理細節的能力
相信

2022/12/02 01:37 TWN

農曆 11/9（五）

26-44　投降

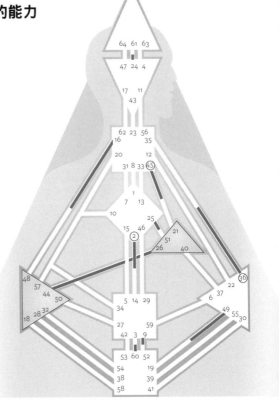

12月	日	**9.5**	相信
	地	**16.5**	聖誕怪傑
	月	★**36.2**	支持
北交	**24.6**	挑惕
南交	**44.6**	超然
	水	**26.6**	權威
	金	**26.3**	影響
火	▼**45.2**	共識
	木	**25.1**	無私
	土	**49.2**	最終手段
天	▼ **2.3**	耐性
海	**36.1**	抗拒
	冥	**60.1**	接受

9.5　相信

相信只要鉅細靡遺堅持下去，就能圓滿達成。

♃ ▲ 忠於法律條文。
　　專注的力量，認為專心有其價值。

⊕ ▼ 宛如神的奧祕，當過程中遇到不合邏輯之處，產生質疑。
　　缺乏專注的力量，心生懷疑。

處理細節的能力

9.6

感激 2022/12/02 23:49 TWN

農曆 11/9（五）

投降 26-44

感激	**9.6**	☉
輕信	**16.6**	⊕
理解	**17.3**	☾
挑惕	**24.6**	☊
超然	**44.6**	☋
嚴格	**11.2**	☿
審查	**26.4**	♀
共識	**45.2▼**	♂
無私	**25.1**	♃
最終手段	**49.2**	♄
耐性	**2.3▼**	♅
抗拒	**36.1**	♆
接受	**60.1**	♇

9.6　感激

接受每個微小勝利都會帶來些許回報，心生喜悅。

☾ ▲ 月亮位於上升相位，就算力量微薄，也能孕育出正確的觀點。
充滿力量享受這段專注的過程。

♇ ▼ 除非走完這趟旅程，否則每一步皆無價值。
在完成之前，過程中缺少了喜悅的能量。

☾21 05:49

☾51 16:05

day, December 3ᵗʰ

ght   4   6   8   10   12   14   16   18

5.1

2022/12/03 22:01 TWN

等待
毅力

農曆 11/10（六）

25-51	發起
26-44	投降
35-36	無常

日	**5.1**	毅力
地	▼**35.1**	謙遜
月	**51.4**	極限
北交	**24.6**	挑惕
南交	**44.6**	超然
水	**11.3**	現實主義者
金	**26.6**	權威
火	▼**45.1**	遊說
木	**25.1**	無私
土	**49.2**	最終手段
天	▼ **2.3**	耐性
海	**36.1**	抗拒
冥	**60.1**	接受

5.1 毅力

如果有必要，船長會跟著船一起沉入海底。

♂ ▲ 面對逆境的勇氣。
維繫個人韻律的力量。

⊕ ▼ 為了避免損失，通常過於衝動而提早放棄。
當挑戰來臨時，維持個人韻律的能力薄弱。

☽42▤
02:26

☾3▤
12:52

♀11▤
14:50

Sunday, December 4th

midnight   4   6   8   10   12   14   16   18

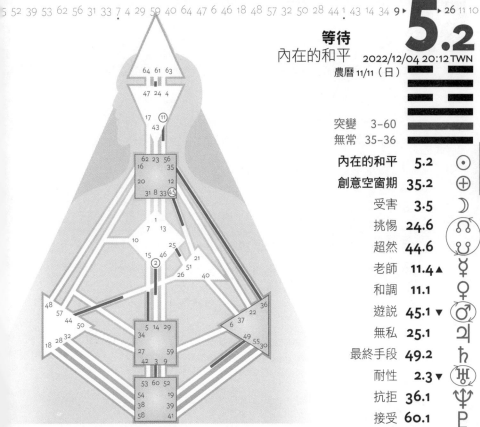

等待
內在的和平

5.2

2022/12/04 20:12 TWN
農曆 11/11（日）

突變　3-60
無常　35-36

內在的和平	**5.2**	☉
創意空窗期	**35.2**	⊕
受害	**3.5**	☽
挑惕	**24.6**	☊
超然	**44.6**	☋
老師	**11.4**▲	☿
和調	**11.1**	♀
遊說	**45.1**▼	♂
無私	**25.1**	♃
最終手段	**49.2**	♄
耐性	**2.3**▼	♅
抗拒	**36.1**	♆
接受	**60.1**	♇

12月

5.2　內在的和平

具有抑制衝動的能力，避免採取不成熟的行動。

♀ ▲ 透過理想的寧靜，維持沉著的天賦。
自在順應內在韻律的力量。

♇ ▼ 將內在的平靜等同停滯的體驗。
僵化的韻律，限制了充滿力量的驅動力。

☽27 23:23 midnight

☽24 09:59

Monday, December 5th

4　6　8　10　12　14

05.12
2022

5.3

2022/12/05 18:23 TWN

農曆 11/12（一）

等待
強迫症

35-36　無常

日	**5.3**	強迫症	
地	**35.3**	合作	
月	▲**24.5**	自白	
北交	**24.6**	挑惕	
南交	**44.6**	超然	
水	**11.6**	適應力	
金	**11.2**	嚴格	
火	▼**45.1**	遊說	
木	**25.1**	無私	
土	**49.2**	最終手段	
天	▼ **2.3**	耐性	
海	**36.1**	抗拒	
冥	**60.1**	接受	

12月

5.3　強迫症

無助感衍生恐懼，導致不必要的壓力與行為。

♆ ▲ 透過奔放的想像力，能限制強迫症所帶來的負面影響。
雖然還是感到緊繃，卻不會輕舉妄動，臣服於既定韻律的限制，透過想像力獲得力量。

☽ ▼ 月亮無法靜止不動。
無法臣服，不符合自己的韻律。

☽ 2 ⚌ 20:39　　☿ 10 ☲ 02:06　　♂ 35 ☶ 05:26　　☽ 23 ☶ 07:23

05.12

Tuesday, December 6th

midnight

22　　　4　　6　　8　　10　　12　　14

等待

獵人 2022/12/06 16:34 TWN

農曆 11/13（二）

5.4

12 月

無常　35–36

獵人	**5.4**▼	☉
渴望	**35.4**▼	⊕
融合	**23.6**	☽
挑惕	**24.6**	☊
超然	**44.6**	☋
謙遜	**10.1**	☿
現實主義者	**11.3**▼	♀
矯正	**35.6**▼	♂
無私	**25.1**	♃
最終手段	**49.2**	♄
耐性	**2.3**▼	♅
抗拒	**36.1**▲	♆
接受	**60.1**	♇

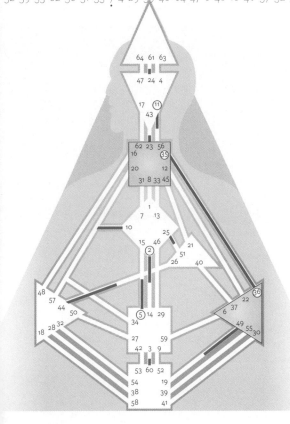

5.4　獵人

等待，生存的保證。

♅ ▲ 極具創意的天才，將最消極的經驗轉化為積極的成就。
有力量將既定的韻律發揚光大。

☉ ▼ 個性中過度強烈的虛榮，不願屈居幕後，威脅其生存。
以可預估的代價，衝動地否定特有的韻律。

☽8
18:11

☽20
05:04

Wednesday, December 7th
midnight

20　　22　　midnight　4　　6　　8　　10　　12

07.12
2022

5.5

等待
喜悅

2022/12/07 14:44 TWN
農曆 11/14（三）大雪

10-20	覺醒
35-36	無常

日	**5.5**	喜悅
地	**35.5**	利他主義
月	▼**20.6**	智慧
北交	**24.6**	挑惕
南交	**44.6**	超然
水	▼**10.3**	烈士
金	**11.5**	慈善家
火	▼**35.6**	矯正
木	**25.1**	無私
土	**49.2**	最終手段
天	▼ **2.3**	耐性
海	▲**36.1**	抗拒
冥	**60.1**	接受

5.5 喜悅

等待宛如開悟的樣貌。

♀ ▲ 保持平靜宛如極致的美學，體悟出存在的蘊義。
保持平靜的力量，在生命之流中找到個人的定位。

♇ ▼ 喜悅如幻象消散，視等待為失敗。
看清自己於生命之流中的位置，因而幻滅。

☽16 ☽35

等待
屈服　2022/12/08 12:54 TWN
農曆 11/15（四）

無常　35-36

屈服	**5.6**	☉
矯正	**35.6 ▾**	⊕
矯正	**35.6 ▾**	☽
挑惕	**24.6**	☊
超然	**44.6**	☋
機會主義者	**10.4 ▾**	☿
適應力	**11.6**	♀
矯正	**35.6 ▾**	♂
無私	**25.1**	♃
最終手段	**49.2**	♄
耐性	**2.3 ▾**	♅
抗拒	**36.1 ▲**	♆
接受	**60.1**	♇

12月

5.6　屈服

等待無法免除來自身體或精神上的壓力，常被不預期的事打斷。

♆ ▲ 順應宇宙之流，覺知有所成長。
　　就算有壓力，還是接受自己既定的韻律，往往透過不預期的一切，得到激勵而從中成長。

　▼ 無極性，在此下降相位無行星，每個行星都有其軌跡，根據此位置的力量，將順從其必然性，不可避免。

☽ 45 ⚏
4:03

☽ 12 ⚏
01:10

♀ 10 ☰
02:26

Friday, December 9th
midnight

16　　18　　20　　22　　　　4　　6　　8

09.12
2022

26.1

2022/12/09 11:04 TWN

農曆 11/16（五）

偉大的馴服力
一鳥在手

26-44　投降
35-36　無常

日	**26.1**	一鳥在手
地	**45.1**	遊說
月	**12.6**	質變
北交	**24.6**	挑惕
南交	**44.6**	超然
水	**10.6**	人生典範
金	**10.1**	謙遜
火	**35.5**	利他主義
木	**25.2**	存在主義者
土	**49.2**	最終手段
天	▼ **2.3**	耐性
海	▲**36.1**	抗拒
冥	**60.1**	接受

26.1　一鳥在手

Ψ ▲ 享受實踐夢想的能力，避免對可能性不大的潛在機會，心存幻覺。
　　自我能透過夢想，超脫限制。

♂ ▼ 成就是許可證，讓人能更魯莽地冒險。
　　不會滿足的自我。

☽15▦　　　　　☿58▦　☽52▦

12:20　　　　　20:52　23:33

Saturday, December 10ᵗʰ

14　　16　　18　　20　　midnight　　2　　4　　6

偉大的馴服力
歷史的教訓
2022/12/10 09:13 TWN
農曆 11/17（六）

| 投降 | 26-44 |
| 無常 | 35-36 |

歷史的教訓	26.2 ▲	☉
共識	45.2	⊕
平和	52.6	☽
挑惕	24.6	☊
超然	44.6	☋
生命之愛	58.1	☿
隱士	10.2	♀
利他主義	35.5	♂
存在主義者	25.2	♃
最終手段	49.2	♄
耐性	2.3 ▼	♅
抗拒	36.1 ▲	♆
接受	60.1	♇

12月

26.2 歷史的教訓

☉ ▲ 歷史的教訓。反省的深度與能量，自過往學習，以展望未來。
自經驗中學習，意志力的力量。

♇ ▼ 忘了殷鑑不遠，過於魯莽而行動。
過於自我而導致失敗，尊重經驗。

☽39
10:49

☽53
22:07

Sunday, December 11th
midnight

12   14   16   18   20   2   4

26.3

偉大的馴服力
影響

2022/12/11 07:22 TWN

農曆 11/18（日）

26-44	投降
35-36	無常

12
月

日	▲	**26.3**	影響
地		**45.3**	排除在外
月		**53.5**	主張
北交		**24.6**	挑惕
南交		**44.6**	超然
水		**58.3**	電流
金		**10.3**	烈士
火↻	▼	**35.4**	渴望
木		**25.2**	存在主義者
土		**49.2**	最終手段
天↻	▼	**2.3**	耐性
海	▲	**36.1**	抗拒
冥		**60.1**	接受

26.3　影響

有能力蓄勢待發，獲得支持。

⊙ ▲ 得以集結眾人之力的權威。
　　發揮意志力的力量，集結支持。

♄ ▼ 發揮領導力，卻在集結支持時，低估潛在的挑戰。
　　利己主義者，無法理解他人可能會帶來的挑戰。

☽62 09:27

☽56 20:49

Monday, December 12th
midnight

11.12 2024

0　　12　　14　　16　　18　　20　　2

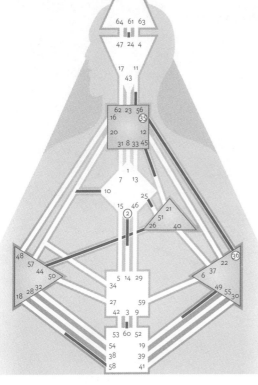

偉大的馴服力
審查
26.4

2022/12/12 05:31 TWN
農曆 11/19（一）

投降	26-44	
無常	35-36	

審查	**26.4**	⊙
方向	**45.4**	⊕
吸引注意力	**56.5**	☽
挑惕	**24.6**	☊
超然	**44.6**	☋
調焦	**58.4**	☿
異端者	**10.5**	♀
渴望	**35.4▼**	♂
存在主義者	**25.2**	♃
最終手段	**49.2**	♄
耐性	**2.3▼**	♅
抗拒	**36.1▲**	♆
接受	**60.1**	♇

12月

26.4 審查

經由消除的方式，改變記憶。

♇ ▲ 有能力經由審查，解救群體免於混亂。
透過遺忘的方式，維持自我的力量。

♄ ▼ 運用審查，維持現狀；恐懼產生失控的後果，因而採取選擇性的記憶。
透過選擇性的記憶，維持自我的力量。

☽31 08:12   ☽33 19:35

Tuesday, December 13th
midnight

13.12
2022

8   10   12   14   16   18   20

26.5

2022/12/13 03:39 TWN

偉大的馴服力
適應力

農曆 11/20（二）

26-44	投降
35-36	無常

日	**26.5**	適應力
地	**45.5**	領導力
月	**33.5**	時機
北交	**24.6**	挑惕
南交	**44.6**	超然
水	▼**58.6**	忘形
金	**10.6**	人生典範
火	▼**35.4**	渴望
木	**25.2**	存在主義者
土	**49.2**	最終手段
天	▼ **2.3**	耐性
海	▲**36.1**	抗拒
冥	**60.1**	接受

26.5 適應力

♂ ▲ 了解整體機制如何運轉，懂得運用能量，以求將潛能極大化。
　　記憶的力量，能將意志力的潛能極大化，吸引他人。

♀ ▼ 當改變本質是必要的下一步，將引發抗拒與不滿。
　　利己主義者對適應本身，心生抗拒。

☽7 06:59 ♀58 14:03 ☽4 18:21 ☿38 18:34

13.12
2022

Wednesday, December 14
midnight

8　　10　　12　　14　　16　　18　　20

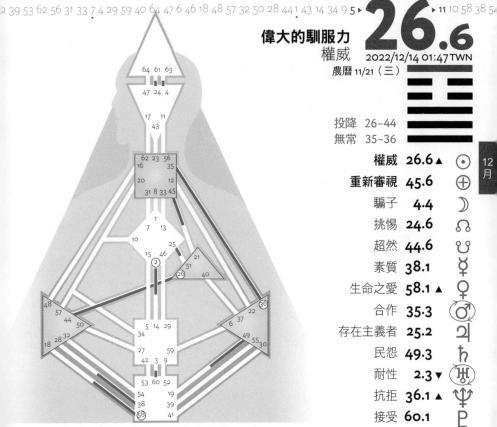

偉大的馴服力
權威

26.6

2022/12/14 01:47TWN

農曆 11/21（三）

投降 26-44
無常 35-36

權威	**26.6** ▲	⊙
重新審視	**45.6**	⊕
騙子	4.4	☽
挑惕	24.6	☊
超然	44.6	☋
素質	38.1	☿
生命之愛	58.1 ▲	♀
合作	35.3	♂
存在主義者	25.2	♃
民怨	49.3	♄
耐性	2.3 ▼	♅
抗拒	36.1 ▲	♆
接受	60.1	♇

26.6　權威

　　以正確的行動，合理化天生的影響力。

⊙ ▲ 通過時間的考驗，將理由與目的具體化。
　　強大的自我影響力，基於所採取的正確行動，因而獲得合理化。

☽ ▼ 權威是象徵也是焦點所在，卻不等同於具體實踐方案。君主立憲政體，就算卸下實權，但
　　依舊象徵權威之延續。
　　意志力的表現，角色所帶來的影響已非權威，徒留象徵意義。

☽29 05:42

☽59 17:01

11.1

2022/12/14 23:55 TWN

和平
和調

農曆 11/21（三）

35–36　無常

日	**11.1**	和調
地	**12.1**	修道士、僧侶
月	**59.4**	手足情誼
北交	**24.6**	挑惕
南交	**44.6**	超然
水	**38.2**	彬彬有禮
金	**58.2**	變態
火	**35.3**	合作
木	**25.2**	存在主義者
土	**49.3**	民怨
天	▼ **2.3**	耐性
海	▲**36.1**	抗拒
冥	**60.1**	接受

11.1　和調
在對的時間點、身處對的地方，因緣俱足的幸運。

☽　▲ 與相同目標與志向的人在一起，從中獲得滋養。
找到看重你想法的人。

♂　▼ 恐懼沒沒無名。
感到無人會重視他們的想法。

☽40 04:16

☽64 15:27

Thursday, December 15th

midnight　　4　　6　　8　　10　　12　　14　　16　　18　　2

11.2

和平
嚴格　2022/12/15 22:02 TWN
農曆 11/22（四）

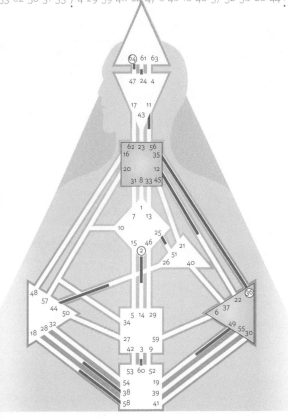

無常　35–36

嚴格	**11.2**	⊙
淨化	**12.2**	⊕
信念	**64.4**▲	☽
挑惕	**24.6**	☊
超然	**44.6**	☋
調查	**38.4**	☿
調焦	**58.4**	♀
合作	**35.3**	♂
存在主義者	**25.2**	♃
民怨	**49.3**	♄
耐性	**2.3**▼	♅
抗拒	**36.1** ▲	♆
接受	**60.1**	♇

12 月

11.2　嚴格

認知到若缺乏警戒，又不願冒險，和平會造成停滯與崩解。

♆ ▲ 運用想像力，確認付諸實現後所帶來的價值。
　　運用想像力來克服無聊。

♂ ▼ 訴諸黨派之爭，滿足自我渴望行動的需求。
　　以想法來挑釁，才不會無聊。

☽47　02:33

☽6　13:34

11.3

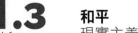

2022/12/16 20:09 TWN

農曆 11/23（五）

和平
現實主義者

35-36　無常

日	**11.3**	現實主義者
地	**12.3**	自白
月	**6.4**	勝利
北交	**24.6**	挑惕
南交	**44.6**	超然
水	**38.5**	疏離
金	**58.5**	防禦
火	**35.2**	創意空窗期
木	**25.2**	存在主義者
土	**49.3**	民怨
天	▼ **2.3**	耐性
海	▲**36.1**	抗拒
冥	**60.1**	接受

左側月份標記：12 月

11.3　現實主義者

認知到和平有如曇花一現。

P ▲ 內在革新以維持力量與警覺。
理解想法來來去去。

Q ▼ 重視和諧的傾向，幾近妄想。相信美即是永恆。危急時刻卻無法分辨輕重緩急，只專注
在無關緊要的事情上。
從想法中獲取樂趣，無法實際運用。

☽46　00:28　midnight

☽18　11:14

Saturday, December 17th

16.12 2022

4　6　8　10　12　14　16

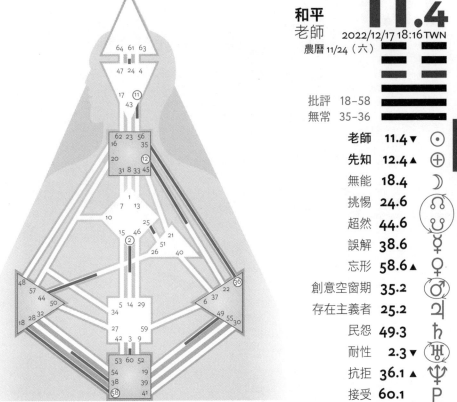

和平
老師

2022/12/17 18:16 TWN
農曆 11/24（六）

| 批評 | 18-58 |
| 無常 | 35-36 |

老師	11.4 ▼	⊙
先知	12.4 ▲	⊕
無能	18.4	☽
挑惕	24.6	☊
超然	44.6	☋
誤解	38.6	☿
忘形	58.6 ▲	♀
創意空窗期	35.2	♂
存在主義者	25.2	♃
民怨	49.3	♄
耐性	2.3 ▼	♅
抗拒	36.1 ▲	♆
接受	60.1	♇

12 月

11.4　老師

傳達和平本質的能力。

☽ ▲ 智者，在極端的例子中，能教會對音律一竅不通者如何和聲。

♀ ▲ 金星同時也位於上升相位，有能力向外延伸，接觸特立獨行的人。
概念清楚、易傳達。他們想法可以吸引，並告知那些未受過教育的人。

⊙ ▼ 靈性上師，刻意地將其最有價值的智慧，只透露給少數人。
只能被少數人理解的想法。

☽48 ䷀　☿54 ䷀　♀38 ䷀　　☽57 ䷀
21:53　　22:51　　01:40　　　08:24

Sunday, December 18th

midnight

18.12
2022

11.5

和平
慈善家

2022/12/18 16:23 TWN

農曆 11/25（日）

35–36 無常

日	**11.5**	**慈善家**
地	**12.5**	**實用主義者**
月	▼ **57.5**	進展
北交	**24.6**	挑惕
南交	**44.6**	超然
水	**54.1**	影響
金	**38.1**	素質
火	**35.2**	創意空窗期
木	**25.2**	存在主義者
土	**49.3**	民怨
天	▼ **2.3**	耐性
海	▲**36.1**	抗拒
冥	**60.1**	接受

11.5 慈善家

》 ▲ 不帶有任何目的，照顧被褫奪公權者以確保和諧。
具有哲學性與人道精神的想法。

☿ ▼ 抽離，避免直接接觸，給予只是防衛的形式。
拋棄想法。

》32
18:46
》50
05:00
Monday, December 19th
midnight
18.12
2022
20 22 4 6 8 10 12

11.6

和平
適應力　2022/12/19 14:29 TWN
農曆 11/26（一）

無常　35-36

適應力	**11.6**	☉
質變	**12.6** ▼	⊕
領導力	**50.6** ▼	☽
挑惕	**24.6**	☊
超然	**44.6**	☋
動用關係	**54.3**	☿
結盟	**38.3**	♀
謙遜	**35.1** ▼	♂
存在主義者	**25.2**	♃
民怨	**49.3**	♄
耐性	**2.3** ▼	♅
抗拒	**36.1** ▲	♆
接受	**60.1**	♇

12月

11.6　適應力

具備內在的平衡，接納過渡期。

♆ ▲ 與生俱來的察覺力，接受萬事萬物瞬息萬變。
　　領悟到想法帶來改變，而想法本身也會改變。

♃ ▼ 適應力最負面的展現，無論在和平或戰爭時期，投機者以犧牲他人的利益來獲利。
　　不管在任何情況下，知道何謂有價值的想法。

☽28　5:05

☽44　01:01

☽1　10:49

Tuesday, December 20th
midnight

18　20　22　midnight　4　6　8　10 1

20.12 2022

10.1

前進
謙遜

2022/12/20 12:34 TWN

農曆 11/27（二）

35–36　無常

日	▲	**10.1**	謙遜
地		**15.1**	職責
月		**1.2**	愛是光
北交		**24.6**	挑惕
南交		**44.6**	超然
水		**54.4**	啟蒙／無明
金		**38.4**	調查
火	▼	**35.1**	謙遜
木		**25.2**	存在主義者
土		**49.3**	民怨
天	▼	**2.3**	耐性
海	▲	**36.1**	抗拒
冥		**60.1**	接受

12月

10.1　謙遜

內心很清楚，同時也接受自己的位置。

⊙ ▲ 不論處在什麼位置，皆看重其使命。
不論環境因素如何，都清楚自己所處的位置，知道該如何應對。

☽ ▼ 過於敏感而容易受傷，為此所苦。
對來自於外在，行為層面的制約極敏感。

☽43☰
20:29

☽14☰
06:01

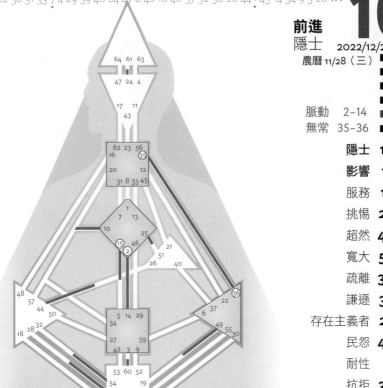

前進
隱士
2022/12/21 10:40 TWN
農曆 11/28（三）

脈動　2-14
無常　35-36

隱士	**10.2**	☉
影響	**15.2 ▾**	⊕
服務	**14.3**	☽
挑惕	**24.6**	☊
超然	**44.6**	☋
寬大	**54.5**	☿
疏離	**38.5**	♀
謙遜	**35.1 ▾**	♂
存在主義者	**25.2**	♃
民怨	**49.3**	♄
耐性	**2.3 ▾**	♅
抗拒	**36.1 ▴**	♆
果斷	**60.2**	♇

12
月

10.2　隱士

透過孤立，成功閃避特定的行為規範。

☿ ▴ 水星位於上升相位，心智運作的方式，豐富獨處的品質。
　　透過獨處而保有獨立的行為。

♂ ▾ 憤怒的流亡者。
　　面對制約，與世隔絕是為了保有獨立自主的行為。

☽34 ▤　15:25
Thursday, December 22ᵗʰ　midnight

☽9 ▤　00:43

♂16 ▤　03:53

22.12
2022

14　16　18　20　2　4　6

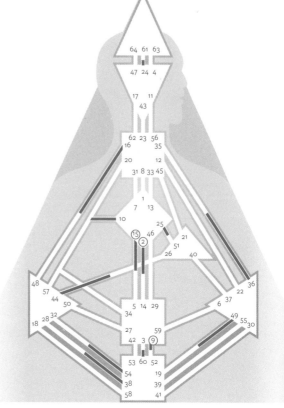

10.3

前進
烈士

2022/12/22 08:45 TWN
農曆 11/29（四）冬至

12月			
日	**10.3**	烈士	
地	▲ **15.3**	自我膨脹	
月	▲ **9.6**	感激	
北交	**24.6**	挑惕	
南交	**44.6**	超然	
水	**54.6**	選擇性	
金	**38.6**	誤解	
火	**16.6**	輕信	
木	**25.3**	感性	
土	**49.3**	民怨	
天	▼ **2.3**	耐性	
海	**36.1**	抗拒	
冥	**60.2**	果斷	

10.3　烈士

覺醒於公義，抵抗制度宛如螳臂擋車。

⊕ ▲ 烈士，其行為最終被奉為神聖之舉，雋永典範。
最終還是會被挑戰的行為。

☽ ▼ 烈士情結。為了擴張自我，強化個人意識，積極追求殉道。
行為是吸引注意力的方式。

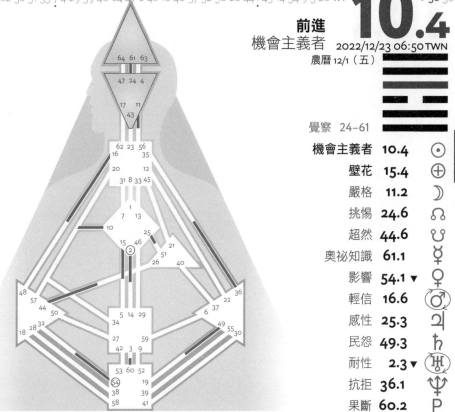

前進
機會主義者

10.4

2022/12/23 06:50 TWN
農曆 12/1（五）

覺察 24-61

機會主義者	**10.4**	⊙
壁花	**15.4**	⊕
嚴格	**11.2**	☽
挑惕	**24.6**	☊
超然	**44.6**	☋
奧祕知識	**61.1**	☿
影響	**54.1 ▼**	♀
輕信	**16.6**	♂
感性	**25.3**	♃
民怨	**49.3**	♄
耐性	**2.3 ▼**	♅
抗拒	**36.1**	♆
果斷	**60.2**	♇

12
月

10.4　機會主義者

直到成功蛻變轉型之後，才會接受規範。

♅ ▲ 蛻變是為了躍進，跳到更高的規格。
維持既定的行為模式，靜待對的時間點帶來蛻變的機會。

☿ ▼ 將機會主義當成一場遊戲，頭腦的遊戲。
為了充分利用機會，改變行為模式。

☽10 13:03

☽58 21:59

Saturday, December 24th
midnight

10　12　14　16　18　20　2

24.12
2022

10.5

前進
異端者

2022/12/24 04:55 TWN

農曆 12/2（六）

24–61　覺察

日	**10.5**	異端者
地	**15.5**	敏感性
月	▲**58.5**	防禦
北交	**24.5**	自白
南交	**44.5**	操作
水	**61.2**	天生耀眼
金	▼**54.3**	動用關係
火	**16.6**	輕信
木	**25.3**	感性
土	**49.3**	民怨
天	▼ **2.3**	耐性
海	**36.1**	抗拒
冥	**60.2**	果斷

12月

10.5　異端者

直接、公然挑戰規範。

♃ ▲ 透過理解與傳達較高原則，獲得成功的能力。
　　直接挑戰傳統的行為準則。

♂ ▼ 火刑。
　　直接以行為來挑戰其行為，最終將受到懲罰。

☽38䷎
06:52

☽54䷾
15:45

☽61䷂
00:37

Sunday, December 25th
midnight

24.12
2022

8　　10　　12　　14　　16　　18　　20

前進 **10.6**
人生典範 2022/12/25 03:00 TWN
農曆 12/3（日）

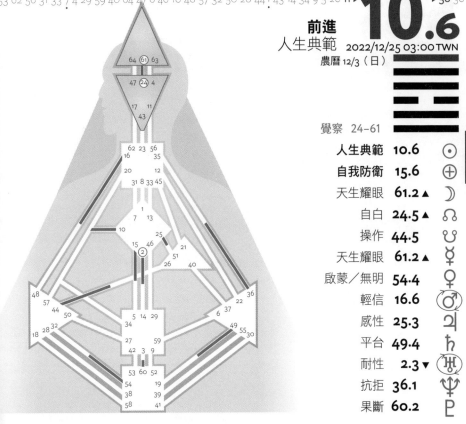

覺察 24-61

人生典範	**10.6**	☉
自我防衛	**15.6**	⊕
天生耀眼	**61.2** ▲	☽
自白	**24.5** ▲	☊
操作	**44.5**	☋
天生耀眼	**61.2** ▲	☿
啟蒙／無明	**54.4**	♀
輕信	**16.6**	♂
感性	**25.3**	♃
平台	**49.4**	♄
耐性	**2.3** ▼	♅
抗拒	**36.1**	♆
果斷	**60.2**	♇

12 月

10.6　人生典範

無須言語，身體力行才是展現準則最完美的方式。

♇ ▲ 永遠的楷模，會透過重複把焦點放在維持一套行為模式的基本完整性，以此自滿。
透過行動而非文字，來表達自我的永恆價值。

♄ ▼ 偽君子。動口要別人去做，但自己並未行動。
光說不練。

☽60䷏
09:30

☽41䷂
18:24
Monday, December 26th
midnight

6　　8　　10　　12　　14　　16　　18　　20

58.1

喜悅
生命之愛

2022/12/26 01:05 TWN

農曆 12/4（一）

24-61　覺察

日	**58.1**	生命之愛
地	▲**52.1**	先思而後言
月	**41.5**	授權
北交	**24.5**	自白
南交	**44.5**	操作
水	**61.3**	相互依存
金	**54.5**	寬大
火	**16.5**	聖誕怪傑
木	**25.3**	感性
土	**49.4**	平台
天	▼ **2.3**	耐性
海	**36.1**	抗拒
冥	**60.2**	果斷

58.1　生命之愛

♀ ▲ 活在這世界之中最特別的啟發，是基於美學的角度，欣賞其美麗與奇蹟。而內在的深刻領悟，不論獨自一人，或與他人分享，皆是存在的過程中，充滿喜悅與和諧的關鍵。
　　點燃生命之愛的能量。

☽ ▼ 月亮有其盈缺，也有情緒，喜悅受限於此，而成為斷斷續續，週期性的體驗。
　　週期性的能量，不定時點燃對生命的愛。

☽19 ䷑ 03:21

☽13 ䷂ 12:21

☽49 ䷰ 21:25

26.12 2022
4　6　8　10　12　14　16　18　20

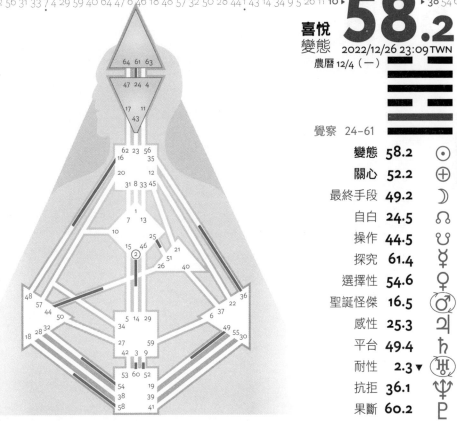

喜悅 **58.2**
變態

2022/12/26 23:09 TWN
農曆 12/4（一）

覺察 24-61

變態	**58.2**	☉
關心	**52.2**	⊕
最終手段	**49.2**	☽
自白	**24.5**	☊
操作	**44.5**	☋
探究	**61.4**	☿
選擇性	**54.6**	♀
聖誕怪傑	**16.5**	♂
感性	**25.3**	♃
平台	**49.4**	♄
耐性	**2.3▼**	♅
抗拒	**36.1**	♆
果斷	**60.2**	♇

12月

58.2 變態

▲ 無極性，無上升相位。

♅ ▼ 視變態為刺激的天才，引發腐敗與墮落。放縱頹廢，消減喜悅，折磨自己與他人。
這股能量是驅動力，點燃變態的刺激。

♀61▤
☽30▤
☽55▤

0:58
06:33
15:47

58.3

喜悅
電流

2022/12/27 21:14 TWN

農曆 12/5（二）

24-61　覺察

日	**58.3**	**電流**
地	**52.3**	**控制**
月	**55.4**	同化
北交	**24.5**	自白
南交	**44.5**	操作
水	**61.4**	探究
金	**61.2**	天生耀眼
火	**16.5**	聖誕怪傑
木	**25.3**	感性
土	**49.4**	平台
天	▼ **2.3**	耐性
海	**36.1**	抗拒
冥	**60.2**	果斷

12月

58.3　電流

♅ ▲ 充滿活力，電力十足的個體，能創造出激勵自己的獨特方式，無須外求。
　　能量是為了點燃個人熱情。

♂ ▼ 火如何燒，取決於燃料，無論好壞都受其影響。
　　生氣蓬勃的能量，倚賴別人所帶來的引發。

☽37　01:06

☽63　10:32

Wednesday, December 28th
midnight　　4　　6　　8　　10　　12　　14　　16

27.12
2022

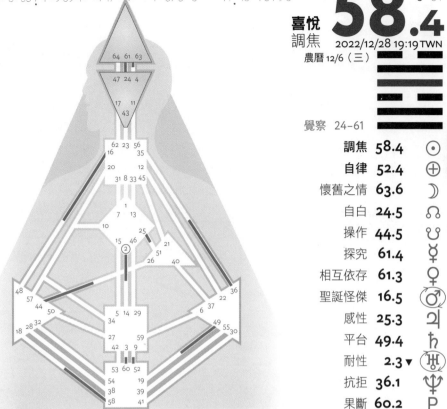

3 62 56 31 33 7 4 29 59 40 64 47 6 46 18 48 57 32 50 28 44 1 43 14 34 9 5 26 11 **10** ▶ ▶ **38** 54 61 60

喜悦
調焦

58.4

2022/12/28 19:19 TWN
農曆 12/6（三）

覺察　24-61

調焦	**58.4**	☉
自律	**52.4**	⊕
懷舊之情	**63.6**	☽
自白	**24.5**	☊
操作	**44.5**	☋
探究	**61.4**	☿
相互依存	**61.3**	♀
聖誕怪傑	**16.5**	♂
感性	**25.3**	♃
平台	**49.4**	♄
耐性	**2.3▼**	♅
抗拒	**36.1**	♆
果斷	**60.2**	♇

12
月

58.4　調焦

♇ ▲ 面對大量的刺激，天生具有區分的能力，內在毫無困難，能聚焦於適當的元素上，散發影響力。
灌注能量，強化辨識力，區分出有價值的刺激。

♆ ▼ 面對多重刺激時，自敏感轉為困惑，試圖適應全部，卻導致不穩定的狀態。
過度刺激會讓能量不穩定。

☽22▤
0:05

☽36▤
05:45

☽25▤
15:32

Thursday, December 29th

22　　　midnight　　4　　6　　8　　10　　12　　14

29.12
2022

58.5

喜悅
防禦

2022/12/29 17:23 TWN

農曆 12/7（四）

24–61　覺察

12月	日	▼58.5	防禦
	地	▲52.5	解釋
	月	25.2	存在主義者
	北交	24.5	自白
	南交	44.5	操作
	水	61.4	探究
	金	61.4	探究
	火	16.5	聖誕怪傑
	木	25.3	感性
	土	49.4	平台
	天	▼ 2.3	耐性
	海	36.1	抗拒
	冥	60.2	果斷

58.5　防禦

☽　▲　無視誘惑，具備天生自然且務實的本能，能夠保護自己。
就算外在多刺激，仍具備自我防衛的原動力。

☉　▼　認定最好的防守就是進攻，發揮骨子裡堅毅不屈服的性格，就算刺激本身帶有爭議，都能充分駕馭並樂在其中。
充滿活力的能量，放下自我防衛，開放擁抱充滿不確定的刺激。

☽17   ☽21

01:27   11:30

29.12 2022   2022

Friday, December 30th

midnight

20   22   midnight   4   6   8   10   12

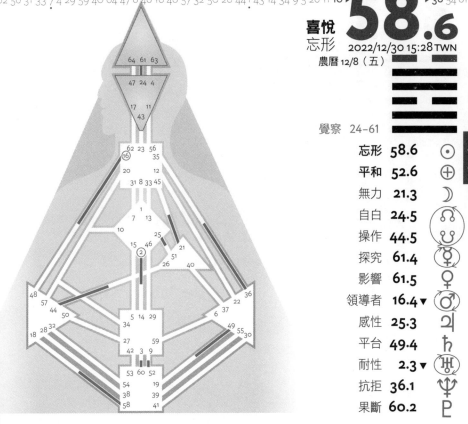

喜悦 58.6
忘形

2022/12/30 15:28 TWN

農曆 12/8（五）

覺察 24-61

忘形	**58.6**	⊙
平和	**52.6**	⊕
無力	**21.3**	☽
自白	**24.5**	☊
操作	**44.5**	☋
探究	**61.4**	☿
影響	**61.5**	♀
領導者	**16.4▼**	♂
感性	**25.3**	♃
平台	**49.4**	♄
耐性	**2.3▼**	♅
抗拒	**36.1**	♆
果斷	**60.2**	♇

12月

58.6　忘形

☽ ▲ 實用性的傾向，雖然能夠全然享受外來的刺激，但若對自身的誠信造成威脅，將依循其本能而撤退。
強化個人操守的能量，尤其是面對衝擊時，更能堅守其身分與定位。

☿ ▼ 當基礎的聰明才智，有效被激發出來，自然會渴望步向和諧，但這也容易對外來的刺激生出強烈的認同，而陷入失去自我定位的風險。
面對刺激時，引發自我認同混淆的能量。

☽51 ䷜　　　☽42 ䷩　　　♀60 ䷂

21:40　　　07:58　　　12:42

Saturday, December 31th
midnight

18　　20　　22　　　4　　6　　8　　10

31.12
2022

38.1

對抗
素質

2022/12/31 13:33 TWN

農曆 12/9（六）

24–61　覺察

日		38.1	素質
地		39.1	脫離
月	▲	42.4	中間人
北交		24.5	自白
南交		44.5	操作
水		61.4	探究
金	▲	60.1	接受
火	▼	16.4	領導者
木	▲	25.4	生存
土		49.4	平台
天	▼	2.3	耐性
海		36.1	抗拒
冥		60.2	果斷

38.1　素質

基於情勢，決定對抗的強度。

♆ ▲ 與超自然力量合頻，確保行動合宜。
　　有如通靈般的天賦，知曉何時該奮戰，以及如何奮戰。

♂ ▼ 傾向對抗，視反對為通則。
　　奮戰是理所當然的準則。

☽3 ䷗
18:22

☽27 ䷜
04:54

Sunday, January 1ˢᵗ
midnight

31.12
2022
16　　18　　20　　22　　　　　4　　6　　8

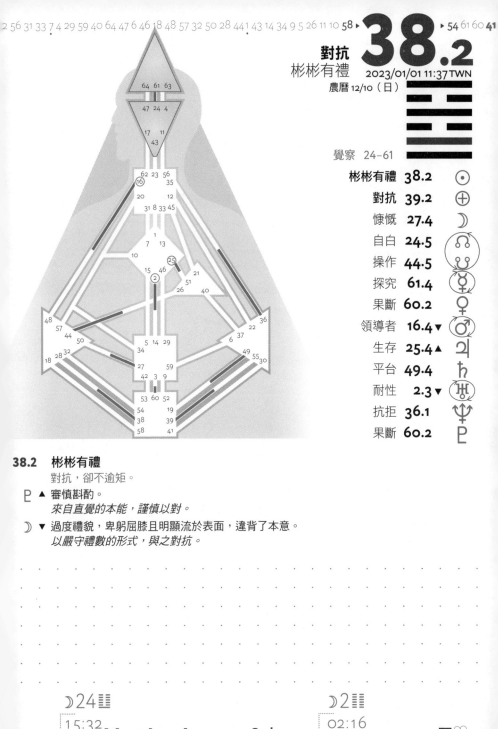

對抗 **38**.2

彬彬有禮   2023/01/01 11:37 TWN

農曆 12/10（日）

覺察 24–61

彬彬有禮	**38.2**	⊙
對抗	**39.2**	⊕
慷慨	**27.4**	☽
自白	**24.5**	☊
操作	**44.5**	☋
探究	**61.4**	☿
果斷	**60.2**	♀
領導者	**16.4**▼	♂
生存	**25.4**▲	♃
平台	**49.4**	♄
耐性	**2.3**▼	♅
抗拒	**36.1**	♆
果斷	**60.2**	♇

38.2　**彬彬有禮**

　　　對抗，卻不逾矩。

♇ ▲ 審慎斟酌。
　　來自直覺的本能，謹慎以對。

☽ ▼ 過度禮貌，卑躬屈膝且明顯流於表面，違背了本意。
　　以嚴守禮數的形式，與之對抗。

☽24▦

15:32 **Monday, January 2ⁿᵈ**

☽2▦

02:16

14　　16　　18　　20　　midnight　　2　　4　　6

02.01 2023

1月

38.3

對抗
結盟

2023/01/02 09:42 TWN

農曆 12/11（一）

24-61　覺察

日	▲38.3	結盟
地	▼39.3	責任
月	2.5	靈活應用
北交	24.5	自白
南交	44.5	操作
水	61.3	相互依存
金	60.3	保守主義
火	▼16.4	領導者
木	▲25.4	生存
土	49.4	平台
天	▼ 2.3	耐性
海	36.1	抗拒
冥	60.2	果斷

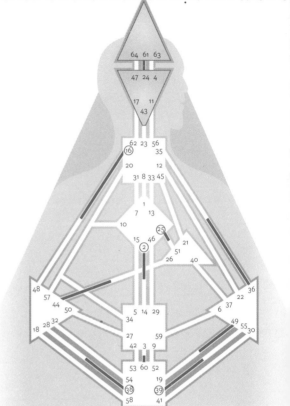

38.3　結盟

⊙ ▲ 能整合志同道合的力量，延續不屈不撓的生命力。
　　整合他人，共同奮戰。

⊕ ▼ 基於自私而結盟，為保有自身的實力，不惜耗損夥伴的力量。
　　奮鬥的非常時期，自私的能量，為了利用他人。

☽23 ䷜
13:06

☽8 ䷜
00:00

02.01
2023

1
月

Tuesday, January 3ᵗʰ
midnight

14　　16　　18　　20　　　2　　4

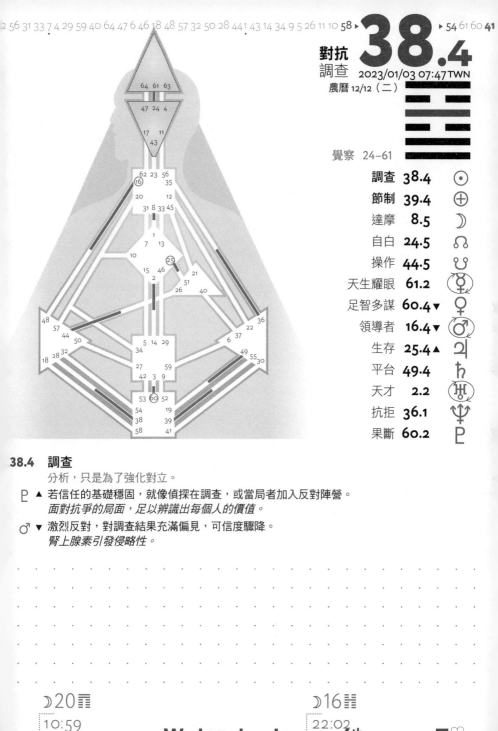

對抗
調查

38.4

2023/01/03 07:47 TWN

農曆 12/12（二）

覺察　24-61

調查	**38.4**	☉
節制	**39.4**	⊕
達摩	**8.5**	☽
自白	**24.5**	☊
操作	**44.5**	☋
天生耀眼	**61.2**	☿
足智多謀	**60.4▼**	♀
領導者	**16.4▼**	♂
生存	**25.4▲**	♃
平台	**49.4**	♄
天才	**2.2**	♅
抗拒	**36.1**	♆
果斷	**60.2**	♇

38.4　調查

分析，只是為了強化對立。

♇ ▲ 若信任的基礎穩固，就像偵探在調查，或當局者加入反對陣營。
面對抗爭的局面，足以辨識出每個人的價值。

♂ ▼ 激烈反對，對調查結果充滿偏見，可信度驟降。
腎上腺素引發侵略性。

☽20 ☰
10:59

☽16 ☷
22:02

Wednesday, January 4ᵗʰ
midnight

38.5

▶ 54 61 60 **41** 19 13 49 30 55 37 63 22 36 25 17 21 51 42 3 27 24 2 23 8 20 16 35 45 12 15

對抗
疏離

2023/01/04 05:52 TWN
農曆 12/13（三）

24-61　覺察

日	**38.5**	疏離
地	**39.5**	專心致志
月	▼ **16.5**	聖誕怪傑
北交	**24.5**	自白
南交	**44.5**	操作
水	**61.1**	奧祕知識
金	**60.5**	領導力
火	▼ **16.4**	領導者
木	▲ **25.4**	生存
土	**49.5**	組織
天	**2.2**	天才
海	**36.1**	抗拒
冥	**60.2**	果斷

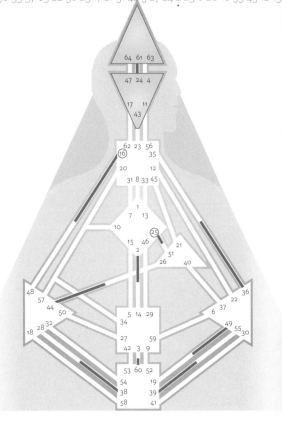

38.5　疏離

獨力對抗，孤身對決。

ħ ▲ 充滿野心與抱負，持久到底。
　　頑固，就算孤軍奮戰，也在所不惜。

ɛ ▼ 疏離的體驗，宛如痛苦的分娩，基於本性，就算曾經有人伸出援手，也如眼盲般看不見
　　非常固執，身處掙扎抗爭之中，看不見有誰會給予援助。

☽35 ☰
09:09

☽45 ☷　☿54 ☷　♀41 ☷
20:18　20:52　00:30

Thursday, January 5th
midnight

04.01
2023
1月

10　12　14　16　18　20

對抗
誤解

38.6

2023/01/05 03:57 TWN
農曆 12/14（四）小寒

誤解	**38.6**	☉
解決麻煩者	**39.6**	⊕
領導力	**45.5**	☽
自白	**24.5**	☊
操作	**44.5**	☋
選擇性	**54.6**	☿
合理	**41.1**	♀
獨立	**16.3 ▾**	♂
生存	**25.4 ▴**	♃
組織	**49.5**	♄
天才	**2.2**	♅
抗拒	**36.1**	♆
果斷	**60.2**	♇

38.6　誤解

毫無根據的反對。

♄ ▴ 當水落石出，誤解就會澄清。
　　引來誤解，面對反對的聲浪，頑固以對。

⊕ ▾ 明白反對是來自誤解，卻堅持是對方誤解。
　　因為誤解而掙扎反抗，卻頑固地苦守立場，繼續堅持下去。

☽12 07:30

☽15 18:45

Friday, January 6th
midnight

8　10　12　14　16　18　20

54.1

少女出嫁
影響

2023/01/06 02:02 TWN

農曆 12/15（五）

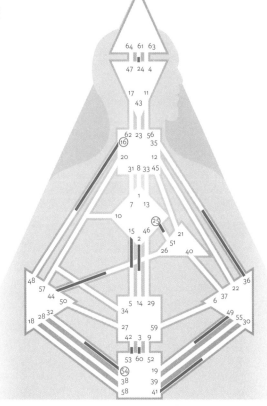

日	54.1	影響
地	53.1	累積
月	15.4	壁花
北交	24.5	自白
南交	44.5	操作
水	▲54.5	寬大
金	41.2	謹慎
火	▼16.3	獨立
木	▲25.4	生存
土	49.5	組織
天	2.2	天才
海	36.1	抗拒
冥	60.2	果斷

54.1 影響

☿ ▲ 透過各種祕密管道，從私家偵探到撒旦，都能散發影響力。
野心勃勃，經由祕密的人際網絡擴張影響力。

♀ ▼ 誤判，堅持將關係公開，削弱影響力。
野心暴露，要求正式承認關係，影響力因而受限。

☽52
06:01

☽39
17:19
Saturday, Jan

少女出嫁
謹慎

54.2

2023/01/07 00:07 TWN

農曆 12/16（六）

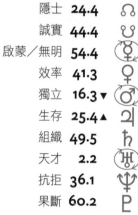

謹慎	**54.2**	☉
氣勢	**53.2**	⊕
節制	**39.4▲**	☽
隱士	**24.4**	☊
誠實	**44.4**	☋
啟蒙／無明	**54.4**	☿
效率	**41.3**	♀
獨立	**16.3▼**	♂
生存	**25.4▲**	♃
組織	**49.5**	♄
天才	**2.2**	♅
抗拒	**36.1**	♆
果斷	**60.2**	♇

54.2　謹慎

♄ ▲ 深具智慧，清楚關係曝光後，無法沿用既定的互利模式。
　　克制激進的野心。

♂ ▼ 獲得正式認可之後，利用之前私下互動時所獲得的資訊，從中獲利。缺乏忠誠。
　　野心勃勃的能量，毫無忠誠可言。

☽ 53 ䷝
04:39

☽ 62 ䷽
15:59

07.01
2023

4　　6　　8　　10　　12　　14　　16　　18

1
月

54.3

少女出嫁
動用關係

2023/01/07 22:12 TWN

農曆 12/16（六）

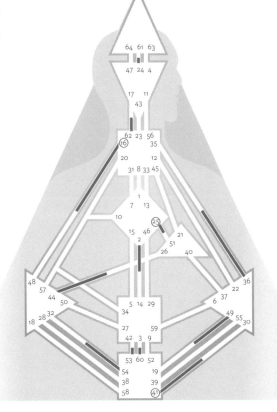

日	**54.3**	動用關係
地	**53.3**	實際
月	**62.4**	苦行主義
北交	**24.4**	隱士
南交	**44.4**	誠實
水	**54.2**	謹慎
金	▼ **41.4**	修正
火	▼ **16.3**	獨立
木	▼ **25.5**	休養
土	**49.5**	組織
天	**2.2**	天才
海	**36.1**	抗拒
冥	**60.2**	果斷

54.3　動用關係

♇ ▲ 若無法經由正式管道晉升，將孤注一擲，運用祕密或非正式管道，得償宿願。
　　即便受阻，依然充滿野心，轉由祕密手段來推動，動力十足。

♀ ▼ 堅持經由正式管道來解決，不管遭遇多少挫折，皆以吸引力來克服。
　　若野心受阻，就會散發吸引力，克服途中障礙。

☽56　03:21

☽31　14:43

Sunday, January 8th
midnight　　4　　6　　8　　10　　12　　14　　16

1
月

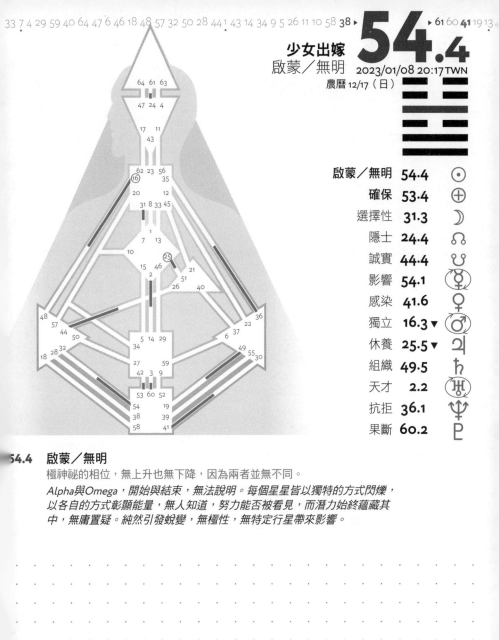

少女出嫁 **54.4**
啟蒙／無明 2023/01/08 20:17 TWN
農曆 12/17（日）

啟蒙／無明	**54.4**	☉
確保	**53.4**	⊕
選擇性	**31.3**	☽
隱士	**24.4**	☊
誠實	**44.4**	☋
影響	**54.1**	☿
感染	**41.6**	♀
獨立	**16.3 ▼**	♂
休養	**25.5 ▼**	♃
組織	**49.5**	♄
天才	**2.2**	♅
抗拒	**36.1**	♆
果斷	**60.2**	♇

54.4　啟蒙／無明

極神祕的相位，無上升也無下降，因為兩者並無不同。

Alpha與Omega，開始與結束，無法說明。每個星皆以獨特的方式閃爍，以各自的方式彰顯能量，無人知道，努力能否被看見，而潛力始終蘊藏其中，無庸置疑。純然引發蛻變，無極性，無特定行星帶來影響。

☽33　　☿38　　♀19　　☽7
02:05　　05:35　　12:24　　13:28

Monday, January 9th
midnight　　4　　6　　8　　10　　12　　14

09.01
2023

1月

54.5

少女出嫁
寬大

2023/01/09 18:22 TWN

農曆 12/18（一）

19-49　整合綜效

日	▲	**54.5**	寬大
地	▼	**53.5**	主張
月	▲	**7.3**	無政府主義者
北交		**24.4**	隱士
南交		**44.4**	誠實
水		**38.6**	誤解
金		**19.1**	相互依存
火	▼	**16.3**	獨立
木	▼	**25.5**	休養
土		**49.5**	組織
天		**2.2**	天才
海		**36.1**	抗拒
冥		**60.2**	果斷

54.5　寬大

⊙ ▲ 天生的權威，落實的靈魂，手握權力，卻能真誠地與弱勢建立豐盛的關係（若他們只為了貢獻服務，除此之外別無所求）。
能量用於實踐，同時擁有豐盛的人際關係。

　　▼ 無極性。無下降相位。

☽ 4　00:50　　　　　☽ 29　12:11

09.01
2023
1月

Tuesday, January 10th
midnight

22　　　　　　4　　　6　　　8　　　10　　　12　　　14

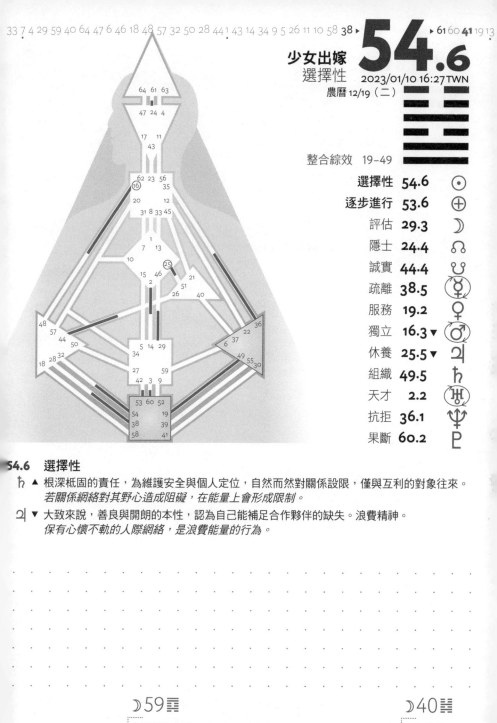

少女出嫁 **54.6**
選擇性
2023/01/10 16:27 TWN
農曆 12/19（二）

整合綜效　19–49

選擇性	**54.6**	☉
逐步進行	**53.6**	⊕
評估	**29.3**	☽
隱士	**24.4**	☊
誠實	**44.4**	☋
疏離	**38.5**	☿
服務	**19.2**	♀
獨立	**16.3**▼	♂
休養	**25.5**▼	♃
組織	**49.5**	♄
天才	**2.2**	♅
抗拒	**36.1**	♆
果斷	**60.2**	♇

54.6　選擇性

♄ ▲ 根深柢固的責任，為維護安全與個人定位，自然而然對關係設限，僅與互利的對象往來。
　　若關係網絡對其野心造成阻礙，在能量上會形成限制。

♃ ▼ 大致來說，善良與開朗的本性，認為自己能補足合作夥伴的缺失。浪費精神。
　　保有心懷不軌的人際網絡，是浪費能量的行為。

☽59

23:31

☽40

10:49

Wednesday, January 11ᵗʰ
midnight

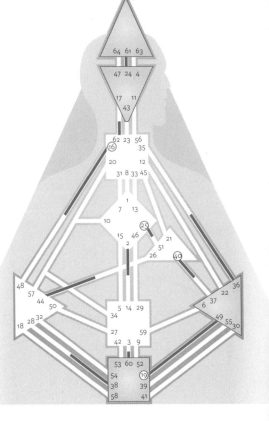

61.1

內在真理
奧祕知識

2023/01/11 14:33 TWN

農曆 12/20（三）

19–49	整合綜效	
24–61	覺察	

日	**61.1**	奧祕知識
地	**62.1**	例行程序
月	▼**40.2**	堅定
北交	**24.3**	上癮者
南交	**44.3**	干預
水	**38.3**	結盟
金	▲**19.3**	奉獻
火	▼**16.3**	獨立
木	▼**25.5**	休養
土	**49.5**	組織
天	**2.2**	天才
海	**36.1**	抗拒
冥	**60.2**	果斷

61.1 奧祕知識

♆ ▲ 天生的通靈能力，強化普世原則。
內在渴望經由祕傳之道，知曉奧祕。

♀ ▼ 仰賴神祕知識，要求抽離與苦行，最後終究隱晦難明。
渴望知曉奧祕帶來極大壓力，最後無法應付現實的世界。

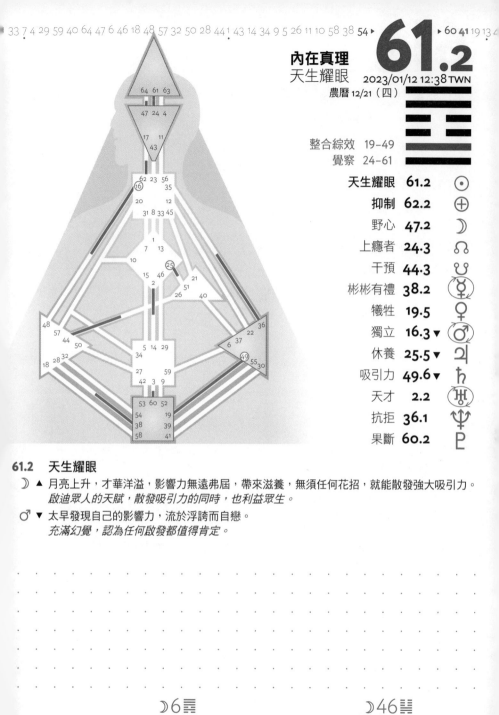

內在真理
天生耀眼

61.2

2023/01/12 12:38 TWN
農曆 12/21（四）

整合綜效 19–49
覺察 24–61

天生耀眼	**61.2**	☉
抑制	**62.2**	⊕
野心	**47.2**	☋
上癮者	**24.3**	☊
干預	**44.3**	☿
彬彬有禮	**38.2**	♀
犧牲	**19.5**	♂
獨立	**16.3** ▼	♃
休養	**25.5** ▼	♄
吸引力	**49.6** ▼	♅
天才	**2.2**	♆
抗拒	**36.1**	♇
果斷	**60.2**	

61.2　天生耀眼

☽ ▲ 月亮上升，才華洋溢，影響力無遠弗屆，帶來滋養，無須任何花招，就能散發強大吸引力。
啟迪眾人的天賦，散發吸引力的同時，也利益眾生。

♂ ▼ 太早發現自己的影響力，流於浮誇而自戀。
充滿幻覺，認為任何啟發都值得肯定。

☽6 ䷗
20:26

☽46 ䷭
07:31

Friday, January 13ᵗʰ
midnight

16　　18　　20　　22　　　　　　4　　6　　8

13.01
2023

1
月

61.3

內在真理
相互依存

2023/01/13 10:43 TWN
農曆 12/22（五）

19-49	整合綜效
24-61	覺察

日	**61.3**	相互依存
地	**62.3**	探索
月	**46.2**	自命不凡
北交	**24.3**	上癮者
南交	**44.3**	干預
水	**38.1**	素質
金	**19.6**	遁世者
火	▼**16.3**	獨立
木	▼**25.5**	休養
土	▼**49.6**	吸引力
天	**2.2**	天才
海	**36.1**	抗拒
冥	**60.2**	果斷

61.3 相互依存

真理若無人能懂，極為困難。

☽ ▲ 為求真理得以實現，具備建立關係的能力，以滋養與保護的力量，建構出穩定的環境，從中持續成長。
經由合作，求知的壓力更為迫切。

♂ ▼ 豐沛的能量，確實掌握真理，傾向將他人拋諸腦後，或者被抗拒、被排擠。
對他人缺乏耐心，放棄繼續經營這段關係。

☽18 ♀13 ☽48

18:31 00:23 05:25

13.01
2023

1
月

Saturday, January 14th

midnight

14   16   18   20   2   4   6

內在真理 **61.4**
探究 2023/01/14 08:48 TWN
農曆 12/23（六）

波長	16-48	
覺察	24-61	

探究	**61.4**	⊙
苦行主義	**62.4**	⊕
退化	**48.2**	☽
上癮者	**24.3**	☊
干預	**44.3**	☋
素質	**38.1**	☿
同理	**13.1** ▲	♀
獨立	**16.3** ✳	♂
無知	**25.6**	♃
吸引力	**49.6** ▼	♄
天才	**2.2**	♅
抗拒	**36.1**	♆
果斷	**60.2**	♇

61.4 探究

♄ ▲ 專注的能力，深入探究內在的真理，盡可能運用在基本準則上。
壓力來自於求知若渴，想知道基本準則。

♃ ▼ 渴求擴展與整合，將他人納入研究的範疇，最後衍生出各種運用方式，引發混亂。
以為與人合作會帶來靈感，是幻覺。

☿58 15:12

☽57 16:12

Sunday, January 15th
midnight

☽32 02:52

12 14 16 18 20 2 4

15.01
2023

1
月

61.5

內在真理
影響

2023/01/15 06:54 TWN

農曆 12/24（日）

24–61　覺察

日	61.5	**影響**
地	62.5	**質變**
月	32.3	缺乏連續性
北交	24.3	上癮者
南交	44.3	干預
水 ↻	▼58.6	忘形
金	13.2	偏執
火	▼16.3	獨立
木	25.6	無知
土	▼49.6	吸引力
天 ↻	2.2	天才
海	36.1	抗拒
冥	60.2	果斷

61.5　影響

♄ ▲ 開明的父親，具有公認的智慧，運用影響力，足以形塑整個世代。
　　求知的渴望帶來壓力，也因而造就智慧與影響力。

♂ ▼ 掌權的傾向，強制眾人遵從，確保獲得長久的影響力。
　　伴隨覺知而來的壓力，對挑戰心懷憤恨，要求全盤接受。

☽50 13:25

☽28 23:50

Monday, January 16th　midnight

內在真理
感染力

61.6

2023/01/16 04:59 TWN
農曆 12/25（一）

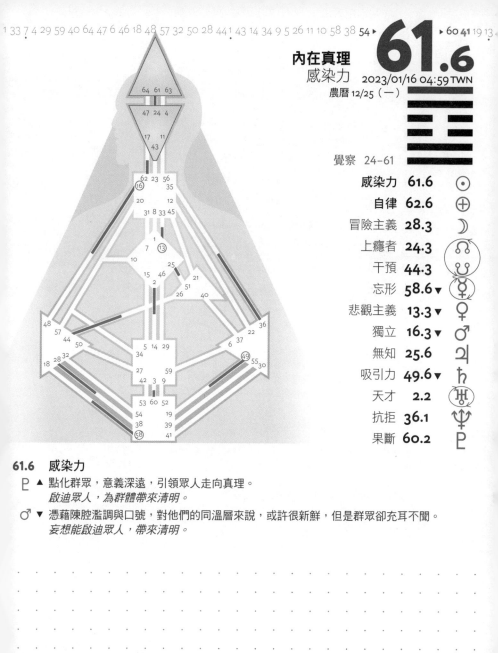

覺察 24-61

感染力	**61.6**	☉
自律	**62.6**	⊕
冒險主義	**28.3**	☽
上癮者	**24.3**	☊
干預	**44.3**	☋
忘形	**58.6▼**	☿
悲觀主義	**13.3▼**	♀
獨立	**16.3▼**	♂
無知	**25.6**	♃
吸引力	**49.6▼**	♄
天才	**2.2**	♅
抗拒	**36.1**	♆
果斷	**60.2**	♇

61.6　感染力

♇ ▲ 點化群眾，意義深遠，引領眾人走向真理。
　　啟迪眾人，為群體帶來清明。

♂ ▼ 憑藉陳腔濫調與口號，對他們的同溫層來說，或許很新鮮，但是群眾卻充耳不聞。
　　妄想能啟迪眾人，帶來清明。

☽44▤
10:06

☽1▤
20:14
Tuesday, January 17ᵗʰ
midnight

8　　　10　　12　　14　　16　　18　　20

1月

60.1

限制
接受

2023/01/17 03:04 TWN

農曆 12/26（二）

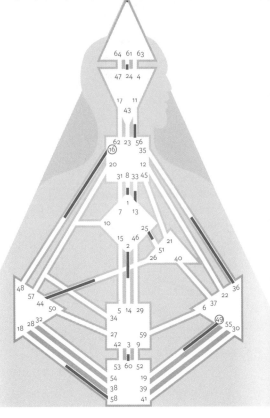

日	**60.1**	接受
地	**56.1**	**質量**
月	**1.5**	吸引社會大眾的能量
北交	**24.3**	上癮者
南交	**44.3**	干預
水	**58.5**	防禦
金	**13.5**	救世主
火	▼**16.3**	獨立
木	**25.6**	無知
土	▼**49.6**	吸引力
天	**2.2**	天才
海	**36.1**	抗拒
冥	**60.2**	果斷

60.1　接受

♀ ▲ 面對外界限制的衝擊，保有內在和諧的能力。
　　以和諧的能量，來處理外來的種種限制。

☿ ▼ 處處受限，渴望追求多樣化的驅動力，令人焦躁不安又激動。
　　面對外在限制，產生焦躁的能量。

☽43 ⚏
06:13

☽14 ⚏
16:04

Wednesday, January
midni

6　　8　　10　　12　　14　　16　　18　　20

限制
果斷

60.2

2023/01/18 01:10 TWN

農曆 12/27（三）

脈動　2-14

果斷	**60.2**	☉
連結	**56.2**	⊕
謙遜	**14.6**	☽
上癮者	**24.3**	☊
干預	**44.3**	☿
防禦	**58.5**	♀
樂天派	**13.6**	♀
獨立	**16.3 ▼**	♂
無知	**25.6**	♃
吸引力	**49.6 ▼**	♄
天才	**2.2**	♅
抗拒	**36.1**	♆
果斷	**60.2**	♇

60.2　果斷

♄ ▲ 理解限制的本質，必要時能接受約束，當機會來臨，能及時把握。
　　帶有適應限制的能量。

⊕ ▼ 在限制下屈服已成習慣，當限制消失，依舊延續既定的習性。
　　能量用於適應，反倒成為桎梏，最終未能蛻變。

☽34 01:46

☽9 11:20

♀49 12:27

☽5 20:46

4　　6　　8　　10　　12　　14　　16　　18　　20

18.01
2023

1 月

60.3 限制
保守主義
2023/01/18 23:15 TWN

農曆 12/27（三）

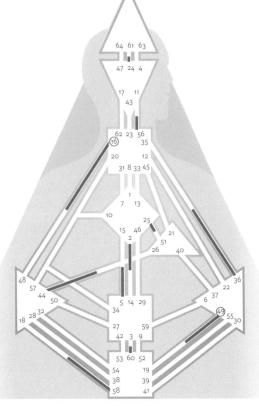

日	60.3	保守主義
地	56.3	疏離
月	5.2	內在的和平
北交	24.3	上癮者
南交	44.3	干預
水	58.5	防禦
金	49.1	必要性法則
火	▼16.3	獨立
木	25.6	無知
土	▼49.6	吸引力
天	2.2	天才
海	36.1	抗拒
冥	60.2	果斷

60.3 保守主義

ℏ ▲ 開悟之後明白唯有利己，才能處理諸多束縛與限制，確保自我定位與安全。
　　儘管面對限制，還是能保有自我定位與安全。

♂ ▼ 為了滿足我執，面對限制視而不見，可預見將為此受苦。
　　面對限制，選擇忽略，將為此付出代價。

☽26䷓
06:05

☽11䷖
15:17

Thursday, January 19th

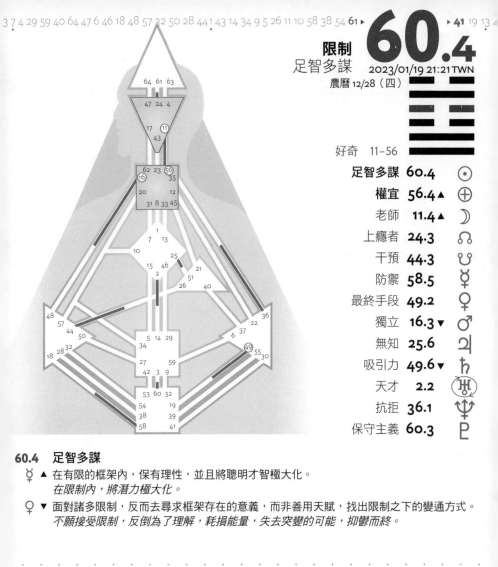

限制 **60.4**
足智多謀
2023/01/19 21:21 TWN
農曆 12/28（四）

好奇　11-56

足智多謀	**60.4**	⊙
權宜	**56.4**▲	⊕
老師	**11.4**▲	☽
上癮者	**24.3**	☊
干預	**44.3**	☋
防禦	**58.5**	☿
最終手段	**49.2**	♀
獨立	**16.3**▼	♂
無知	**25.6**	♃
吸引力	**49.6**▼	♄
天才	**2.2**	♅
抗拒	**36.1**	♆
保守主義	**60.3**	♇

60.4　足智多謀

☿　▲　在有限的框架內，保有理性，並且將聰明才智極大化。
　　　在限制內，將潛力極大化。

♀　▼　面對諸多限制，反而去尋求框架存在的意義，而非善用天賦，找出限制之下的變通方式。
　　　不願接受限制，反倒為了理解，耗損能量，失去突變的可能，抑鬱而終。

♃17　　　　　　　　　　　　　　　　　　　☽38
00:12　　　　　　　　　　　　　　　　　　18:20
☽10　　　　　　　☽58　　　　　　♄30
00:23　　　　　　09:24　　　　　　17:21

Friday, January 20th
midnight　　4　　6　　8　　10　　12　　14　　16　　20.01 2023　　1月

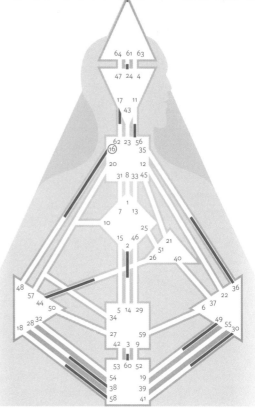

60.5

限制
領導力

2023/01/20 19:27 TWN

農曆 12/29（五）大寒

日	**60.5**	領導力
地	**56.5**	吸引注意力
月	**38.1**	素質
北交	**24.3**	上癮者
南交	**44.3**	干預
水	**58.5**	防禦
金	**49.4**	平台
火	▼**16.3**	獨立
木	**17.1**	開放
土	**30.1**	沉著
天	**2.2**	天才
海	**36.1**	抗拒
冥	**60.3**	保守主義

60.5 領導力

♆ ▲ 察覺到拆解既定限制的同時，也創造出全新的限制。
　　有能力在人生中掌握，並處理限制，完整經歷這一切。

♃ ▼ 天生渴望向外擴展，然而限制有其必要性，否則一開始就會衍生困惑。
　　向外擴張的能量，無法處理各種限制。

☽54☰ 03:12　　　☽61☰ 12:02

Saturday, January 21th

midnight　　4　　6　　8　　10　　12　　14

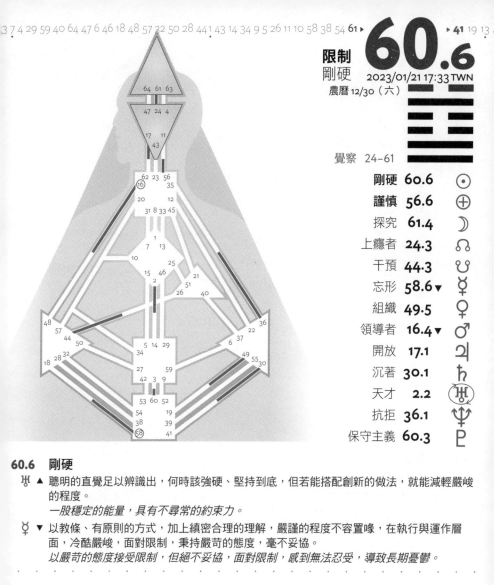

限制 **60.6**

剛硬   2023/01/21 17:33 TWN

農曆 12/30（六）

覺察 24–61

剛硬	**60.6**	☉
謹慎	**56.6**	⊕
探究	**61.4**	☽
上癮者	**24.3**	☊
干預	**44.3**	☋
忘形	**58.6▼**	☿
組織	**49.5**	♀
領導者	**16.4▼**	♂
開放	**17.1**	♃
沉著	**30.1**	♄
天才	**2.2**	♅
抗拒	**36.1**	♆
保守主義	**60.3**	♇

60.6　**剛硬**

♅ ▲ 聰明的直覺足以辨識出，何時該強硬、堅持到底，但若能搭配創新的做法，就能減輕嚴峻的程度。
　　一股穩定的能量，具有不尋常的約束力。

☿ ▼ 以教條、有原則的方式，加上縝密合理的理解，嚴謹的程度不容置喙，在執行與運作層面，冷酷嚴峻，面對限制，秉持嚴苛的態度，毫不妥協。
　　以嚴苛的態度接受限制，但絕不妥協，面對限制，感到無法忍受，導致長期憂鬱。

☽60 ☷   ☽41 ☷   ☽19 ☷
20:50   05:36   14:23

Sunday, January 22ᵗʰ
midnight

20   22   midnight   4   6   8   10   12   **22.01**
                                                          2023

1
月

41.1

減少
合理

2023/01/22 15:39 TWN

農曆 1/1（日）

19-49	整合綜效	
30-41	夢想家	

日	**41.1**	合理
地	▼**31.1**	顯化
月	▼**19.1**	相互依存
北交	**24.2**	認可
南交	**44.2**	管理
水	▼**58.6**	忘形
金	**49.6**	吸引力
火	▼**16.4**	領導者
木	**17.1**	開放
土	▲**30.1**	沉著
天	**2.2**	天才
海	**36.1**	抗拒
冥	**60.3**	保守主義

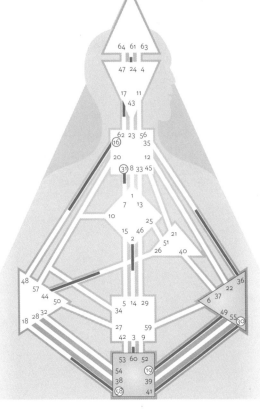

41.1　合理

分層當責，合理授權。

♆ ▲ 將最少化為最好的想像力。
　　冷靜，選擇性地釋放情感的能量。

☿ ▼ 基於理解而接手承擔，導致勞損。
　　一頭熱，衝動之下投注情感。

☾13▤
23:11

♀30▤
00:38

☾49▤
07:59

Monday, January 23th
midnight

22.01
2023

1
月

20　　　22　　　　　　4　　　6　　　8　　　10

輪迴交叉索引

閘門（卦）	爻	關鍵字	幾何軌跡	個性－設計
☶	1, 2, 3, 4	人面獅身(4)	右角度	1｜2－7｜13
	4	自我表達	並列	1｜2－4｜49
	5, 6	挑戰(2)	左角度	1｜2－4｜49
☷	1, 2, 3, 4	人面獅身(2)	右角度	2｜1－13｜7
	4	駕駛	並列	2｜1－49｜4
	5, 6	挑戰	左角度	2｜1－49｜4
☳	1, 2, 3, 4	律法	右角度	3｜50－60｜56
	4	突變	並列	3｜50－41｜31
	5, 6	希望	左角度	3｜50－41｜31
☴	1, 2, 3, 4	解釋(3)	右角度	4｜49－23｜43
	4	公式化	並列	4｜49－8｜14
	5, 6	革命(2)	左角度	4｜49－8｜14
☵	1, 2, 3, 4	意識(4)	右角度	5｜35－64｜63
	4	習慣	並列	5｜35－47｜22
	5, 6	分離(2)	左角度	5｜35－47｜22
☲	1, 2, 3, 4	伊甸園(3)	右角度	6｜36－12｜11
	4	衝突	並列	6｜36－15｜10
	5, 6	飛機(2)	左角度	6｜36－15｜10
☶	1, 2, 3, 4	人面獅身(3)	右角度	7｜13－2｜1
	4	互相影響	並列	7｜13－23｜43
	5, 6	面具(2)	左角度	7｜13－23｜43
☷	1, 2, 3, 4	傳染(2)	右角度	8｜14－30｜29
	4	貢獻	並列	8｜14－55｜59
	5, 6	不確定(2)	左角度	8｜14－55｜59
☴	1, 2, 3, 4	計畫(4)	右角度	9｜16－40｜37
	4	聚焦	並列	9｜16－64｜63
	5, 6	指認(2)	左角度	9｜16－64｜63
☰	1, 2, 3, 4	愛之船(4)	右角度	10｜15－46｜25
	4	行為	並列	10｜15－18｜17
	5, 6	預防(2)	左角度	10｜15－18｜17

閘門（卦）	爻	關鍵字	幾何軌跡	個性–設計
11 ☲	1, 2, 3, 4	伊甸園(4)	右角度	11|12–6|36
	4	想法	並列	11|12–46|25
	5, 6	教育(2)	左角度	11|12–46|25
12 ☳	1, 2, 3, 4	伊甸園(2)	右角度	12|11–36|6
	4	發聲	並列	12|11–25|46
	5, 6	教育	左角度	12|11–25|46
13 ☰	1, 2, 3, 4	人面獅身	右角度	13|7–1|2
	4	傾聽	並列	13|7–43|23
	5, 6	面具	左角度	13|7–43|23
14 ☳	1, 2, 3, 4	傳染(4)	右角度	14|8–29|30
	4	激勵	並列	14|8–59|55
	5, 6	不確定(2)	左角度	14|8–59|55
15 ☶	1, 2, 3, 4	愛之船(2)	右角度	15|10–25|46
	4	極端	並列	15|10–17|18
	5, 6	預防	左角度	15|10–17|18
16 ☶	1, 2, 3, 4	計畫(2)	右角度	16|9–37|40
	4	實驗	並列	16|9–63|64
	5, 6	指認	左角度	16|9–63|64
17 ☴	1, 2, 3, 4	服務	右角度	17|18–58|52
	4	意見	並列	17|18–38|39
	5, 6	動盪	左角度	17|18–38|39
18 ☴	1, 2, 3, 4	服務(3)	右角度	18|17–52|58
	4	修正	並列	18|17–39|38
	5, 6	動盪(2)	左角度	18|17–39|38
19 ☷	1, 2, 3, 4	四方之路(4)	右角度	19|33–44|24
	4	需要	並列	19|33–1|2
	5, 6	精緻(2)	左角度	19|33–1|2

門（卦）	爻	關鍵字	幾何軌跡	個性－設計
	1, 2, 3, 4	沉睡的鳳凰(2)	右角度	20|34－55|59
	4	當下	並列	20|34－37|40
	5, 6	二元性	左角度	20|34－37|40
	1, 2, 3, 4	張力	右角度	21|48－38|39
	4	控制	並列	21|48－54|53
	5, 6	努力	左角度	21|48－54|53
	1, 2, 3, 4	統領	右角度	22|47－26|45
	4	優雅	並列	22|47－11|12
	5, 6	告知	左角度	22|47－11|12
	1, 2, 3, 4	解釋(2)	右角度	23|43－49|4
	4	同化	並列	23|43－30|29
	5, 6	奉獻	左角度	23|43－30|29
	1, 2, 3, 4	四方之路	右角度	24|44－19|33
	4	體悟	並列	24|44－13|7
	5, 6	輪迴	左角度	24|44－13|7
	1, 2, 3, 4	愛之船	右角度	25|46－10|15
	4	天真	並列	25|46－58|52
	5, 6	療癒	左角度	25|46－58|52
	1, 2, 3, 4	統領(4)	右角度	26|45－47|22
	4	魔術師	並列	26|45－6|36
	5, 6	衝突(2)	左角度	26|45－6|36
	1, 2, 3, 4	不預期	右角度	27|28－41|31
	4	照顧	並列	27|28－19|33
	5, 6	校準	左角度	27|28－19|33
	1, 2, 3, 4	不預期(3)	右角度	28|27－31|41
	4	風險	並列	28|27－33|19
	5, 6	校準(2)	左角度	28|27－33|19

閘門（卦）	爻	關鍵字	幾何軌跡	個性–設計
29 ☵	1, 2, 3, 4	傳染(3)	右角度	29|30-8|14
	4	承諾	並列	29|30-20|34
	5, 6	勤奮(2)	左角度	29|30-20|34
30 ☲	1, 2, 3, 4	傳染	右角度	30|29-14|8
	4	命運	並列	30|29-34|20
	5, 6	勤奮	左角度	30|29-34|20
31 ☶	1, 2, 3, 4	不預期(2)	右角度	31|41-27|28
	4	影響	並列	31|41-24|44
	5, 6	創始者	左角度	31|41-24|44
32 ☴	1, 2, 3, 4	馬雅(3)	右角度	32|42-62|61
	4	保存	並列	32|42-56|6c
	5, 6	限制(2)	左角度	32|42-56|6c
33 ☶	1, 2, 3, 4	四方之路(2)	右角度	33|19-24|44
	4	隱私	並列	33|19-2|1
	5, 6	精緻	左角度	33|19-2|1
34 ☳	1, 2, 3, 4	沉睡的鳳凰(4)	右角度	34|20-59|55
	4	力量	並列	34|20-40|3⁊
	5, 6	二元性(2)	左角度	34|20-40|3⁊
35 ☷	1, 2, 3, 4	意識(2)	右角度	35|5-63|6₄
	4	經驗	並列	35|5-22|4⁊
	5, 6	分離	左角度	35|5-22|4⁊
36 ☲	1, 2, 3, 4	伊甸園	右角度	36|6-11|12
	4	危機	並列	36|6-10|15
	5, 6	飛機	左角度	36|6-10|15
37 ☴	1, 2, 3, 4	計畫	右角度	37|40-9|16
	4	交易	並列	37|40-5|35
	5, 6	遷移	左角度	37|40-5|35

門（卦）	爻	關鍵字	幾何軌跡	個性－設計
	1, 2, 3, 4	張力(4)	右角度	38|39－48|21
	4	對抗	並列	38|39－57|51
	5, 6	個人主義(2)	左角度	38|39－57|51
	1, 2, 3, 4	張力(2)	右角度	39|38－21|48
	4	挑釁	並列	39|38－51|57
	5, 6	個人主義	左角度	39|38－51|57
	1, 2, 3, 4	計畫(3)	右角度	40|37－16|9
	4	拒絕	並列	40|37－35|5
	5, 6	遷移(2)	左角度	40|37－35|5
	1, 2, 3, 4	不預期(4)	右角度	41|31－28|27
	4	幻想	並列	41|31－44|24
	5, 6	創始者(2)	左角度	41|31－44|24
	1, 2, 3, 4	馬雅	右角度	42|32－61|62
	4	完成	並列	42|32－60|56
	5, 6	限制	左角度	42|32－60|56
	1, 2, 3, 4	解釋(4)	右角度	43|23－4|49
	4	洞見	並列	43|23－29|30
	5, 6	奉獻(2)	左角度	43|23－29|30
	1, 2, 3, 4	四方之路(3)	右角度	44|24－33|19
	4	警覺	並列	44|24－7|13
	5, 6	輪迴(2)	左角度	44|24－7|13
	1, 2, 3, 4	統領(2)	右角度	45|26－22|47
	4	所有權	並列	45|26－36|6
	5, 6	衝突	左角度	45|26－36|6
	1, 2, 3, 4	愛之船(3)	右角度	46|25－15|10
	4	因緣俱足	並列	46|25－52|58
	5, 6	療癒(2)	左角度	46|25－52|58

閘門（卦）	爻	關鍵字	幾何軌跡	個性－設計
47 ䷮	1, 2, 3, 4	統領(3)	右角度	47|22－45|26
	4	壓抑	並列	47|22－12|11
	5, 6	告知(2)	左角度	47|22－12|11
48 ䷯	1, 2, 3, 4	張力(3)	右角度	48|21－39|38
	4	深度	並列	48|21－53|54
	5, 6	努力(2)	左角度	48|21－53|54
49 ䷰	1, 2, 3, 4	解釋	右角度	49|4－43|23
	4	原則	並列	49|4－14|8
	5, 6	革命	左角度	49|4－14|8
50 ䷱	1, 2, 3, 4	律法(3)	右角度	50|3－56|6c
	4	價值	並列	50|3－31|41
	5, 6	希望(2)	左角度	50|3－31|41
51 ䷲	1, 2, 3, 4	滲透	右角度	51|57－54|53
	4	驚嚇	並列	51|57－61|62
	5, 6	號角	左角度	51|57－61|62
52 ䷳	1, 2, 3, 4	服務(2)	右角度	52|58－17|18
	4	靜止	並列	52|58－21|48
	5, 6	要求	左角度	52|58－21|48
53 ䷴	1, 2, 3, 4	滲透(2)	右角度	53|54－51|57
	4	開始	並列	53|54－42|32
	5, 6	循環	左角度	53|54－42|32
54 ䷵	1, 2, 3, 4	滲透(4)	右角度	54|53－57|51
	4	抱負	並列	54|53－32|4:
	5, 6	循環(2)	左角度	54|53－32|4:
55 ䷶	1, 2, 3, 4	沉睡的鳳凰	右角度	55|59－34|2
	4	情緒	並列	55|59－9|16
	5, 6	靈魂	左角度	55|59－9|16

門（卦）	爻	關鍵字	幾何軌跡	個性 – 設計
	1, 2, 3, 4	律法(2)	右角度	56|60 – 3|50
	4	刺激	並列	56|60 – 27|28
	5, 6	分心	左角度	56|60 – 27|28
	1, 2, 3, 4	滲透(3)	右角度	57|51 – 53|54
	4	直覺	並列	57|51 – 62|61
	5, 6	號角(2)	左角度	57|51 – 62|61
	1, 2, 3, 4	服務(4)	右角度	58|52 – 18|17
	4	活力	並列	58|52 – 48|21
	5, 6	要求(2)	左角度	58|52 – 48|21
	1, 2, 3, 4	沉睡的鳳凰(3)	右角度	59|55 – 20|34
	4	策略	並列	59|55 – 16|9
	5, 6	靈魂(2)	左角度	59|55 – 16|9
	1, 2, 3, 4	律法(4)	右角度	60|56 – 50|3
	4	限制	並列	60|56 – 28|27
	5, 6	分心(2)	左角度	60|56 – 28|27
	1, 2, 3, 4	馬雅(4)	右角度	61|62 – 32|42
	4	思考	並列	61|62 – 50|3
	5, 6	朦朧(2)	左角度	61|62 – 50|3
	1, 2, 3, 4	馬雅(2)	右角度	62|61 – 42|32
	4	細節	並列	62|61 – 3|50
	5, 6	朦朧	左角度	62|61 – 3|50
	1, 2, 3, 4	意識	右角度	63|64 – 5|35
	4	懷疑	並列	63|64 – 26|45
	5, 6	支配	左角度	63|64 – 26|45
	1, 2, 3, 4	意識(3)	右角度	64|63 – 35|5
	4	困惑	並列	64|63 – 45|26
	5, 6	支配(2)	左角度	64|63 – 45|26

閘門和爻的關鍵字索引

閘門	關鍵字	1爻 基礎	2爻 本質
1	創意	創意獨立於意志之外	愛是光
2	接納	直覺	天才
3	凡事起頭難	綜合	未成熟
4	血氣方剛的愚者	愉悅	接受
5	等待	毅力	內在的和平
6	衝突	隱退	游擊隊
7	軍隊	獨裁主義者	民主主義者
8	凝聚在一起	誠實	服務
9	處理細節的能力	感性	同病相憐
10	前進	謙遜	隱士
11	和平	和調	嚴格
12	靜止不動	修道士、僧侶	淨化
13	夥伴關係	同理	偏執
14	執著於衡量	金錢非萬能	管理
15	謙遜	職責	影響
16	熱忱	妄想	憤世嫉俗的人
17	跟隨	開放	歧視
18	找出錯誤之處	保守主義	絕症
19	靠攏	相互依存	服務
20	注視	表面化	獨斷者
21	奮勇前進	警告	強權即公理
22	優雅	次等艙	禮儀學校
23	裂開	傳教	自我防衛
24	回歸	疏忽之罪	認可
25	天真	無私	存在主義者
26	偉大的馴服力	一鳥在手	歷史的教訓
27	滋養	自私	自給自足
28	偉大	準備	與魔鬼握手

爻 整合	4爻 傳訊	5爻 誘惑	6爻 超越
讀創作的能量	孤獨為創造力之媒介	吸引社會大眾的能量	客觀性
生	隱匿	靈活應用	定格
字	魅力	受害	臣服
負責任	騙子	誘惑	超越
自症	獵人	喜悅	屈服
成	勝利	仲裁	調停者
政府主義者	退位者	將軍	管理者
段	尊重	達摩	交誼
夸駱駝的最後一根稻草	奉獻	相信	感激
二	機會主義者	異端者	人生典範
實主義者	老師	慈善家	適應力
日	先知	實用主義者	質變
現主義	疲累	救世主	樂天派
者	安全	傲慢	謙遜
膨脹	壁花	敏感性	自我防衛
之	領導者	聖誕怪傑	輕信
之	人事經理	無人是孤島	菩薩
分子	無能	治療	成佛
	團隊合作	犧牲	遁世者
覺知	應用	現實主義	智慧
	策略	客觀性	混亂
師	敏感度	直接	成熟
性	分裂	同化	融合
者	隱士	自白	挑惕
	生存	休養	無知
	審查	適應力	權威
	慷慨	執行者	警惕
主義	堅持	背叛	榮耀之光

閘門	關鍵字	1爻 基礎	2爻 本質
29	深淵	徵召	評定
30	燃燒的火焰	沉著	實用主義
31	影響	顯化	傲慢
32	持久	保存	抑制
33	隱退	逃避	臣服
34	強大的能量	霸凌	氣勢
35	進展	謙遜	創意空窗期
36	幽暗之光	抗拒	支持
37	家庭	母親／父親	責任
38	對抗	素質	彬彬有禮
39	阻礙	脫離	對抗
40	遞送	休養	堅定
41	減少	合理	謹慎
42	增加	多樣化	識別
43	突破	耐性	奉獻
44	聚合	制約	管理
45	聚集在一起	遊說	共識
46	推進	在發現的過程中	自命不凡
47	壓抑	盤點	野心
48	井	微不足道	退化
49	革命	必要性法則	最終手段
50	熔爐	移民	決斷力
51	激起	參考	退縮
52	維持不動（山）	先思而後言	關心
53	發展	累積	氣勢
54	少女出嫁	影響	謹慎
55	豐盛	合作	不信任
56	尋道者	質量	連結

爻 整合	4爻 傳訊	5爻 誘惑	6爻 超越
古	直接	過度擴張	困惑
從	精疲力竭	諷刺	強制
擇性	意圖	自以為是	應用
乏連續性	公理即強權	彈性	安然以對
申	尊嚴	時機	離異
子氣概	勝利	殲滅	常識
非	渴望	利他主義	矯正
度	間諜活動	祕密的	正義
等對待	以身作則	愛	目的
理	調查	疏離	誤解
三	節制	專心致志	解決麻煩者
辱	組織	剛硬	撤職
求	修正	授權	感染
錯誤	中間人	自我實現	培育
圖	死腦筋	進展	突破
實	誠實	操作	超然
在外	方向	領導力	重新審視
	影響	步調	誠信
壓抑	鎮壓	聖人	徒勞無功
監禁	重建	行動	自我滿足
	平台	組織	吸引力
力	腐敗	一致性	領導力
	極限	對稱	分割
	自律	解釋	平和
	確保	主張	逐步進行
關係	啟蒙/無明	寬大	選擇性
	同化	成長	自私
	權宜	吸引注意力	謹慎

閘門	關鍵字	1爻 基礎	2爻 本質
57	溫和	困惑	淨化
58	喜悅	生命之愛	變態
59	分散	先發制人	害羞
60	限制	接受	果斷
61	內在真理	奧祕知識	天生耀眼
62	處理細節的優勢	例行程序	抑制
63	完成之後	沉著	結構
64	完成之前	制約	素質

曼陀羅輪軸上，對向閘門和座落的等分

1｜2	17｜18	33｜19	49｜4
2｜1	18｜17	34｜20	50｜3
3｜50	19｜33	35｜5	51｜57
4｜49	20｜34	36｜6	52｜58
5｜35	21｜48	37｜40	53｜54
6｜36	22｜47	38｜39	54｜53
7｜13	23｜43	39｜38	55｜59
8｜14	24｜44	40｜37	56｜60
9｜16	25｜46	41｜31	57｜51
10｜15	26｜45	42｜32	58｜52
11｜12	27｜28	43｜23	59｜55
12｜11	28｜27	44｜24	60｜56
13｜7	29｜30	45｜26	61｜62
14｜8	30｜29	46｜25	62｜61
15｜10	31｜41	47｜22	63｜64
16｜9	32｜42	48｜21	64｜63

■初始
■文明
■二元性
■突變

之 整合	4爻 傳訊	5爻 誘惑	6爻 超越
悅	指導者	進展	使用
充	調焦	防禦	忘形
攻	手足情誼	蛇蠍美人或大眾情人	一夜情
守主義	足智多謀	領導力	剛硬
互依存	探究	影響	感染力
衰	苦行主義	質變	自律
質	記憶	肯定	懷舊之情
膨脹	信念	承諾	勝利

閘門所屬的迴路群

體人 覺知迴路	17 社會人 理解迴路	33 社會人 感知迴路	49 家族人 意志力迴路
體人 覺知迴路	18 社會人 理解迴路	34 個體人 中央迴路／整合型	50 家族人 防護迴路
體人 覺知迴路	19 家族人 意志力迴路	35 社會人 感知迴路	51 個體人 中央迴路
會人 理解迴路	20 個體人 覺知迴路／整合型	36 社會人 感知迴路	52 社會人 理解迴路
會人 理解迴路	21 家族人 意志力迴路	37 家族人 意志力迴路	53 社會人 感知迴路
族人 防護迴路	22 個體人 覺知迴路	38 個體人 覺知迴路	54 家族人 意志力迴路
會人 理解迴路	23 個體人 覺知迴路	39 個體人 覺知迴路	55 個體人 覺知迴路
體人 覺知迴路	24 個體人 覺知迴路	40 家族人 意志力迴路	56 社會人 感知迴路
會人 理解迴路	25 個體人 中央迴路	41 社會人 感知迴路	57 個體人 覺知迴路／整合型
體人 中央迴路／整合型	26 家族人 意志力迴路	42 社會人 感知迴路	58 社會人 理解迴路
會人 感知迴路	27 家族人 防護迴路	43 個體人 覺知迴路	59 家族人 防護迴路
體人 覺知迴路	28 個體人 覺知迴路	44 家族人 意志力迴路	60 個體人 覺知迴路
會人 感知迴路	29 社會人 感知迴路	45 家族人 意志力迴路	61 個體人 覺知迴路
體人 覺知迴路	30 社會人 感知迴路	46 社會人 感知迴路	62 社會人 理解迴路
會人 理解迴路	31 社會人 理解迴路	47 社會人 感知迴路	63 社會人 理解迴路
會人 理解迴路	32 家族人 意志力迴路	48 社會人 理解迴路	64 社會人 感知迴路

通道與閘門索引

閘門	閘門的關鍵字	對應閘門	對應閘門的關鍵字	通道	關鍵字
1	創意／自我表達	8	凝聚在一起／貢獻	1-8	啟發／創意的典範
2	接納／自我方向	14	執著於衡量／強而有力的技能	2-14	脈動／掌管鑰匙的人
3	凡事起頭難／秩序	60	限制／接受	3-60	突變／能量開始與流動，脈搏
4	血氣方剛的愚者／公式化	63	完成之後／懷疑	4-63	邏輯／頭腦充滿疑惑
5	等待／固定模式	15	謙遜／極端	5-15	韻律／順流
6	衝突／摩擦	59	分散／性	6-59	親密／專注於生產
7	軍隊／自我角色	31	影響力／領導	7-31	創始者／不論好壞，領導力
8	凝聚在一起／貢獻	1	創意／自我表達	8-1	啟發／創意的典範
9	處理細節的能力／專注	52	發展／開始	9-52	專心／專注
10	前進／自我行為	20	注視／當下	10-20	覺醒／承諾去追尋更高真理
10	前進／自我行為	34	強大的能量／力量	10-34	探索／遵從自己的信念
10	前進／自我行為	57	溫和／直覺的清晰	10-57	完美形式／求存
11	和平／新想法	56	尋道者／刺激	11-56	好奇／追尋者
12	靜止不動／謹慎	22	優雅／開放	12-22	開放／社交人
13	夥伴關係／聆聽者	33	隱退／隱私	13-33	足智多謀／見證者
14	執著於衡量／強而有力的技能	2	接納／自我方向	14-2	脈動／掌管鑰匙的人
15	謙遜／極端	5	等待／固定模式	15-5	韻律／順流
16	熱忱／技能	48	井／深度	16-48	波長／才華
17	跟隨／意見	62	處理細節的優勢／細節	17-62	接受／組織化的人
18	找出錯誤之處／修正	58	喜悅／活力	18-58	批評／不知足
19	靠攏／想要	49	革命／拒絕	19-49	整合綜效／敏感
20	注視／當下	10	前進／自我行為	20-10	覺醒／承諾去追尋更高真理
20	注視／當下	34	強大的能量／力量	20-34	魅力／即知即行
20	注視／當下	57	溫和／直覺的清晰	20-57	腦波／滲透性的覺知
21	奮勇前進／獵人、女獵人	45	聚集在一起／收集者	21-45	金錢線／唯物主義者
22	優雅／開放	12	靜止不動／謹慎	22-12	開放／社交人
23	裂開／同化	43	突破／洞見	23-43	架構／個體性（天才到瘋子
24	回歸／合理化	61	內在真理／神祕	24-61	覺察／思考者
25	天真／自我精神	51	激起／衝擊	25-51	發起／想要成為第一人
26	偉大的馴服力／利己主義者	44	聚合／警覺	26-44	投降／傳遞訊息
27	滋養／照顧	50	熔爐／價值	27-50	保存／監護人
28	偉大／玩家	38	對抗／戰士	28-38	困頓掙扎／頑固
29	深淵／毅力	46	推進／自我決心	29-46	發現／好勝心強
30	燃燒的火焰／感覺	41	減少／收縮	30-41	夢想家／充滿能量
31	影響力／領導	7	軍隊／自我角色	31-7	創始者／不論好壞，領導
32	持久／連續	54	少女出嫁／野心	32-54	蛻變／自我驅動

閘門	閘門的關鍵字	對應閘門	對應閘門的關鍵字	通道	關鍵字
33	隱退／隱私	13	夥伴關係／聆聽者	33-13	足智多謀／見證者
34	強大的能量／力量	10	前進／自我行為	34-10	探索／遵從自己的信念
34	強大的能量／力量	20	注視／當下	34-20	魅力／即知即行
34	強大的能量／力量	57	溫和／直覺的清晰	34-57	力量／人的原型
35	進展／改變	36	幽暗之光／危機	35-36	無常／雜而不精
36	幽暗之光／危機	35	進展／改變	36-35	無常／雜而不精
37	家庭／友誼	40	遞送／單獨	37-40	經營社群／凝聚與歸屬感
38	對抗／戰士	28	偉大／玩家	38-28	困頓掙扎／頑固
39	阻礙／挑釁	55	豐盛／精神	39-55	情緒／多愁善感
40	遞送／單獨	37	家庭／友誼	40-37	經營社群／凝聚與歸屬感
41	減少／收縮	30	燃燒的火焰／感覺	41-30	夢想家／充滿能量
42	增加／成長	53	發展／開始	42-53	成熟／平衡發展
43	突破／洞見	23	裂開／同化	43-23	架構／個體性（天才到瘋子）
44	聚合／警覺	26	偉大的馴服力／利己主義者	44-26	投降／傳遞訊息
45	聚集在一起／收集者	21	奮勇前進／獵人、女獵人	45-21	金錢線／唯物主義者
46	推進／自我決心	29	燃燒的火焰／感覺	46-29	發現／好勝心強
47	壓抑／了解	64	完成之前／困惑	47-64	抽象／腦中充滿著疑惑與解答
48	井／深度	16	熱忱／技能	48-16	波長／才華
49	革命／拒絕	19	靠攏／想要	49-19	整合綜效／敏感
50	熔爐／價值	27	滋養／照顧	50-27	保存／監護人
51	激起／衝擊	25	天真／自我精神	51-25	發起／想要成為第一人
52	維持不動（山）／靜止	9	處理細節的能力／專注	52-9	專心／專注
53	發展／開始	42	增加／成長	53-42	成熟／平衡發展
54	少女出嫁／野心	32	持久／連續	54-32	蛻變／自我驅動
55	豐盛／精神	39	阻礙／挑釁	55-39	情緒／多愁善感
56	尋道者／刺激	11	和平／新想法	56-11	好奇／追尋者
57	溫和／直覺的清晰	10	前進／自我行為	57-10	完美形式／求存
57	溫和／直覺的清晰	20	注視／當下	57-20	腦波／滲透性的覺知
57	溫和／直覺的清晰	34	強大的能量／力量	57-34	力量／人的原型
58	喜悅／活力	18	找出錯誤之處／修正	58-18	批評／不知足
59	分散／性	6	衝突／摩擦	59-6	親密／專注於生產
60	限制／接受	3	凡事起頭難／秩序	60-3	突變／能量開始與流動，脈搏
61	內在真理／神祕	24	回歸／合理化	61-24	覺察／思考者
62	處理細節的優勢／細節	17	跟隨／意見	62-17	接受／組織化的人
63	完成之後／懷疑	4	血氣方剛的愚者／公式化	63-4	邏輯／頭腦充滿疑惑
64	完成之前／困惑	47	壓抑／了解	64-47	抽象／腦中充滿著疑惑與解答

心|視野　心視野系列086

2022 年人類圖覺察日誌
回到內在權威與策略的日日練習
Pro-Liner HD 2022

作　　　者	拉‧烏盧‧胡（Ra Uru Hu）、安娜‧查里科娃（Anna Charykova）、尼奇塔‧潘克維奇（Nikita Pankevich）
譯　　　者	喬宜思（Joyce Huang）
總 編 輯	何玉美
主　　編	林俊安
封面設計	FE 工作室
內文排版	黃雅芬

出版發行	采實文化事業股份有限公司
行銷企畫	陳佩宜‧黃于庭‧蔡雨庭‧陳豫萱‧黃安汝
業務發行	張世明‧林踏欣‧林坤蓉‧王貞玉‧張惠屏‧吳冠瑩
國際版權	王俐雯‧林冠妤
印務採購	曾玉霞
會計行政	王雅蕙‧李韶婉‧簡佩鈺
法律顧問	第一國際法律事務所　余淑杏律師
電子信箱	acme@acmebook.com.tw
采實官網	www.acmebook.com.tw
采實臉書	www.facebook.com/acmebook01

Ｉ Ｓ Ｂ Ｎ	978-986-507-543-9
定　　價	990 元
初版一刷	2021 年 11 月
劃撥帳號	50148859
劃撥戶名	采實文化事業股份有限公司
	104 台北市中山區南京東路二段 95 號 9 樓
	電話：(02)2511-9798　傳真：(02)2571-3298

國家圖書館出版品預行編目資料

2022 年人類圖覺察日誌：回到內在權威與策略的日日練習 / 拉‧烏盧‧胡（Ra Uru Hu）、安娜‧查里科娃（Anna Charykova）、尼奇塔‧潘克維奇（Nikita Pankevich）著；喬宜思（Joyce Huang）譯 . – 台北市：采實文化，2021.11

432 面；14.8×21 公分 . --（心視野系列；86）

譯自：Pro-Liner HD 2022

ISBN 978-986-507-543-9（平裝）

1. 占星術 2. 自我實現

292.22　　　　　　　　　　　　　　　　　110014959